ENGLISH FOR EVERYONE

NIVEL 3 INTERMEDIO

Autora

Barbara MacKay es una profesora de inglés con una larga experiencia y ha sido autora de distintos libros. Ha publicado en las principales editoriales, como Oxford University Press y Macmillan Education.

Consultor del curso

Tim Bowen ha enseñado inglés y ha formado profesores en más de 30 países en todo el mundo. Es coautor de libros sobre la enseñanza de la pronunciación y sobre la metodología de la enseñanza de idiomas, y autor de numerosos libros para profesores de inglés. Actualmente se dedica a la escritura de materiales, la edición y la traducción. Es miembro del Chartered Institute of Linguists.

Consultora lingüística

La profesora **Susan Barduhn** cuenta con una gran experiencia en la enseñanza del inglés y la formación de profesores. Como autora ha participado en numerosas publicaciones. Además de dirigir cursos de inglés en cuatro continentes, ha sido presidenta de la Asociación Internacional de Profesores de Inglés como Lengua Extranjera y asesora del British Council y del Departamento de Estado de Estados Unidos. Actualmente es profesora de la School for International Training en Vermont, Estados Unidos.

ENGLISH FOR EVERYONE

LIBRO DE EJERCICIOS

NIVEL 3 INTERMEDIO

SEGUNDA EDICIÓN
Edición sénior Ankita Awasthi Tröger
Edición Beth Blakemore
Edición de arte Amy Child
Edición ejecutiva Carine Tracanelli
Edición ejecutiva de arte Anna Hall
Edición de producción Gillian Reid
Control de producción sénior Poppy David
Diseño de cubierta sénior Surabhi Wadhwa-Gandhi
Dirección de desarrollo de diseño de cubierta Sophia MTT
Dirección editorial Andrew Macintyre
Dirección de arte Karen Self
Dirección de publicaciones Jonathan Metcalf

DK INDIA
Coordinación sénior de cubiertas Priyanka Sharma Saddi
Diseño de maquetación Rakesh Kumar

PRIMERA EDICIÓN
Asistencia editorial Jessica Cawthra, Sarah Edwards
Ilustración Edwood Burn, Denise Joos, Michael Parkin, Jemma Westing
Producción de audio Liz Hammond
Edición ejecutiva Daniel Mills
Edición ejecutiva de arte Anna Hall
Dirección de proyecto Christine Stroyan
Producción, preproducción Luca Frassinetti
Producción Mary Slater
Diseño de cubierta Natalie Godwin
Edición de cubierta Claire Gell
Dirección de desarrollo de diseño de cubierta Sophia MTT
Dirección editorial Andrew Macintyre
Dirección de arte Karen Self
Dirección de publicaciones Jonathan Metcalf

DK INDIA
Edición sénior Vineetha Mokkil, Anita Kakar
Edición sénior de arte Chhaya Sajwan
Edición del proyecto Antara Moitra
Edición Agnibesh Das, Nisha Shaw, Seetha Natesh
Edición de arte Namita, Heena Sharma, Sukriti Sobti, Shipra Jain, Aanchal Singhal
Asistencia editorial Ira Pundeer, Ateendriya Gupta, Sneha Sunder Benjamin, Ankita Yadav
Asistencia editorial de arte Roshni Kapur, Meenal Goel, Priyansha Tuli
Ilustración Ivy Roy, Arun Pottirayil, Bharti Karakoti, Rahul Kumar
Documentación iconográfica Deepak Negi
Edición ejecutiva Pakshalika Jayaprakash
Edición ejecutiva de arte Arunesh Talapatra
Dirección de proyecto Pankaj Sharma
Dirección de preproducción Balwant Singh
Diseño de maquetación sénior Vishal Bhatia, Neeraj Bhatia
Diseño de maquetación Sachin Gupta
Diseño de cubierta Surabhi Wadhwa
Edición ejecutiva de cubiertas Saloni Singh
Diseño de maquetación sénior Harish Aggarwal

DE LA EDICIÓN EN ESPAÑOL
Servicios editoriales Tinta Simpàtica
Traducción Anna Nualart
Coordinación de proyecto Cristina Sánchez Bustamante
Dirección editorial Elsa Vicente

Publicado originalmente en Gran Bretaña en 2016, 2024 por Dorling Kindersley Limited
DK, 20 Vauxhall Bridge Road, Londres, SW1V 2SA
Parte de Penguin Random House

003-348943-Feb/2026

Título original: *English For Everyone. Practice Book. Level 3. Intermediate*
Segunda edición: 2026

ISBN: 979-8-2171-3538-7

Impreso y encuadernado en China

www.dkespañol.com

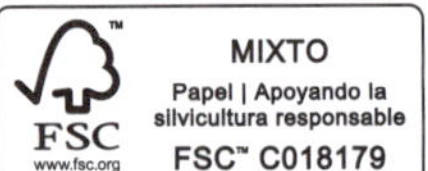

Este libro se ha impreso con papel certificado por el Forest Stewardship Council™ como parte del compromiso de DK por un futuro sostenible.
Más información: **www.dk.com/uk/information/sustainability**

Contenidos

Cómo funciona el curso 8

01 Mantener una conversación 12
Lenguaje Question tags
Vocabulario Presentaciones y saludos
Habilidad Mantener una conversación

02 Vocabulario Países 16

03 Dónde están las cosas 17
Lenguaje Preposiciones de lugar
Vocabulario Países y nacionalidades
Habilidad Hablar de dónde están las cosas

04 Números y estadísticas 20
Lenguaje Números en inglés hablado
Vocabulario Acontecimientos deportivos
Habilidad Usar números en una conversación

05 Horas y fechas 22
Lenguaje Horas precisas
Vocabulario Fechas en EE.UU. y Gran Bretaña
Habilidad Hablar de horas y fechas

06 Datos de contacto 24
Lenguaje Letras y números
Vocabulario Datos de contacto
Habilidad Intercambiar información personal

07 Hablar del trabajo 27
Lenguaje "Job" y "work"
Vocabulario Trabajos y profesiones
Habilidad Hablar de tu trayectoria

08 Rutinas y tiempo libre 30
Lenguaje Adverbios de frecuencia
Vocabulario Actividades de ocio
Habilidad Hablar de tus rutinas

09 Actividades cotidianas 34
Lenguaje Phrasal verbs
Vocabulario Trabajo y ocio
Habilidad Hablar de las actividades cotidianas

10 Vocabulario El cuerpo y el aspecto 37

11 **Describir a alguien** 38
Lenguaje Orden de los adjetivos
Vocabulario Adjetivos para describir a alguien
Habilidad Describir a alguien al detalle

12 **Vocabulario** Ropa y complementos 40

13 **Qué llevo puesto** 41
Lenguaje Present continuous
Vocabulario Ropa y moda
Habilidad Hablar de la ropa

14 **Vocabulario** La casa y el mobiliario 44

15 **Rutinas diarias** 45
Lenguaje Colocaciones
Vocabulario Rutinas y tareas
Habilidad Hablar de tu jornada

16 **Phrasal verbs separables** 48
Lenguaje Phrasal verbs separables
Vocabulario La ciudad
Habilidad Describir una ciudad al detalle

17 **Comparar lugares** 52
Lenguaje Modificadores
Vocabulario Términos geográficos
Habilidad Describir y comparar lugares

18 **Lo que nos gusta y lo que no** 56
Lenguaje Adjetivos con "-ing" y "-ed"
Vocabulario Sentimientos y emociones
Habilidad Hablar sobre tus gustos

19 **Vocabulario** Familia 59

20 **Primeros años** 60
Lenguaje "Did" con valor enfático
Vocabulario Bebés y paternidad
Habilidad Hablar de tu infancia

21 **Vocabulario** Educación 63

22 **Cambiar el significado** 64
Lenguaje Prefijos y sufijos
Vocabulario Estudiar
Habilidad Cambiar el significado de las palabras

23 **Vocabulario** Viajes 66

24 **Lugares en los que he estado** 67
Lenguaje Present perfect
Vocabulario Experiencias de viaje
Habilidad Hablar del pasado reciente

25 **Cosas que he hecho** 70
Lenguaje Adverbios modificadores
Vocabulario Deportes de aventura
Habilidad Hablar de tus logros

26 **Actividades en progreso** 74
Lenguaje Present perfect continuous
Vocabulario Obras y bricolaje
Habilidad Hablar de actividades en el pasado

27 **Talentos y habilidades** 78
Lenguaje Preguntas con present perfect continuous
Vocabulario Aficiones e intereses
Habilidad Preguntar sobre hechos del pasado

28 **Actividades y sus resultados** 81
Lenguaje Formas del present perfect
Vocabulario Verbos de estado y de acción
Habilidad Hablar del resultado de las actividades

29 **Problemas cotidianos** 84
Lenguaje Prefijos negativos
Vocabulario Problemas urbanos
Habilidad Hablar de los problemas cotidianos

30 **Cosas generales y concretas** 88
Lenguaje Artículo definido y ausencia de artículo
Vocabulario Posesiones
Habilidad Hablar de tus cosas

31 **Vocabulario** Comida y bebida 92

32 **"Myself", "yourself"** 93
Lenguaje Pronombres reflexivos
Vocabulario Medidas y sabores
Habilidad Hablar de comida y recetas

33 **Para qué sirven las cosas** 96
Lenguaje Gerundios e infinitivos
Vocabulario Electrodomésticos
Habilidad Hablar de para qué utilizas las cosas

34 **Vocabulario** Deportes 100

35 **Opiniones y planes** 101
Lenguaje Patrones de verbos simples
Vocabulario Deportes y ocio
Habilidad Hablar sobre opiniones y planes

36 **Planes futuros** 104
Lenguaje Present continuous para planes
Vocabulario Colocaciones con "take"
Habilidad Hablar de planes futuros

37 **Planificar el futuro** 108
Lenguaje "Going to"
Vocabulario Vida sana
Habilidad Hablar de tus planes de estar en forma

38 **Vocabulario** Tiempo y clima 112

39 **Predicciones y promesas** 113
Lenguaje Futuro con "will"
Vocabulario El tiempo
Habilidad Hacer predicciones y promesas

40 **Posibilidad** 116
Lenguaje "Might" para indicar una posibilidad
Vocabulario El tiempo y el paisaje
Habilidad Hablar de posibilidades

41 **Vocabulario** Salud y enfermedad 119

42 **Obligaciones** 120
Lenguaje "Must" y "have to"
Vocabulario Salud y enfermedad
Habilidad Expresar una obligación

43 **Hacer deducciones** 122
Lenguaje "Might" y "could"
Vocabulario Salud y enfermedad
Habilidad Hablar de una posibilidad

44 **Peticiones educadas** 126
Lenguaje "Can", "could" y "may"
Vocabulario Buenos modales
Habilidad Pedir permiso

45 **Más phrasal verbs** 128
Lenguaje Phrasal verbs de tres palabras
Vocabulario Relaciones personales
Habilidad Entender el inglés informal

46 **Buscar el acuerdo** 130
Lenguaje Question tags
Vocabulario Viajes y planes de ocio
Habilidad Comprobar información

47 **Vocabulario** Ciencia 134

48 **Cosas que son siempre ciertas** 135
Lenguaje Zero conditional
Vocabulario Hechos científicos
Habilidad Hablar de verdades generales

49 **Describir un proceso** 138
Lenguaje Presente de la voz pasiva
Vocabulario Experimentos científicos
Habilidad Describir un proceso

50 **Cosas que podrían pasar** 142
Lenguaje Primer condicional
Vocabulario Herramientas y construir cosas
Habilidad Dar consejos e instrucciones

51 **Resolver problemas** 146
Lenguaje Primer condicional con imperativo
Vocabulario Salud y bienestar
Habilidad Dar consejos e instrucciones

52 **Planear actividades** 150
Lenguaje Cláusulas temporales subordinadas
Vocabulario Trabajos de construcción
Habilidad Describir una secuencia de hechos

53 **Situaciones improbables** 154
Lenguaje Segundo condicional
Vocabulario Colocaciones con "make" y "do"
Habilidad Hablar de sueños futuros

54 **Vocabulario** Emociones 157

55 **Dar consejos** 158
Lenguaje "If I were you"
Vocabulario Expresiones para dar consejos
Habilidad Hacer sugerencias

56 **Situaciones reales e irreales** 162
Lenguaje Primer y segundo condicional
Vocabulario Colocaciones para reuniones
Habilidad Hablar de posibilidades

57 **Ser concreto** 166
Lenguaje Cláusulas relativas definidas
Vocabulario Características personales
Habilidad Describir personas y trabajos

58 **Añadir información** 170
Lenguaje Cláusulas relativas indefinidas
Vocabulario Características personales
Habilidad Describir personas, lugares y cosas

59 **¿Qué ocurría cuando...?** 174
Lenguaje Past continuous
Vocabulario Colocaciones verbo/sustantivo
Habilidad Hablar de un momento concreto

60 **Vocabulario** La naturaleza 177

61 **Describir la situación** 178
Lenguaje Past continuous
Vocabulario Adjetivos para describir lugares
Habilidad Describir la situación de una historia

62 **Acciones interrumpidas** 180
Lenguaje Past continuous y past simple
Vocabulario Viajes y ocio
Habilidad Describir acciones interrumpidas

63 **Acontecimientos del pasado** 184
Lenguaje Forma pasiva del past simple
Vocabulario Desastres medioambientales
Habilidad Hablar de hechos importantes

64 **Antes y después** 188
Lenguaje Past perfect y past simple
Vocabulario Artes
Habilidad Describir una secuencia de hechos

65 **Primeras veces** 192
Lenguaje "Never" / "ever" con verbos en pasado
Vocabulario Adjetivos sobre viajes
Habilidad Describir nuevas experiencias

66 **Vocabulario** Modismos comunes 195

67 **Contar una historia** 196
Lenguaje Tiempos narrativos
Vocabulario Modismos para contar historias
Habilidad Usar tiempos verbales en pasado

68 **¿Qué pasó cuando...?** 200
Lenguaje Adverbios y expresiones temporales
Vocabulario Maneras de contar una historia
Habilidad Ordenar hechos

69 **Lo que han dicho otros** 204
Lenguaje Reported speech
Vocabulario Trabajo y educación
Habilidad Hablar de la vida de las personas

70 **Decir algo a alguien** 208
Lenguaje Reported speech con "tell"
Vocabulario Colocaciones con "say" y "tell"
Habilidad Hablar de verdades y mentiras

71 **Sugerencias y explicaciones** 212
Lenguaje Verbos de reported speech y "that"
Vocabulario Más verbos de reported speech
Habilidad Referir explicaciones

72 **Decir a alguien qué hacer** 216
Lenguaje Verbos con objeto e infinitivo
Vocabulario Verbos de reported speech
Habilidad Referir consejos e instrucciones

73 **Lo que han preguntado otros** 220
Lenguaje Reported speech interrogativo
Vocabulario Colocaciones con "raise"
Habilidad Referir preguntas directas

74 **Referir preguntas simples** 224
Lenguaje "If" y "whether"
Vocabulario Verbo + colocaciones
Habilidad Referir preguntas simples

75 **Preguntas educadas** 228
Lenguaje Preguntas indirectas
Vocabulario Cuestiones prácticas
Habilidad Hacer preguntas educadas

76 **Deseos y lamentaciones** 232
Lenguaje "Wish" para verbos en pasado
Vocabulario Acontecimientos de la vida
Habilidad Hablar de cosas que lamentas

Transcripciones 236

Respuestas 244

Cómo funciona el curso

English for Everyone está pensado para todas aquellas personas que quieren aprender inglés por su cuenta. Como cualquier curso de idiomas, cubre las habilidades básicas: gramática, vocabulario, pronunciación, escucha, conversación, lectura y escritura. A diferencia de otros cursos, todo ello se practica y aprende de forma enormemente visual, con el apoyo de gráficos e imágenes que te ayudarán a entender y a recordar. Los ejercicios de este volumen están pensados para consolidar lo aprendido en el libro de estudio. Sigue las unidades por orden y utiliza al máximo los audios disponibles en la web.

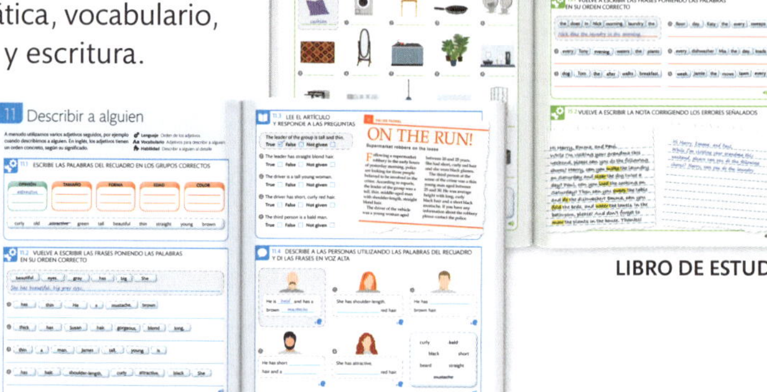

LIBRO DE ESTUDIO

LIBRO DE EJERCICIOS

Número de unidad Este libro está dividido en unidades. En cada una de ellas se practica lo aprendido en la misma unidad del libro de estudio.

Qué vas a practicar La unidad comienza con un resumen de lo que practicarás en ella.

Módulos Cada unidad se compone de distintos módulos que debes seguir por orden. Puedes tomarte un descanso tras completar cualquiera de ellos.

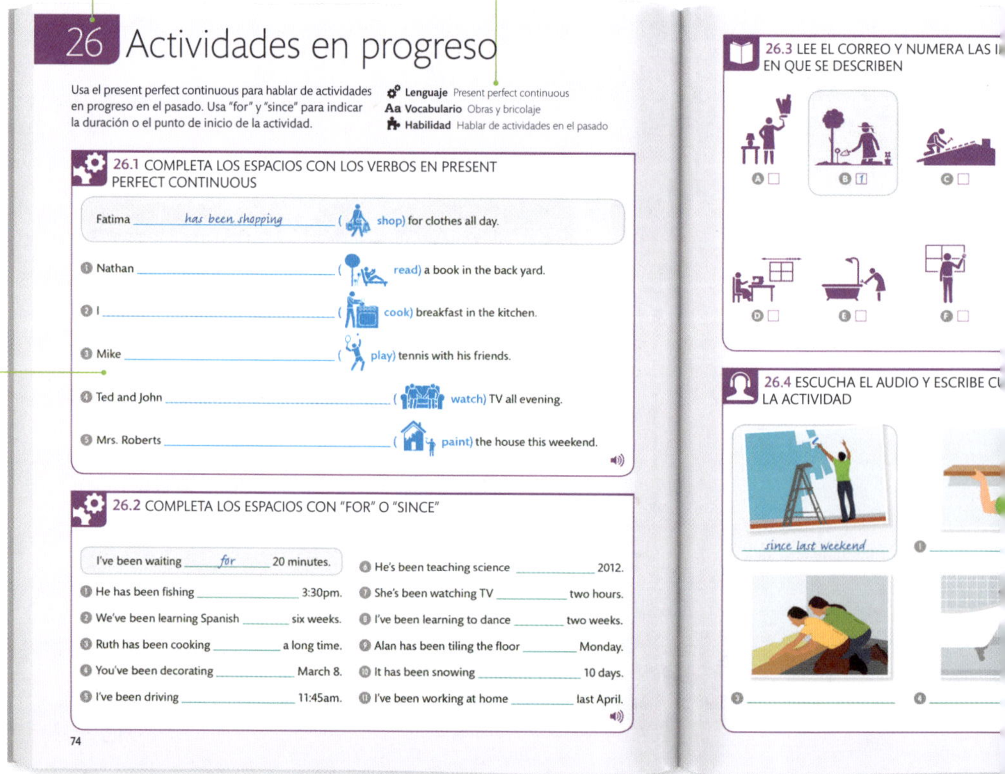

26 Actividades en progreso

Usa el present perfect continuous para hablar de actividades en progreso en el pasado. Usa "for" y "since" para indicar la duración o el punto de inicio de la actividad.

Lenguaje Present perfect continuous
Aa Vocabulario Obras y bricolaje
Habilidad Hablar de actividades en el pasado

26.1 COMPLETA LOS ESPACIOS CON LOS VERBOS EN PRESENT PERFECT CONTINUOUS

Fatima *has been shopping* (shop) for clothes all day.

1. Nathan ______ (read) a book in the back yard.
2. I ______ (cook) breakfast in the kitchen.
3. Mike ______ (play) tennis with his friends.
4. Ted and John ______ (watch) TV all evening.
5. Mrs. Roberts ______ (paint) the house this weekend.

26.2 COMPLETA LOS ESPACIOS CON "FOR" O "SINCE"

I've been waiting *for* 20 minutes.

1. He has been fishing ______ 3:30pm.
2. We've been learning Spanish ______ six weeks.
3. Ruth has been cooking ______ a long time.
4. You've been decorating ______ March 8.
5. I've been driving ______ 11:45am.
6. He's been teaching science ______ 2012.
7. She's been watching TV ______ two hours.
8. I've been learning to dance ______ two weeks.
9. Alan has been tiling the floor ______ Monday.
10. It has been snowing ______ 10 days.
11. I've been working at home ______ last April.

74

26.3 LEE EL CORREO Y NUMERA LAS I… EN QUE SE DESCRIBEN

A ☐ B 1 C ☐ D ☐ E ☐ F ☐

26.4 ESCUCHA EL AUDIO Y ESCRIBE C… LA ACTIVIDAD

since last weekend

Vocabulario Las páginas de vocabulario ponen a prueba tu memoria sobre las palabras y las expresiones clave que has aprendido en el libro de estudio.

Guía visual Imágenes y gráficos te dan pistas visuales que te ayudan a fijar en la memoria las palabras más importantes.

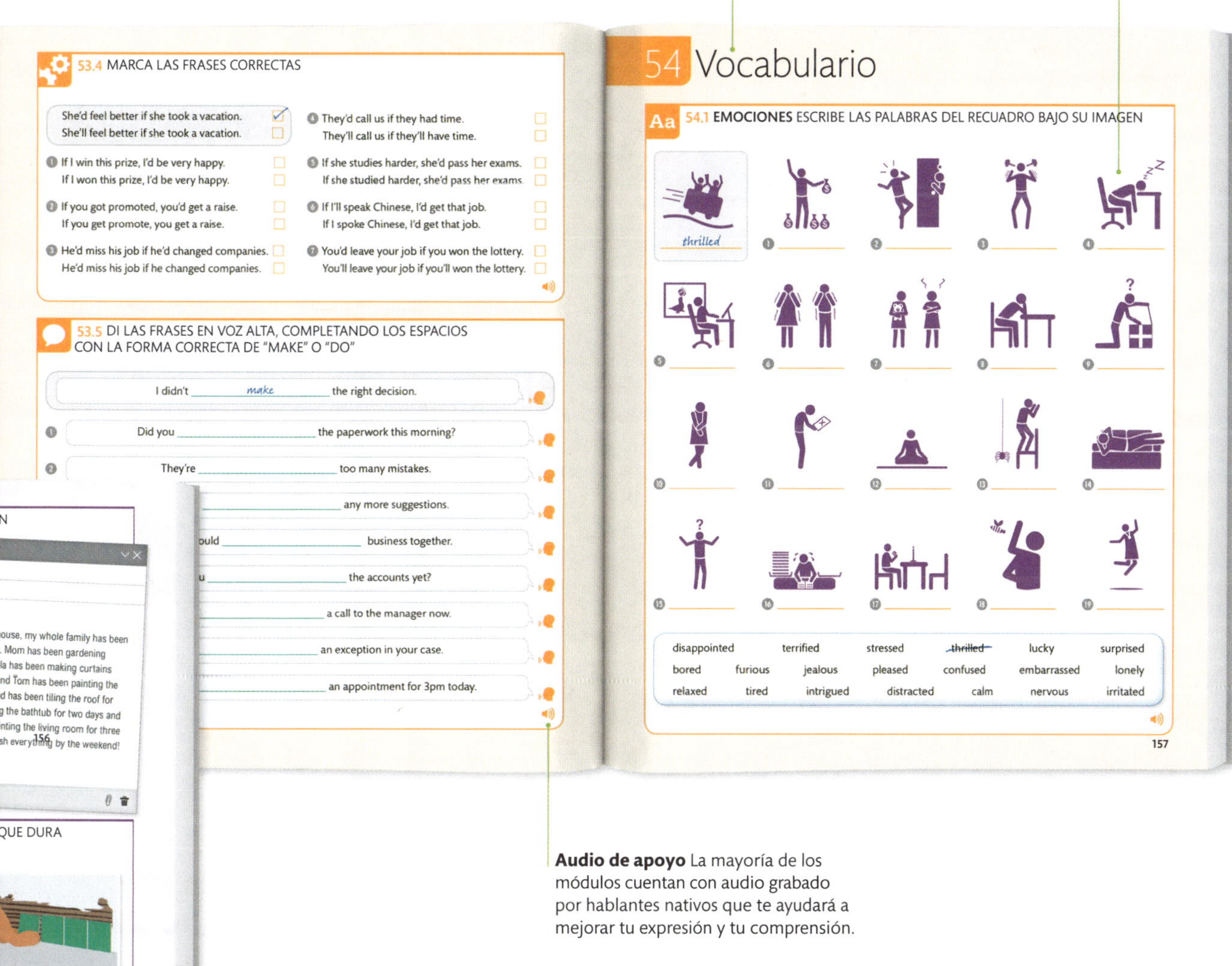

53.4 MARCA LAS FRASES CORRECTAS

She'd feel better if she took a vacation. ☑
She'll feel better if she took a vacation. ☐

1. If I win this prize, I'd be very happy. ☐
   If I won this prize, I'd be very happy. ☐
2. If you got promoted, you'd get a raise. ☐
   If you get promote, you get a raise. ☐
3. He'd miss his job if he'd changed companies. ☐
   He'd miss his job if he changed companies. ☐
4. They'd call us if they had time. ☐
   They'll call us if they'll have time. ☐
5. If she studies harder, she'd pass her exams. ☐
   If she studied harder, she'd pass her exams. ☐
6. If I'll speak Chinese, I'd get that job. ☐
   If I spoke Chinese, I'd get that job. ☐
7. You'd leave your job if you won the lottery. ☐
   You'll leave your job if you'll won the lottery. ☐

53.5 DI LAS FRASES EN VOZ ALTA, COMPLETANDO LOS ESPACIOS CON LA FORMA CORRECTA DE "MAKE" O "DO"

I didn't ___make___ the right decision.

1. Did you ______ the paperwork this morning?
2. They're ______ too many mistakes.

...______ any more suggestions.
...ould ______ business together.
...u ______ the accounts yet?
...______ a call to the manager now.
...______ an exception in your case.
...______ an appointment for 3pm today.

156

54 Vocabulario

54.1 EMOCIONES ESCRIBE LAS PALABRAS DEL RECUADRO BAJO SU IMAGEN

thrilled

disappointed	terrified	stressed	~~thrilled~~	lucky	surprised
bored	furious	jealous	pleased	confused	embarrassed	lonely
relaxed	tired	intrigued	distracted	calm	nervous	irritated

157

...EN

...house, my whole family has been ...y. Mom has been gardening ...ella has been making curtains ...and Tom has been painting the ...ad has been tiling the roof for ...ing the bathtub for two days and ...ainting the living room for three ...ish everything by the weekend!

QUE DURA

75

Audio de apoyo La mayoría de los módulos cuentan con audio grabado por hablantes nativos que te ayudará a mejorar tu expresión y tu comprensión.

AUDIO GRATUITO
www.dkefe.com

Módulos de ejercicios

Cada ejercicio está cuidadosamente graduado para que profundices y contrastes lo que has aprendido en la unidad. Si haces los ejercicios a medida que avanzas, asimilarás y recordarás mejor los conceptos, y tu inglés será más fluido. Cada ejercicio indica con un símbolo qué habilidad vas a practicar con él.

GRAMÁTICA
Aplica las nuevas reglas en distintos contextos.

LECTURA
Analiza ejemplos del idioma en textos reales en inglés.

ESCUCHA
Comprueba tu comprensión del inglés hablado.

VOCABULARIO
Consolida tu comprensión del vocabulario clave.

CONVERSACIÓN
Compara tu dicción con los audios de muestra.

Número de módulo
Cada módulo tiene su propio número, para que te sea fácil localizar las respuestas y el audio correspondiente.

Instrucciones
En cada ejercicio tienes unas breves instrucciones que te dicen qué debes hacer.

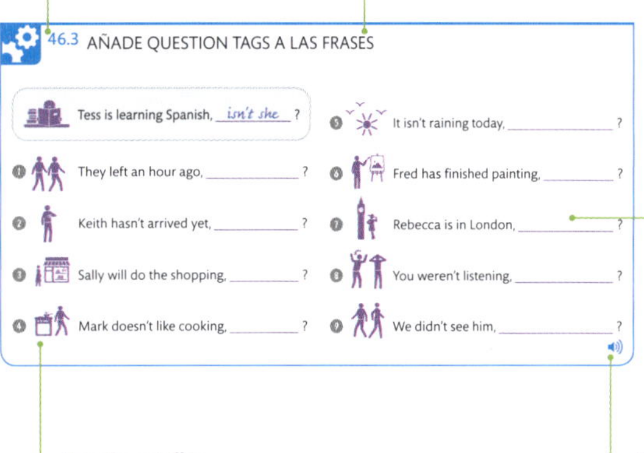

Espacio para escribir
Es útil que escribas las respuestas en el libro, pues te servirán para repasar lo aprendido.

Ayuda gráfica
Las ilustraciones te ayudan a entender los ejercicios.

Audio de apoyo Este símbolo indica que las respuestas a los ejercicios están disponibles en grabaciones de audio. Escúchalas tras completar el ejercicio.

Respuesta de ejemplo
La primera respuesta ya está escrita, para que entiendas mejor el ejercicio.

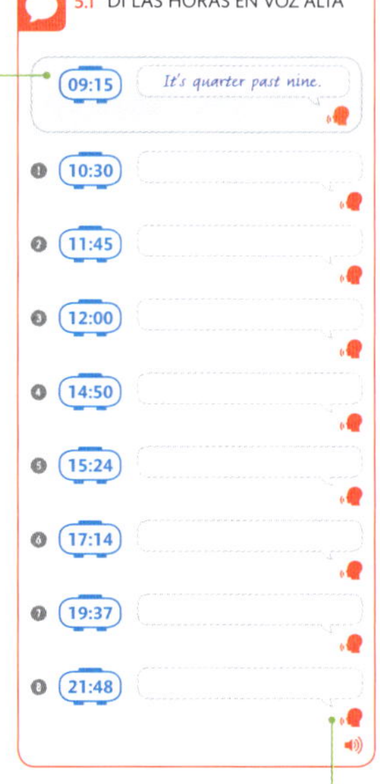

Ejercicio de conversación
Este símbolo indica que debes decir las respuestas en voz alta y compararlas a continuación con su audio correspondiente.

Ejercicios de escucha
Este símbolo te avisa de que debes escuchar el audio para poder responder a las preguntas.

Audio

English for Everyone incorpora abundantes materiales en audio. Te recomendamos que los utilices al máximo, pues te ayudarán a mejorar tu comprensión del inglés hablado y a lograr una pronunciación y un acento más naturales. Escucha cada audio tantas veces como quieras. Páusalo y vuelve atrás en los pasajes que te resulten difíciles, hasta que estés seguro de que has entendido bien lo que se dice.

EJERCICIOS DE ESCUCHA
Este símbolo indica que debes escuchar el audio a fin de poder responder las preguntas del ejercicio.

AUDIO DE APOYO
Este símbolo indica que dispones de audios adicionales que puedes escuchar tras completar el módulo.

Respuestas

Al final del libro tienes una sección con las respuestas correctas de todos los ejercicios. Consúltala al terminar cada módulo y compara tus respuestas con los ejemplos para comprobar si has entendido bien los contenidos que has estado practicando.

30

30.1

1. **The supermarket** is open on Sundays.
2. I don't like studying for **exams**.
3. **The last movie** I saw was really good.
4. It always rains during **vacations**.
5. I go to **work** by train.
6. He likes reading **the newspaper**.
7. Adam works in **the local hospital**.
8. I hate shopping for **food**.
9. **Fries** aren't good for you.
10. I like **the photo** on your desk.
11. **The boss** is happy with my work.
12. Karen has lots of **shoes**.
13. I like going to **the movie theater**.
14. **The suit** is expensive.
15. I'm going to **the bank** to get a loan.
16. Dan hates **fruit**.
17. I will spend **the money** I got from my aunt.
18. **The car** isn't working.
19. I love **dancing**.

Respuestas Tienes las respuestas de todos los ejercicios al final del libro.

30.2

1. Where are the keys for the shed?
2. We love playing sports.
3. The dishwasher isn't working.
4. Here's the book I borrowed.
5. The last movie I saw was terrible.
6. That woman has lots of cats.
7. When do you go back to work?
8. The person outside is my uncle.
9. Look at the tablet I bought yesterday.
10. Dentists earn a lot of money.
11. I'm going to the post office.

Audio Este símbolo indica que puedes escuchar el audio de las respuestas.

30.3

Hi Richard,
I've gone to **the post office** to send back **the parcel** that came **last week**. I don't want **the shoes** because they're too big for me. When I've done that, I'll go to **the supermarket** and buy **potatoes** so we can make fries for dinner. Can you check if **the cat** has eaten **the food** I left her? She wasn't feeling very well yesterday.
Thanks!
Carla

Número de ejercicio Para que las localices más fácilmente, las respuestas indican el número del ejercicio.

30.4

1. The campsite is in the south of France.
2. She has to clean the tents.
3. She hates doing the cleaning.
4. They play games and go to the beach.
5. She buys wine from the local vineyard.

01 Mantener una conversación

En inglés oral, a menudo se añaden preguntas cortas a final de frase. Son las question tags (preguntas muletilla) y sirven para invitar a alguien a mostrar su acuerdo con lo que dices.

Lenguaje Question tags
Aa Vocabulario Presentaciones y saludos
Habilidad Mantener una conversación

1.1 CONECTA EL INICIO Y EL FINAL DE CADA FRASE

John is a great friend, → isn't he?

1. Mom isn't at work today,
2. You're a flamenco dancer,
3. I'm not sitting in your chair,
4. This article is very interesting,
5. They're from Beijing,

- isn't it?
- aren't they?
- aren't you?
- isn't he?
- is she?
- am I?

1.2 MARCA LAS FRASES CORRECTAS

Her dress is beautiful, aren't I? ☐
Her dress is beautiful, isn't it? ☑

1. You're hungry, aren't you? ☐
   You're hungry, aren't I? ☐
2. She is Chris's boss, isn't he? ☐
   She is Chris's boss, isn't she? ☐
3. They're from Florida, aren't they? ☐
   They're from Florida, isn't they? ☐
4. It's warm today, is she? ☐
   It's warm today, isn't it? ☐
5. You're not tired, aren't I? ☐
   You're not tired, are you? ☐
6. We're from the same town, are they? ☐
   We're from the same town, aren't we? ☐
7. They're late, aren't they? ☐
   They're late, are you? ☐
8. Saira's sister is here, are they? ☐
   Saira's sister is here, isn't she? ☐
9. You're from the US, aren't you? ☐
   You're from the US, is it? ☐

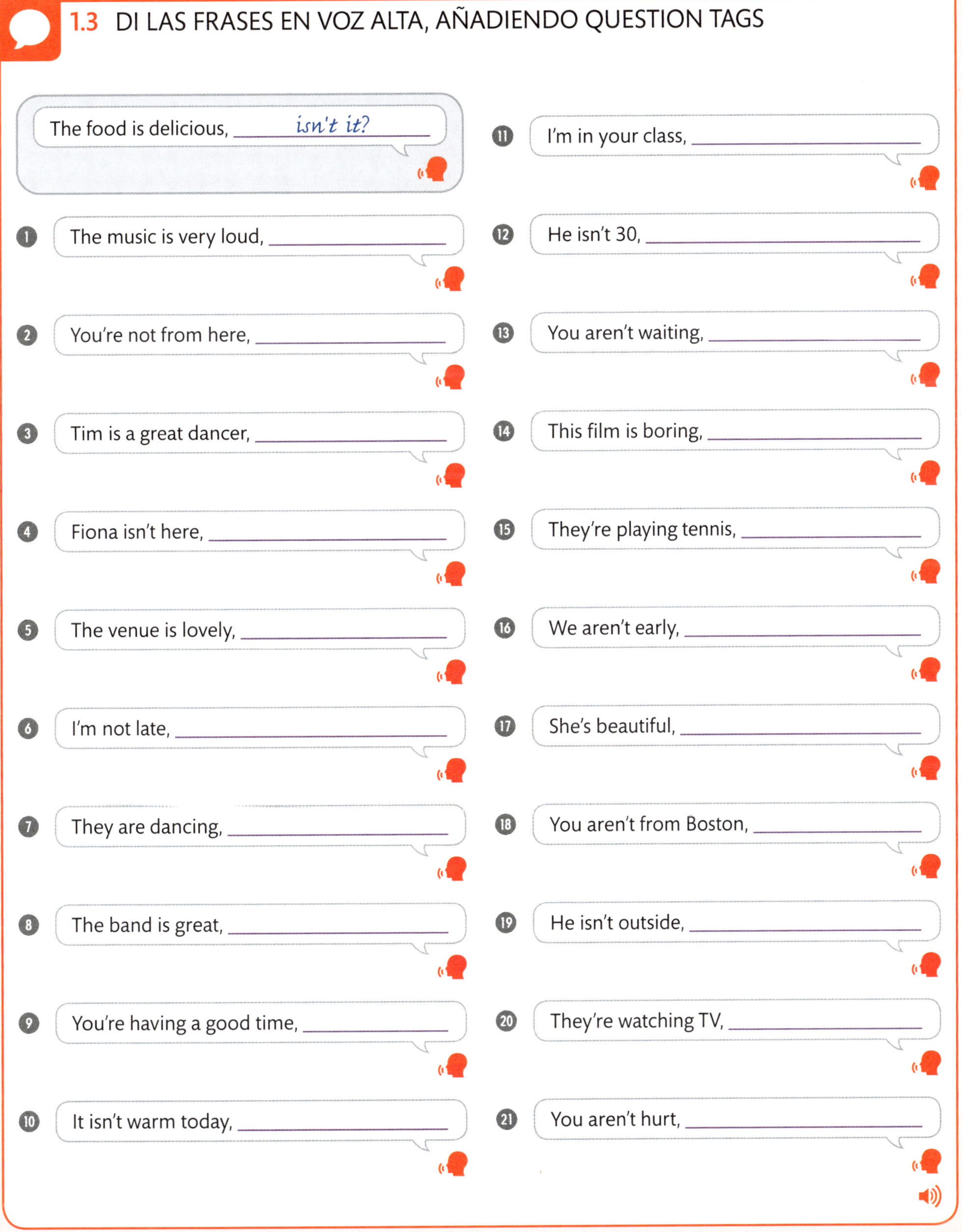

1.3 DI LAS FRASES EN VOZ ALTA, AÑADIENDO QUESTION TAGS

The food is delicious, *isn't it?*

1. The music is very loud, ____________
2. You're not from here, ____________
3. Tim is a great dancer, ____________
4. Fiona isn't here, ____________
5. The venue is lovely, ____________
6. I'm not late, ____________
7. They are dancing, ____________
8. The band is great, ____________
9. You're having a good time, ____________
10. It isn't warm today, ____________
11. I'm in your class, ____________
12. He isn't 30, ____________
13. You aren't waiting, ____________
14. This film is boring, ____________
15. They're playing tennis, ____________
16. We aren't early, ____________
17. She's beautiful, ____________
18. You aren't from Boston, ____________
19. He isn't outside, ____________
20. They're watching TV, ____________
21. You aren't hurt, ____________

1.4 COMPLETA LOS ESPACIOS AÑADIENDO QUESTION TAGS

It's very cold, *isn't it* ?

1. You're Sarah, ________________?
2. You're Sally's friend, ________________?
3. Fatima is funny, ________________?
4. The food is delicious, ________________?
5. Dev and Jai are twins, ________________?
6. You're not leaving now, ________________?
7. I'm not boring you, ________________?
8. The boss isn't here, ________________?
9. I'm late, ________________?
10. You've just woken up, ________________?
11. You can't see it, ________________?
12. He's getting old, ________________?
13. They're not studying, ________________?

1.5 ESCUCHA EL AUDIO Y RESPONDE A LAS PREGUNTAS

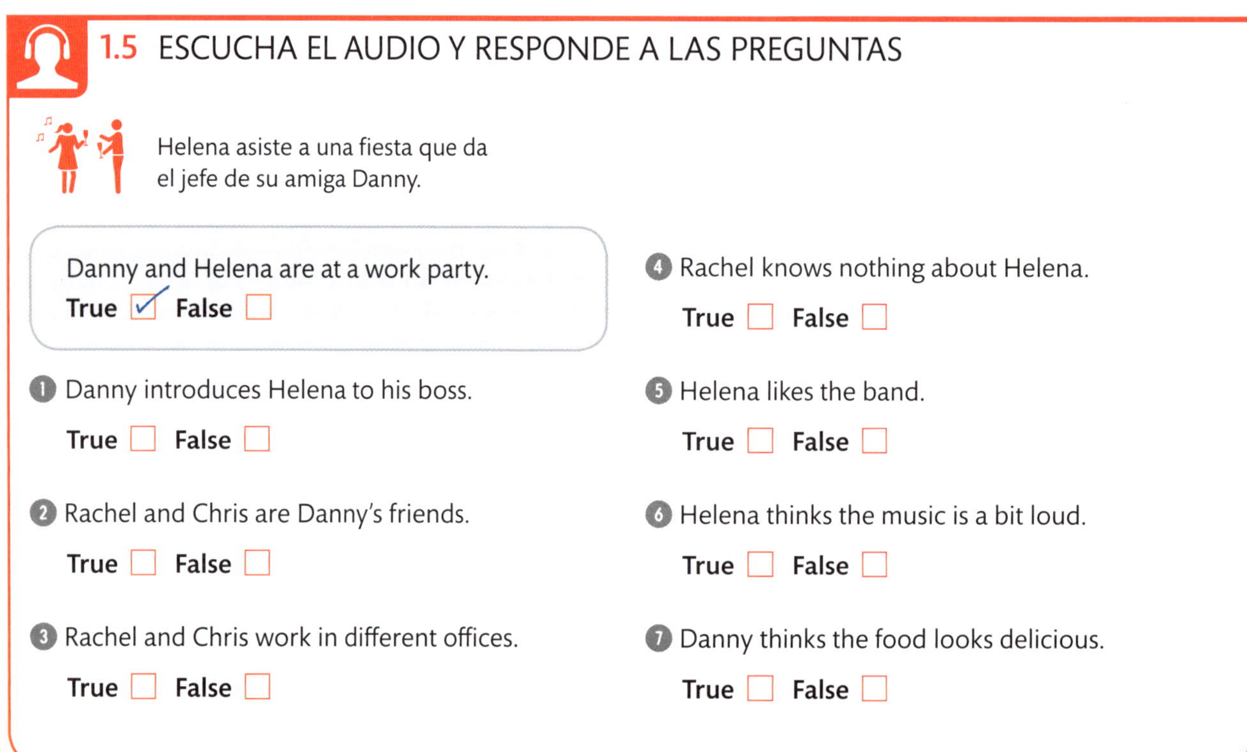

Helena asiste a una fiesta que da el jefe de su amiga Danny.

Danny and Helena are at a work party.
True ☑ False ☐

1. Danny introduces Helena to his boss.
True ☐ False ☐
2. Rachel and Chris are Danny's friends.
True ☐ False ☐
3. Rachel and Chris work in different offices.
True ☐ False ☐
4. Rachel knows nothing about Helena.
True ☐ False ☐
5. Helena likes the band.
True ☐ False ☐
6. Helena thinks the music is a bit loud.
True ☐ False ☐
7. Danny thinks the food looks delicious.
True ☐ False ☐

Aa 1.6 COMPLETA LOS ESPACIOS CON LAS PALABRAS DEL RECUADRO

Good evening, Mr. Fisher. ___How are you___ ?

1. I'm very ______________ .
2. This ______________ .
3. ______________ , Mrs. Reid. How are you?
4. Hi, Sally. How ______________ ?
5. I'm ______________ you, Ms. Chopra.
6. May ______________ Frank Hill?
7. I'm very pleased ______________ , Diana.
8. ______________ meet you, Holly.

are you doing
is Tim
well, thank you
~~How are you~~
Great to
to meet you
delighted to meet
I introduce
Good morning

1.7 RESPONDE A LOS SALUDOS EN VOZ ALTA

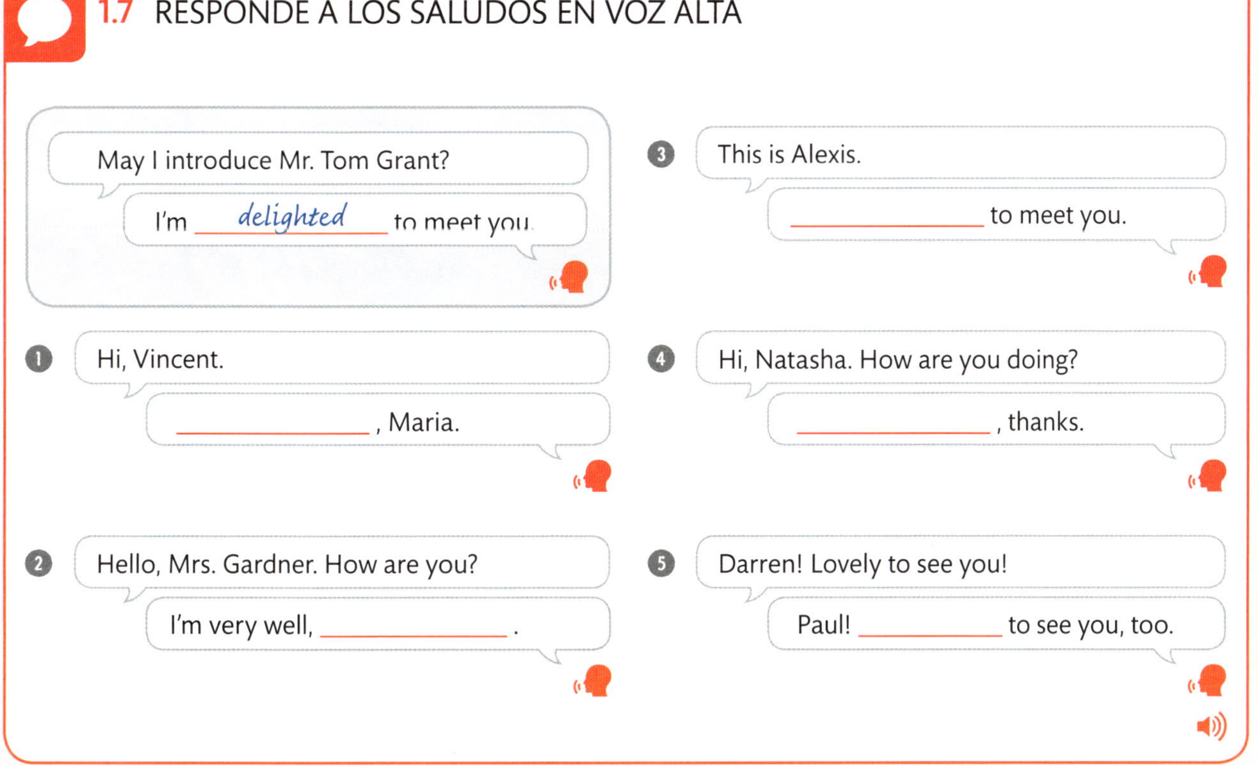

02 Vocabulario

Aa 2.1 **PAÍSES** ESCRIBE LOS NOMBRE DE PAÍSES DEL RECUADRO BAJO SUS BANDERAS

1 ________

2 ________

3 ________

4 ________

5 ________

6 ________

7 ________

8 ________

9 ________

10 ________

11 ________

12 ________

13 ________

14 ________

15 ________

16 ________

17 ________

18 ________

19 ________

20 ________

21 ________

22 ________

23 ________

24 ________

Canada Czech Republic Poland Germany Turkey Australia Mexico United Kingdom
Mongolia Pakistan United States of America Argentina South Korea Spain ~~Cuba~~
France Peru Bolivia China Portugal Greece Vietnam Japan Brazil Kenya

03 Dónde están las cosas

En inglés, usamos las preposiciones para decir dónde están las cosas. Es importante aprender las preposiciones correctas para las expresiones que describen sitios y direcciones.

Lenguaje Preposiciones de lugar
Aa Vocabulario Países y nacionalidades
Habilidad Hablar de dónde están las cosas

3.1 TACHA LAS PALABRAS INCORRECTAS DE CADA FRASE

Marge and Bert live in the Sunrise Apartments ~~on~~ / **in** / ~~opposite~~ the city center.

1  There is a tree **to the left of** / **on** / **around** the tall building in town.

2  We stayed in a small hotel just **in** / **around** / **by** the seaside.

3  The town library is **opposite** / **right next to** / **across** the movie theater.

4  Tom is planning on going for a walk **in** / **on** / **by** the country today.

5 Norway and Australia are on **around** / **opposite** / **off** sides of the world.

6  The Snow Slopes Ski Resort is **on** / **off** / **in** the mountains.

3.2 UTILIZA EL DIAGRAMA PARA CREAR 10 FRASES CORRECTAS Y DILAS EN VOZ ALTA

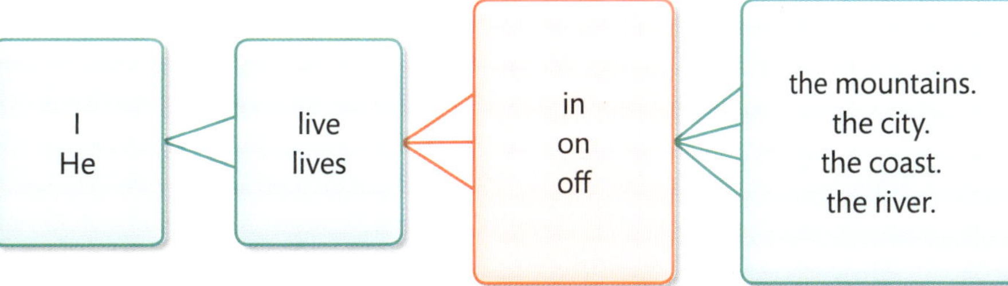

3.3 ESCUCHA EL AUDIO Y RESPONDE A LAS PREGUNTAS

Jerry es un estudiante británico que acaba de llegar a España.

Jerry is studying at Seville University.
True ☑ **False** ☐ **Not given** ☐

1. Jerry is from a busy city in England.
True ☐ **False** ☐ **Not given** ☐

2. In England he lived near the south coast.
True ☐ **False** ☐ **Not given** ☐

3. Seville is on the Guadalquivir river.
True ☐ **False** ☐ **Not given** ☐

4. Jerry is sharing an apartment with friends.
True ☐ **False** ☐ **Not given** ☐

5. His apartment is on the river.
True ☐ **False** ☐ **Not given** ☐

6. Next weekend he's touring Doñana National Park.
True ☐ **False** ☐ **Not given** ☐

7. The Doñana National Park is in the mountains.
True ☐ **False** ☐ **Not given** ☐

3.4 COMPLETA LOS ESPACIOS CON LAS PALABRAS DEL RECUADRO

The lighthouse is ___on___ the east coast.

1. The castle is ______________________ the beach.
2. The island is just ___________ the coast.
3. Visitors can take boat trips ________________ the island.
4. They can eat at the restaurant _______ the island.
5. The statue is _____________ the café and the church.
6. The restaurant is ________ opposite the café.
7. The lighthouse is diagonally ___________ the church.

right next to	between	off	~~on~~
around	on	opposite	directly

3.5 CONECTA EL INICIO Y EL FINAL DE CADA FRASE

	Inicio	Final
	They are traveling around	opposite the lake.
1	The lighthouse is just off	next to the theater.
2	The park is diagonally	the sea.
3	We stayed in a chalet in	the world.
4	There's a café right	the airport and the hotel.
5	Henry has a house by	the coast.
6	It's halfway between	the mountains.

(Example: They are traveling around → the world.)

3.6 LEE LA WEB Y RESPONDE A LAS PREGUNTAS

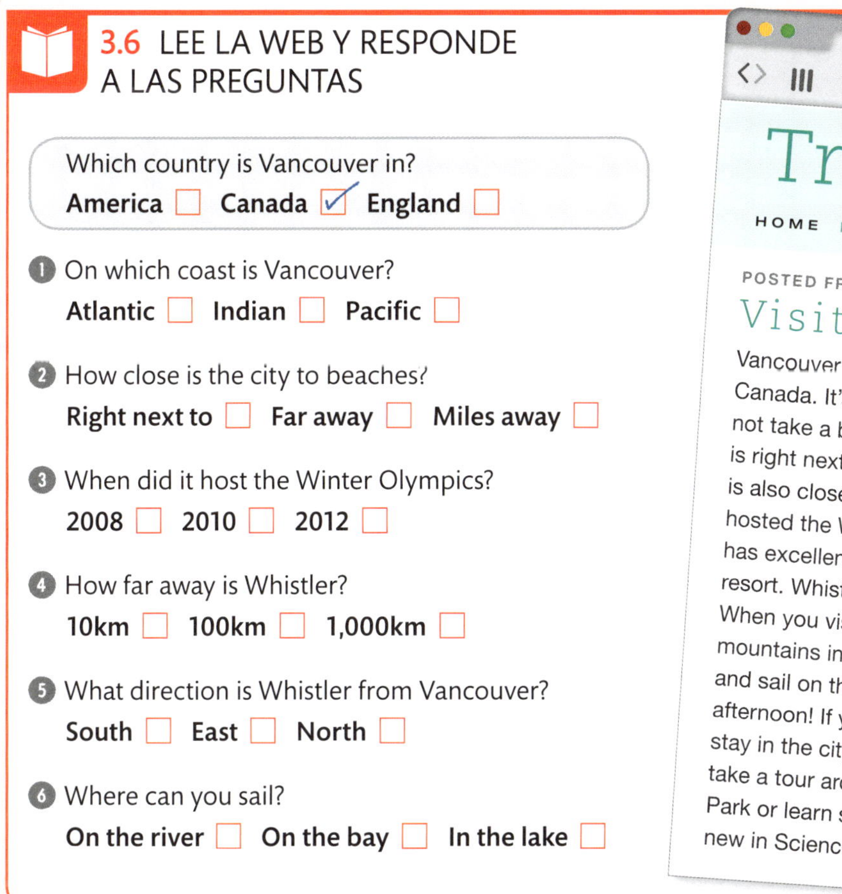

Which country is Vancouver in?
America ☐ **Canada** ☑ **England** ☐

1. On which coast is Vancouver?
Atlantic ☐ **Indian** ☐ **Pacific** ☐

2. How close is the city to beaches?
Right next to ☐ **Far away** ☐ **Miles away** ☐

3. When did it host the Winter Olympics?
2008 ☐ **2010** ☐ **2012** ☐

4. How far away is Whistler?
10km ☐ **100km** ☐ **1,000km** ☐

5. What direction is Whistler from Vancouver?
South ☐ **East** ☐ **North** ☐

6. Where can you sail?
On the river ☐ **On the bay** ☐ **In the lake** ☐

Travel Time

HOME | ENTRIES | ABOUT | CONTACT

POSTED FRIDAY, AUGUST 28

Visit Vancouver

Vancouver is a popular tourist destination in Canada. It's right on the Pacific coast, so why not take a boat trip around the harbor? The city is right next to miles of beautiful beaches but it is also close to beautiful mountains. Vancouver hosted the Winter Olympics in 2010 and now has excellent transportation links to Whistler ski resort. Whistler is 100km north of Vancouver. When you visit Vancouver, you can ski in the mountains in the morning and sail on the bay in the afternoon! If you prefer to stay in the city, you can take a tour around Stanley Park or learn something new in Science World.

04 Números y estadísticas

Las fracciones, los decimales y los porcentajes se pronuncian de manera diferente en inglés hablado, de acuerdo con estas sencillas normas.

Lenguaje Números en inglés hablado
Aa Vocabulario Acontecimientos deportivos
Habilidad Usar números en una conversación

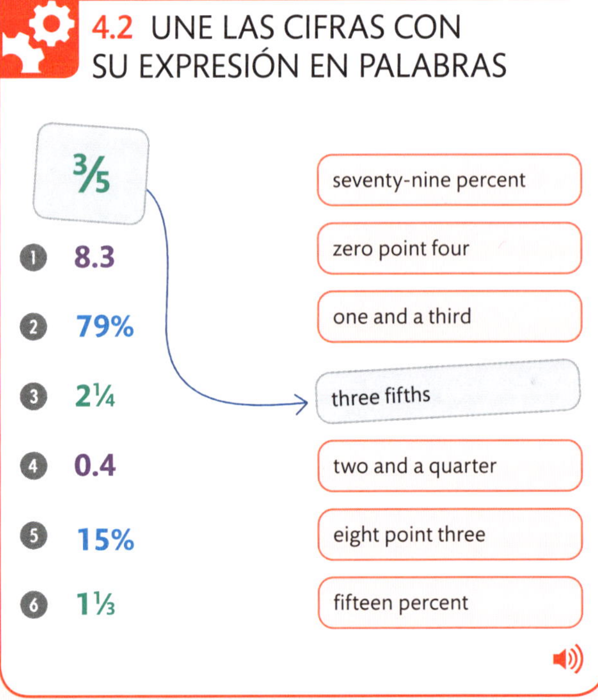

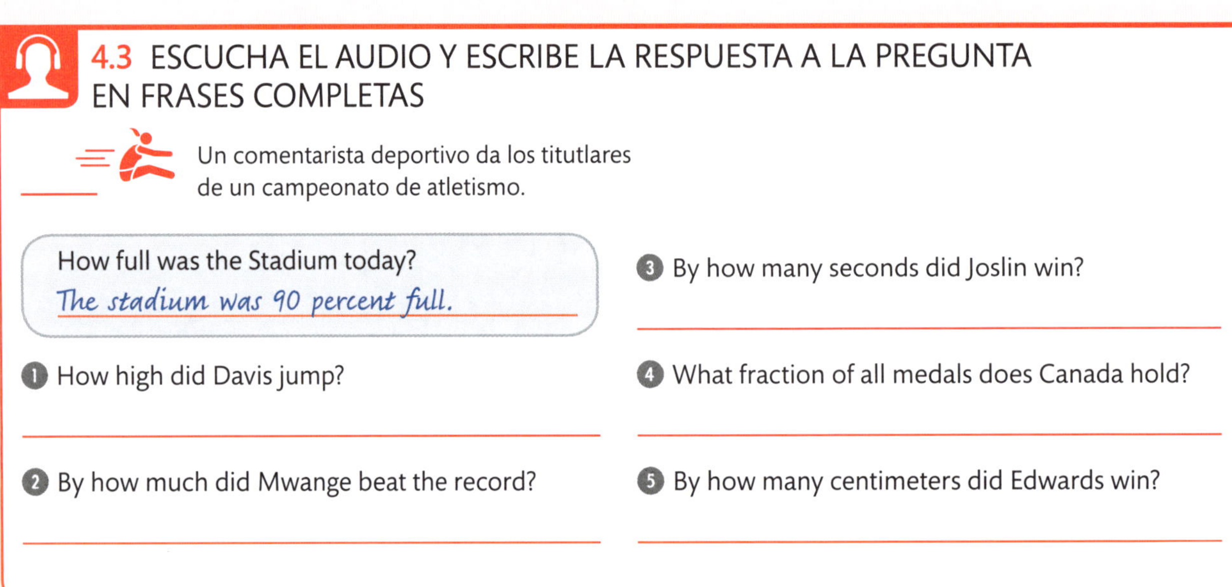

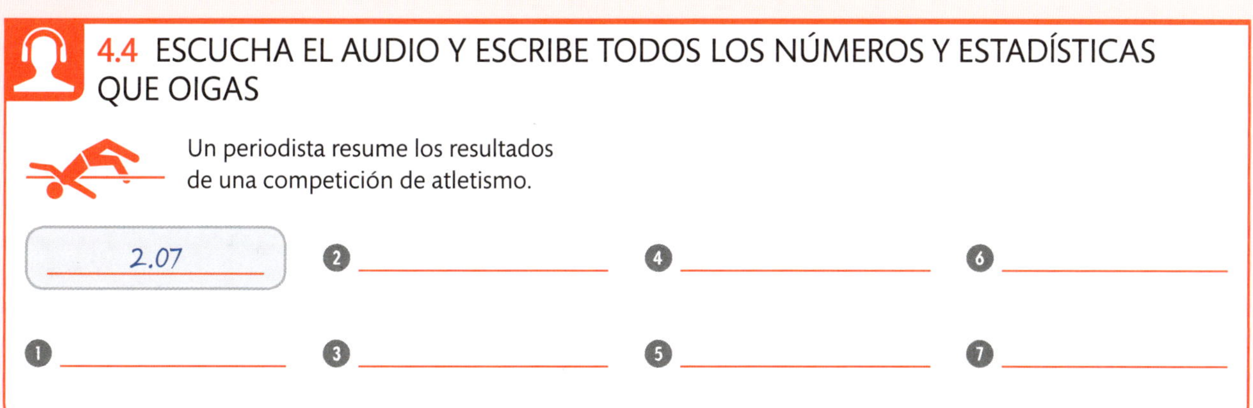

4.4 ESCUCHA EL AUDIO Y ESCRIBE TODOS LOS NÚMEROS Y ESTADÍSTICAS QUE OIGAS

Un periodista resume los resultados de una competición de atletismo.

2.07

❶ ______ ❷ ______ ❸ ______ ❹ ______ ❺ ______ ❻ ______ ❼ ______

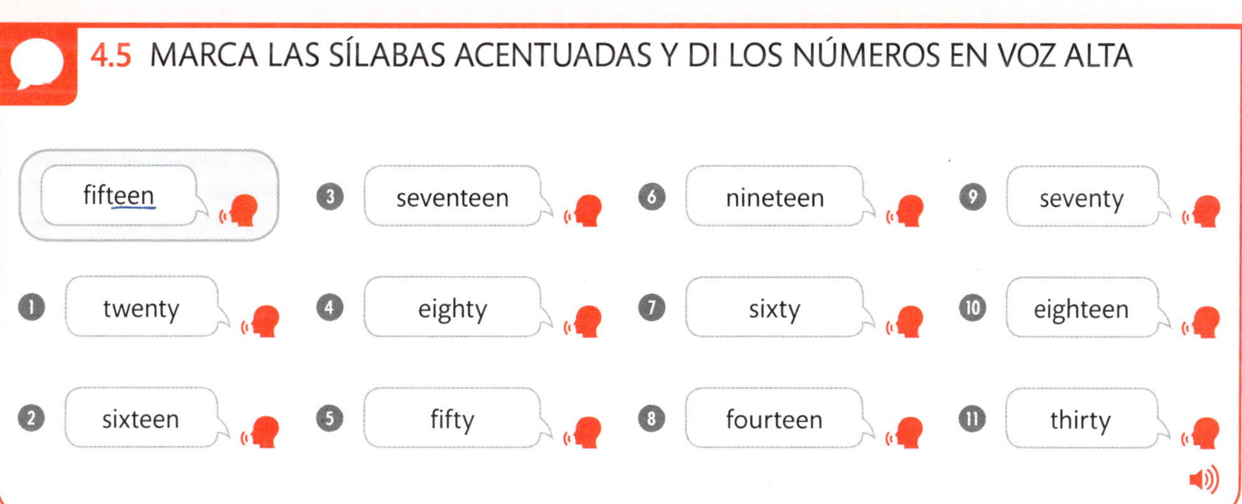

4.5 MARCA LAS SÍLABAS ACENTUADAS Y DI LOS NÚMEROS EN VOZ ALTA

fifteen

❶ twenty
❷ sixteen
❸ seventeen
❹ eighty
❺ fifty
❻ nineteen
❼ sixty
❽ fourteen
❾ seventy
❿ eighteen
⓫ thirty

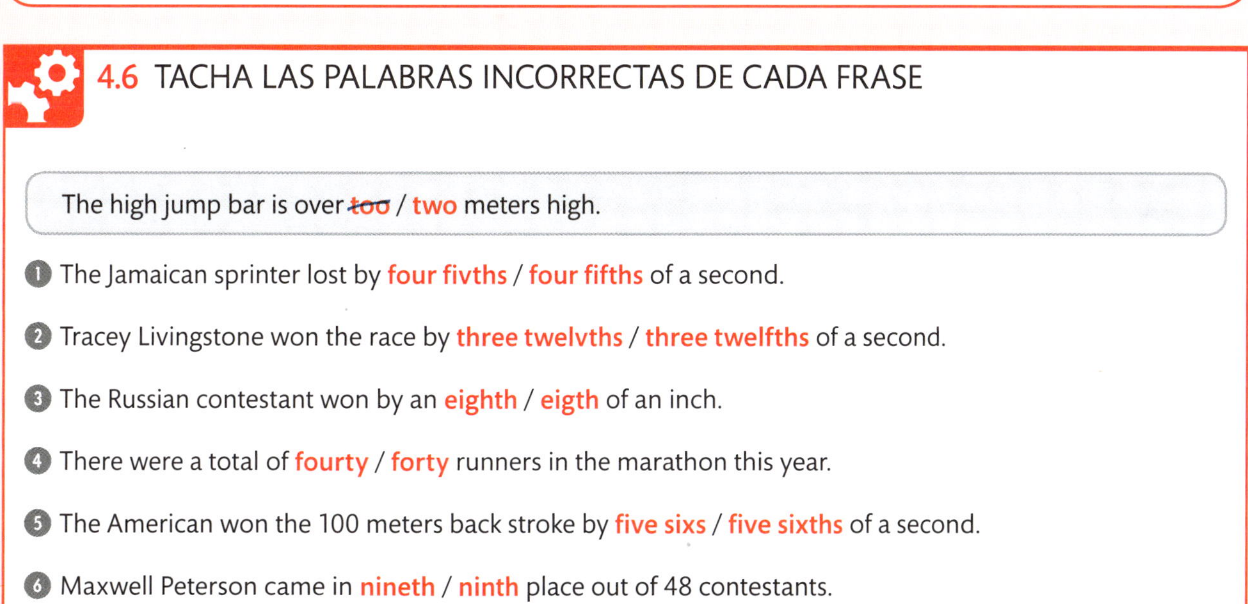

4.6 TACHA LAS PALABRAS INCORRECTAS DE CADA FRASE

The high jump bar is over ~~too~~ / **two** meters high.

❶ The Jamaican sprinter lost by **four fivths** / **four fifths** of a second.

❷ Tracey Livingstone won the race by **three twelvths** / **three twelfths** of a second.

❸ The Russian contestant won by an **eighth** / **eigth** of an inch.

❹ There were a total of **fourty** / **forty** runners in the marathon this year.

❺ The American won the 100 meters back stroke by **five sixs** / **five sixths** of a second.

❻ Maxwell Peterson came in **nineth** / **ninth** place out of 48 contestants.

05 Horas y fechas

Hay muchas maneras de decir la hora y la fecha en inglés. Los hablantes de inglés estadounidense y británico utilizan sistemas diferentes.

Lenguaje Horas precisas
Aa Vocabulario Fechas en EE.UU. y Gran Bretaña
Habilidad Hablar de horas y fechas

5.1 DI LAS HORAS EN VOZ ALTA

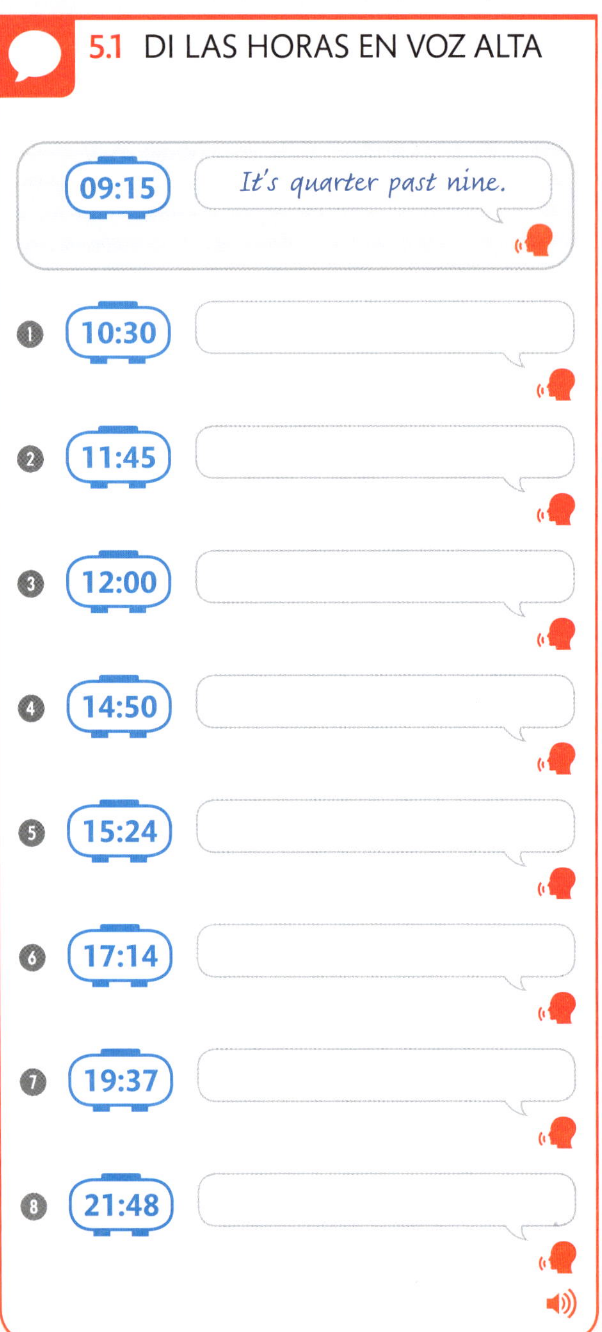

5.2 DI LAS FECHAS EN VOZ ALTA

NOTA
Recuerda la diferencia entre las fechas de Gran Bretaña y Estados Unidos.

09/05/01 (US)

September fifth, two thousand and one

1 **11/02/10** (UK)

2 **03/04/12** (US)

3 **09/23/06** (US)

4 **31/12/14** (UK)

5 **02/15/08** (US)

5.3 RELACIONA LAS HORAS CON LAS FRASES

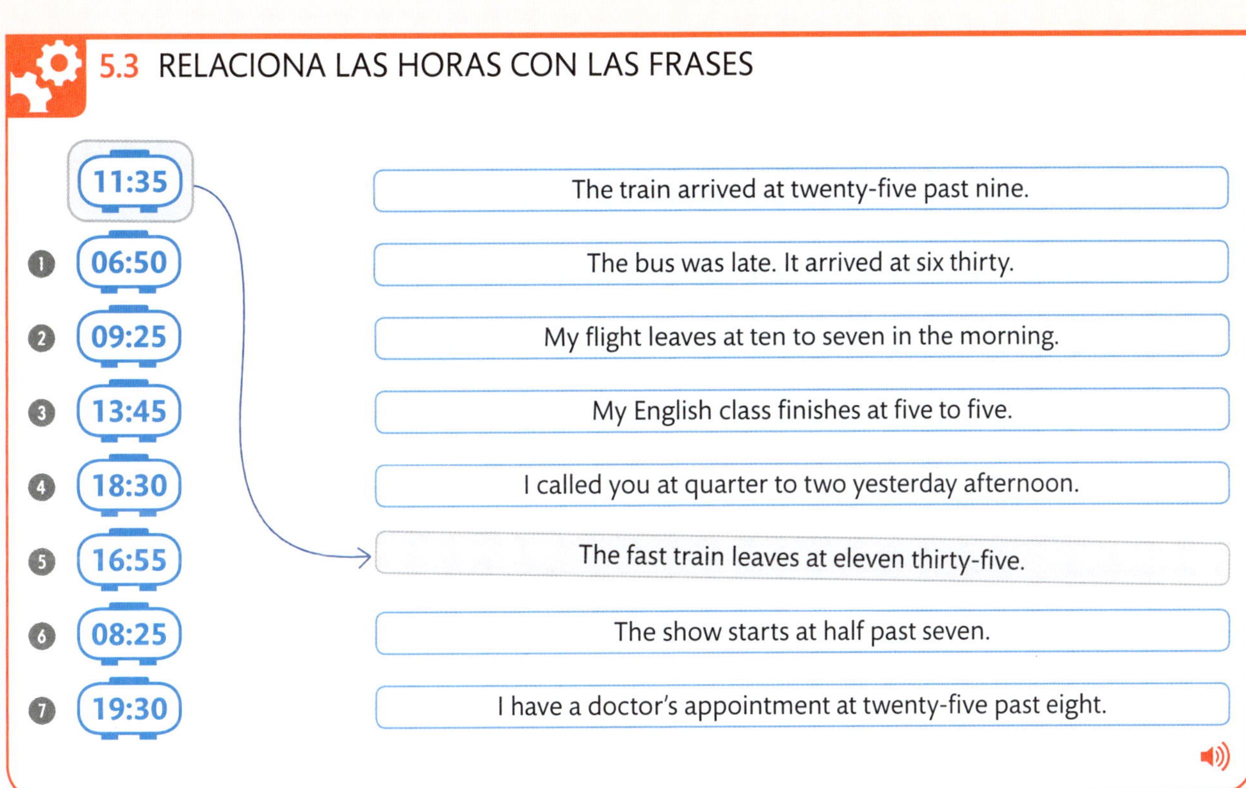

5.4 ESCUCHA EL AUDIO Y RESPONDE A LAS PREGUNTAS

Un grupo de personas habla de fechas y horas importantes en su vida.

Tim and Alison got married on...
February 10, 2004 ☐
August 6, 2009 ☑
November 30, 2015 ☐

1 Simon's flight leaves at...
10:30 ☐
15:10 ☐
14:50 ☐

2 Jamie graduated from college on...
June 30 ☐
June 13 ☐
July 30 ☐

3 The fast train to Edinburgh leaves at...
07:24 ☐
11:24 ☐
10:45 ☐

4 Harry's grandfather's 80th birthday was on...
October 27 ☐
November 27 ☐
November 17 ☐

5 Jane and Paul's wedding is at...
2:30pm ☐
3:30pm ☐
4:30pm ☐

06 Datos de contacto

Los números de teléfono, las direcciones postales y de correo electrónico y las páginas web se indican de forma ligeramente distinta en inglés estadounidense y británico.

Lenguaje Letras y números
Aa Vocabulario Datos de contacto
Habilidad Intercambiar información personal

6.1 ESCUCHA EL AUDIO Y ESCRIBE EL NOMBRE DE LOS LUGARES QUE SE DELETREAN

Shanghai

1 ______

2 ______

3 ______

4 ______

5 ______

6 ______

7 ______

8 ______

9 ______

10 ______

6.2 RESPONDE A LAS PREGUNTAS DELETREANDO EN VOZ ALTA

How do you spell "Durban?"

D-U-R-B-A-N

1 How do you spell "California?"

2 How do you spell "Paddington?"

3 How do you spell "Bloomfield?"

4 How do you spell "Birmingham?"

5 How do you spell "Hong Kong?"

6 How do you spell "Cambridge?"

7 How do you spell "Sydney?"

8 How do you spell "New Delhi?"

6.3 ESCUCHA EL AUDIO Y ESCRIBE LOS NÚMEROS DE TELÉFONO QUE OIGAS

033888701

4 __________
8 __________

1 __________
5 __________
9 __________

2 __________
6 __________
10 __________

3 __________
7 __________
11 __________

6.4 OBSERVA LA FICHA DE LA AGENDA Y RESPONDE AL AUDIO EN VOZ ALTA

Which country does Alice live in?

Australia

Alice Watson
66 Queen's Walk
Melbourne
NSW 2024
Australia
00615508884
alice.watson@sunshine.au

1 What is the name of her street?

2 What is the name of her city?

3 What's her zip code?

4 What's her email address?

5 What's her phone number?

6.5 OBSERVA LA TARJETA DE VISITA Y ESCRIBE LAS RESPUESTAS A LAS PREGUNTAS EN FRASES COMPLETAS

Who does this business card belong to?

It belongs to Rachel Brodie.

RACHEL BRODIE
Sales Manager

Trademark Printers Ltd.

Mobile: 0785 9044678
Email: rachel.brodie@trademark.com

1. What is her surname?

   ____

2. What's her job?

   ____

3. Which company does she work at?

   ____

4. What's her phone number?

   ____

5. What's her email address?

   ____

6.6 BUSCA EN LA TABLA NUEVE PALABRAS RELACIONADAS CON LOS DATOS DE CONTACTO

P G N C D [S T R E E T] N S D R A O W O N S
H S A X O I N G T S E F T I T L E Q E N V
O D E T J U M D S M T R I I S E M A I L D
N I N O E R N I U T C A I R R T I T C U I
E K A W E B X T R D I N T X S S A D I N Z
N D I N R Y A D R A E X D E Y T N X E N I
U Z L E L A O Z I Y R I Z L A O N O R I P
M A V H S N V O N S T N D S N V O A X N C
B C D J T N D E G J A G I T N D E J M M O
E H I E A R I A I E O S S A R I A E O E D
R E C B H O U S E N U M B E R K I B G Z E

07 Hablar del trabajo

En inglés, se usan las palabras "job" y "work" en distintos contextos para hablar de profesiones, condiciones laborales y trayectorias profesionales.

Lenguaje "Job" y "work"
Aa Vocabulario Trabajos y profesiones
Habilidad Hablar de tu trayectoria

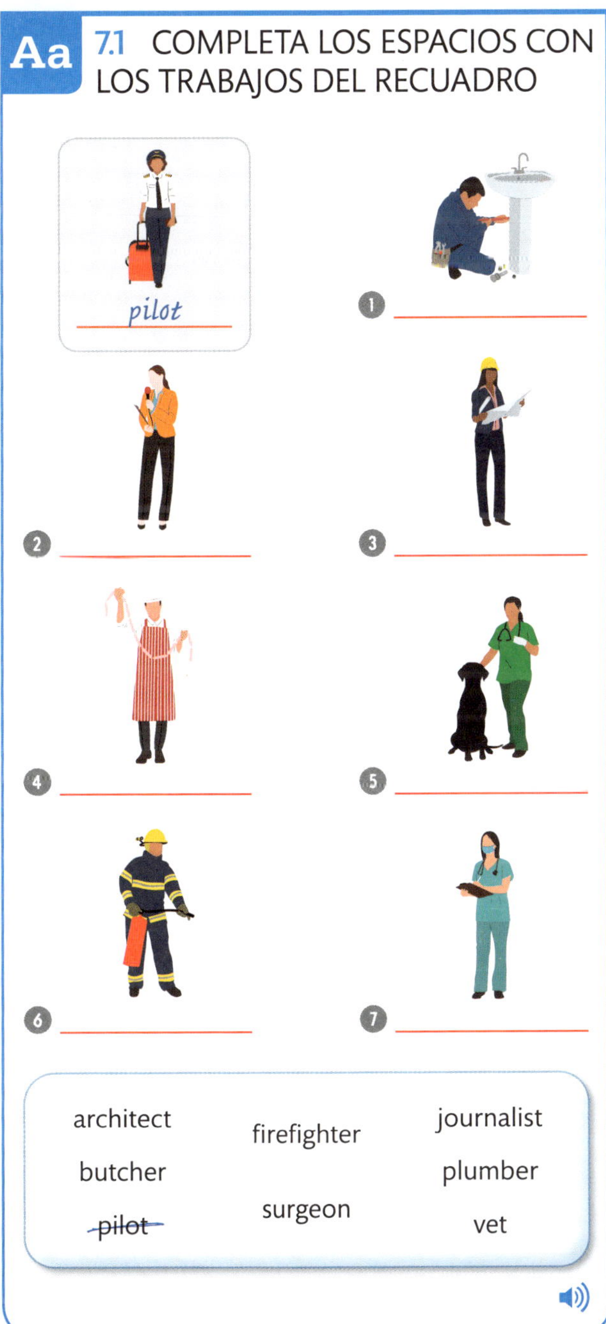

Aa 7.1 COMPLETA LOS ESPACIOS CON LOS TRABAJOS DEL RECUADRO

pilot

1 ______

2 ______

3 ______

4 ______

5 ______

6 ______

7 ______

architect
butcher
~~pilot~~
firefighter
surgeon
journalist
plumber
vet

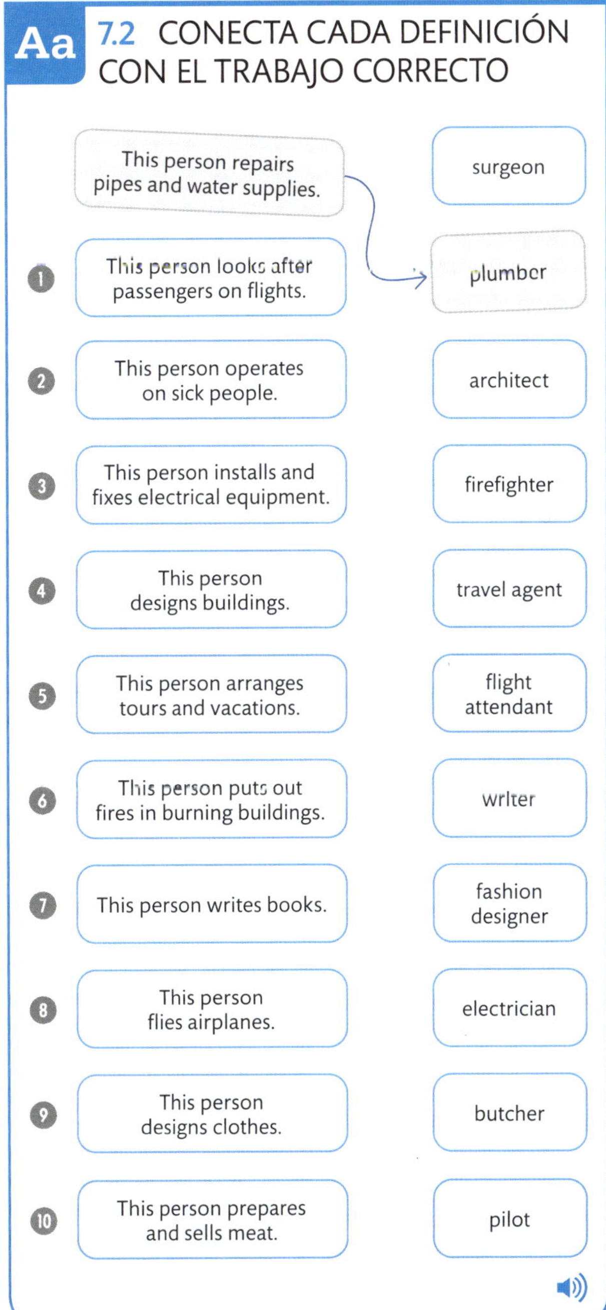

Aa 7.2 CONECTA CADA DEFINICIÓN CON EL TRABAJO CORRECTO

	Definition	Job
	This person repairs pipes and water supplies.	surgeon
1	This person looks after passengers on flights.	plumber
2	This person operates on sick people.	architect
3	This person installs and fixes electrical equipment.	firefighter
4	This person designs buildings.	travel agent
5	This person arranges tours and vacations.	flight attendant
6	This person puts out fires in burning buildings.	writer
7	This person writes books.	fashion designer
8	This person flies airplanes.	electrician
9	This person designs clothes.	butcher
10	This person prepares and sells meat.	pilot

7.3 LEE EL ANUNCIO DE TRABAJO Y RESPONDE A LAS PREGUNTAS

City Law Firm is looking for an intern for one year.
True ☑ **False** ☐

1. The intern at City Law Firm will get a small salary.
True ☐ **False** ☐

2. Youth Orchestra candidates must be over 22.
True ☐ **False** ☐

3. The Youth Orchestra is looking to hire technicians.
True ☐ **False** ☐

4. The news journalist will have many days off.
True ☐ **False** ☐

5. The trainee fashion designer will work long hours.
True ☐ **False** ☐

6. The trainee fashion designer will get to travel.
True ☐ **False** ☐

7. The travel agent's position is full-time.
True ☐ **False** ☐

26 UPPERTON HERALD

JOB LISTINGS

For the most comprehensive career listings

City Law Firm is looking for an intern for 12 months. No salary is offered, but the position may lead to a full-time job.

Musicians wanted for Youth Orchestra. Are you aged between 16 and 22? Apply online with your CV now.

News journalist needed. Good salary and generous vacation offered for the right candidate.

Trainee fashion designer wanted. This is a full-time post and will involve overtime and some travel.

Part-time travel agent wanted. We offer a competitive salary and good prospects for the right candidate.

7.4 COMPLETA LOS ESPACIOS UTILIZANDO "JOB" O "WORK"

Ivan loves his new *job* at the bank.

1. Annabelle starts ______ at 8:30am.
2. Joe is looking for a new ______.
3. I've had to ______ all weekend.
4. What time do you finish ______?
5. Sam's cousin helped him get his first ______.
6. Laura has a well-paid ______ in finance.
7. I ______ as a freelance consultant.

7.5 ESCUCHA EL AUDIO Y RESPONDE A LAS PREGUNTAS

Emily está en una entrevista para un puesto de trabajo en una empresa.

What position does Emily want?
Trainee ☐ **Intern** ☑ **Part-time** ☐

1. What field does Emily want a career in?
   Finance ☐ **Law** ☐ **Education** ☐

2. How long is this position for?
   Six weeks ☐ **A year** ☐ **Six months** ☐

3. What type of job may this position lead to?
   Full-time ☐ **Part-time** ☐ **Freelance** ☐

4. What opportunities will there be?
   Vacation ☐ **Training** ☐ **Promotion** ☐

5. What kind of salary can she earn after four years?
   Average ☐ **Low** ☐ **High** ☐

6. How often will Emily have to work on weekends?
   Always ☐ **Sometimes** ☐ **Often** ☐

7. How often will Emily have to work shifts?
   Often ☐ **Sometimes** ☐ **Never** ☐

Aa 7.6 COMPLETA LOS ESPACIOS CON LAS PALABRAS DEL RECUADRO

Paul has just begun his *career* in medicine.

1. They got a pay ________________ of 5 percent.
2. Doctors can earn a great ________________ .
3. I'll be late home tonight. I have to work ________________ .
4. Peter was ________________ for six months before he got a job.
5. This position may lead to a ________________ job.
6. Eva might ________________ because she hates her job.
7. Henry works for himself. He is a ________________ reporter.
8. This job has four weeks' ________________ .

rise ~~career~~
unemployed
resign salary
freelance
full-time vacation
overtime

08 Rutinas y tiempo libre

Puedes utilizar adverbios de frecuencia para hablar con detalle de tus rutinas diarias y de la frecuencia con la que trabajas o disfrutas de actividades de ocio.

Lenguaje Adverbios de frecuencia
Vocabulario Actividades de ocio
Habilidad Hablar de tus rutinas

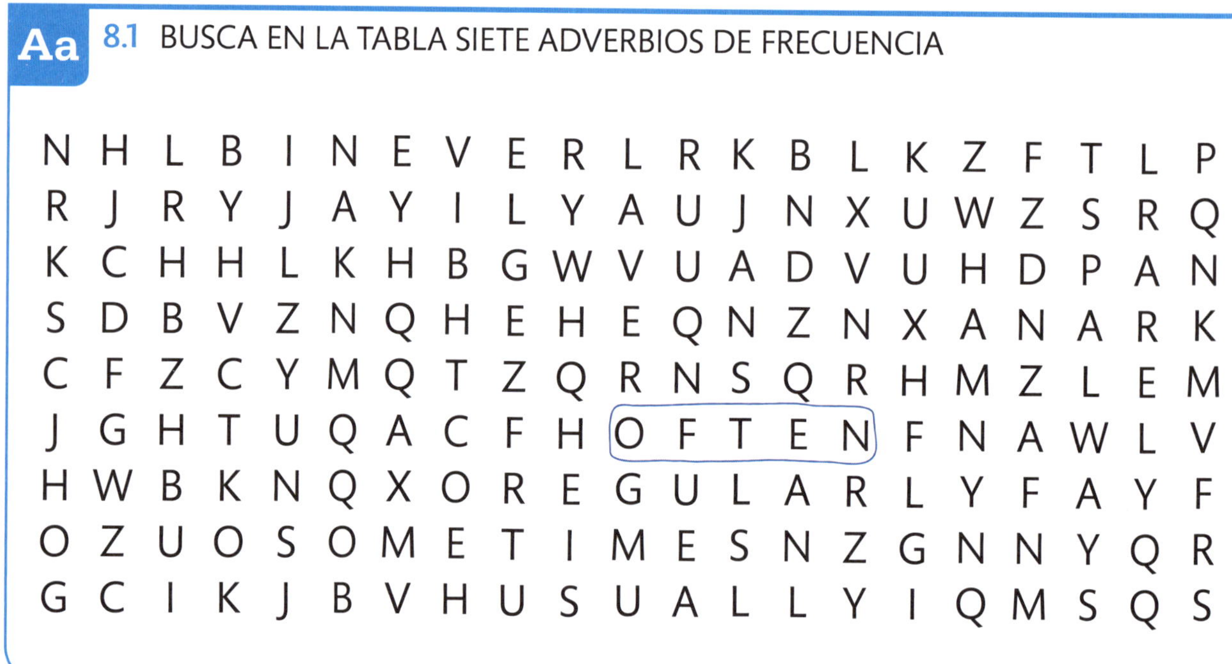

Aa 8.1 BUSCA EN LA TABLA SIETE ADVERBIOS DE FRECUENCIA

N H L B I N E V E R L R K B L K Z F T L P
R J R Y J A Y I L Y A U J N X U W Z S R Q
K C H H L K H B G W V U A D V U H D P A N
S D B V Z N Q H E H E Q N Z N X A N A R K
C F Z C Y M Q T Z Q R N S Q R H M Z L E M
J G H T U Q A C F H O F T E N F N A W L V
H W B K N Q X O R E G U L A R L Y F A Y F
O Z U O S O M E T I M E S N Z G N N Y Q R
G C I K J B V H U S U A L L Y I Q M S Q S

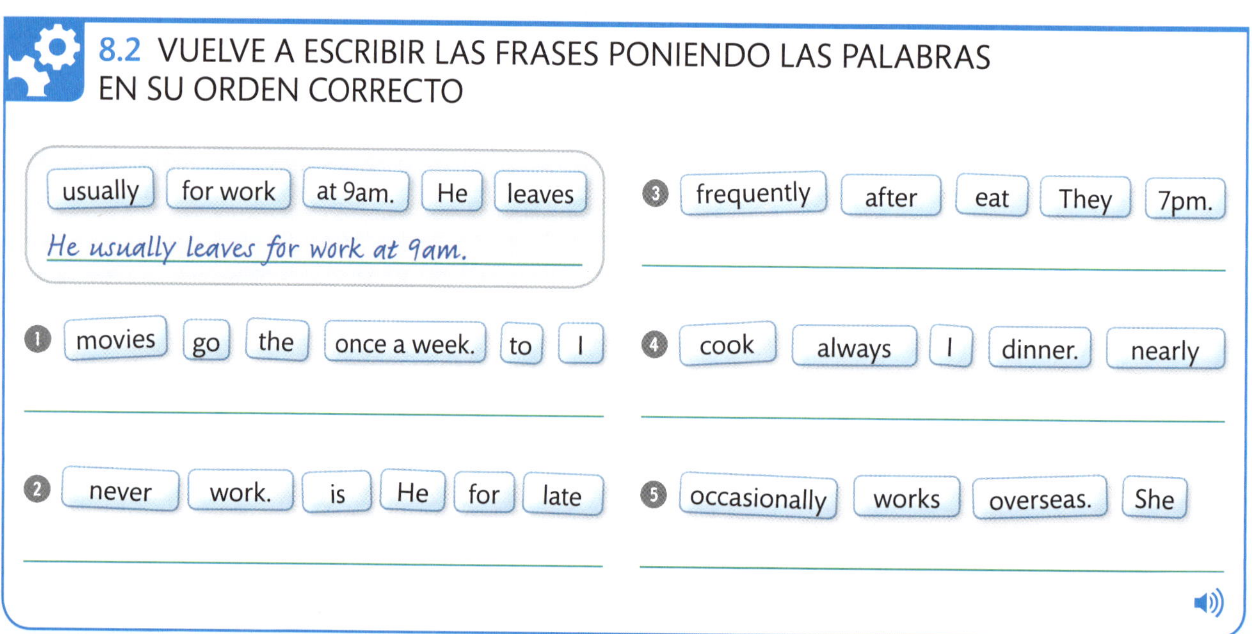

8.2 VUELVE A ESCRIBIR LAS FRASES PONIENDO LAS PALABRAS EN SU ORDEN CORRECTO

usually | for work | at 9am. | He | leaves

He usually leaves for work at 9am.

1 movies | go | the | once a week. | to | I

2 never | work. | is | He | for | late

3 frequently | after | eat | They | 7pm.

4 cook | always | I | dinner. | nearly

5 occasionally | works | overseas. | She

8.3 MARCA LAS FRASES CORRECTAS

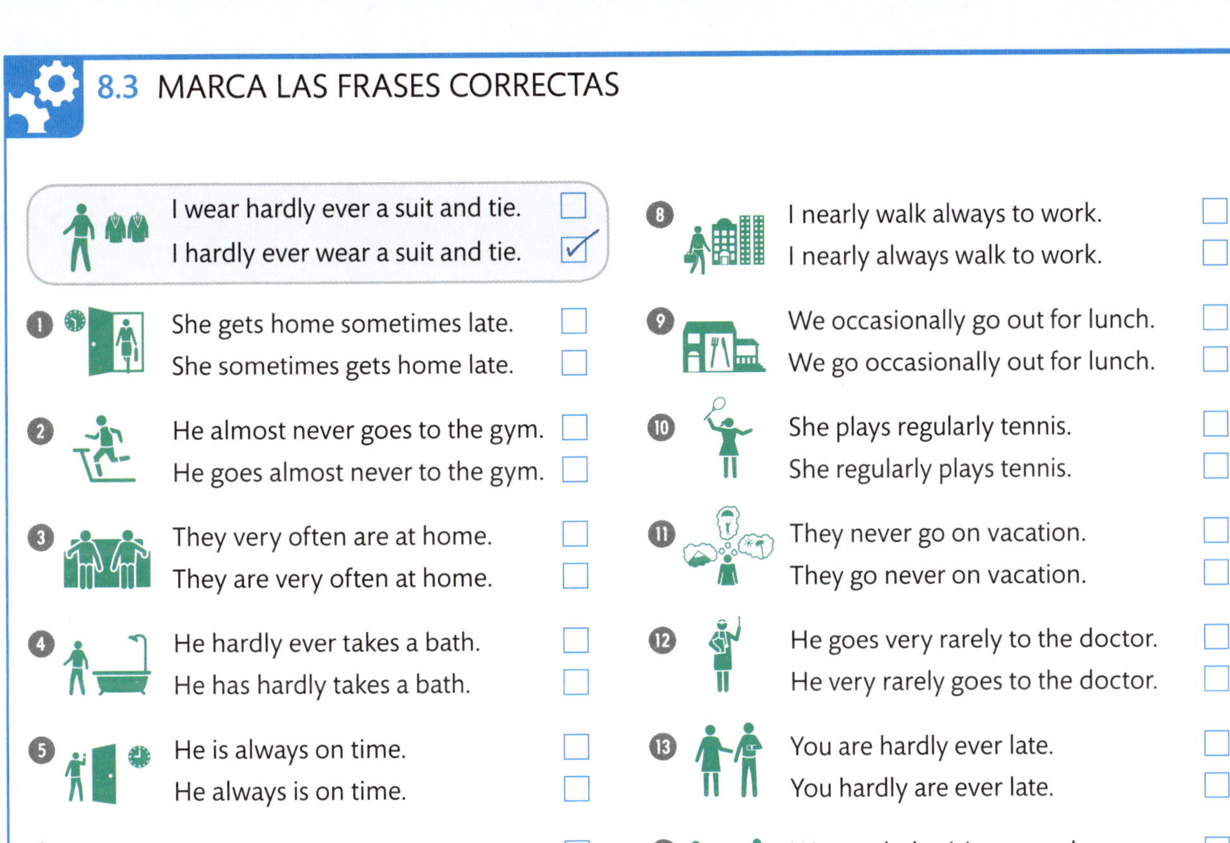

I wear hardly ever a suit and tie. ☐
I hardly ever wear a suit and tie. ☑

1. She gets home sometimes late. ☐
   She sometimes gets home late. ☐
2. He almost never goes to the gym. ☐
   He goes almost never to the gym. ☐
3. They very often are at home. ☐
   They are very often at home. ☐
4. He hardly ever takes a bath. ☐
   He has hardly takes a bath. ☐
5. He is always on time. ☐
   He always is on time. ☐
6. He rarely goes for a walk. ☐
   He goes rarely for a walk. ☐
7. You frequently stay out late. ☐
   You stay frequently out late. ☐
8. I nearly walk always to work. ☐
   I nearly always walk to work. ☐
9. We occasionally go out for lunch. ☐
   We go occasionally out for lunch. ☐
10. She plays regularly tennis. ☐
    She regularly plays tennis. ☐
11. They never go on vacation. ☐
    They go never on vacation. ☐
12. He goes very rarely to the doctor. ☐
    He very rarely goes to the doctor. ☐
13. You are hardly ever late. ☐
    You hardly are ever late. ☐
14. We regularly visit our uncle. ☐
    We visit regularly our uncle. ☐
15. She often goes to the park. ☐
    She goes often to the park. ☐

8.4 UNE LAS FRASES QUE TIENEN SIGNIFICADOS PARECIDOS

	all the time →	rarely
1	none of the time	regularly
2	almost never	always
3	sometimes	usually
4	most of the time	never
5	frequently	occasionally

8.5 VUELVE A ESCRIBIR LAS FRASES CORRIGIENDO LOS ERRORES

I visit my cousin hardly ever.
I hardly ever visit my cousin.

1. I go almost never to the theater.
2. He gets nearly always to work early.
3. I watch occasionally a movie in the evening.
4. She rarely is late for work.
5. They have sometimes a party in December.
6. She has very often a sandwich for lunch.
7. They work rarely on the weekend.
8. You often are tired when you get to work.
9. I ask frequently my boss for help.
10. She takes occasionally the train to work.
11. I have almost never time to cook in the evening.

8.6 ESCUCHA EL AUDIO Y RESPONDE A LAS PREGUNTAS

Lucy habla con un amigo sobre su nuevo trabajo.

Lucy is happy to go to work every day.
True ☑ **False** ☐

1. Lucy often asks her colleagues for help.
   True ☐ **False** ☐
2. Lucy is sometimes late for work.
   True ☐ **False** ☐
3. Lucy is often early for work.
   True ☐ **False** ☐
4. Lucy regularly travels abroad for work.
   True ☐ **False** ☐
5. Lucy sometimes takes clients to restaurants.
   True ☐ **False** ☐
6. Lucy's office rarely pays for entertaining clients.
   True ☐ **False** ☐
7. Lucy very often takes pastries to work.
   True ☐ **False** ☐

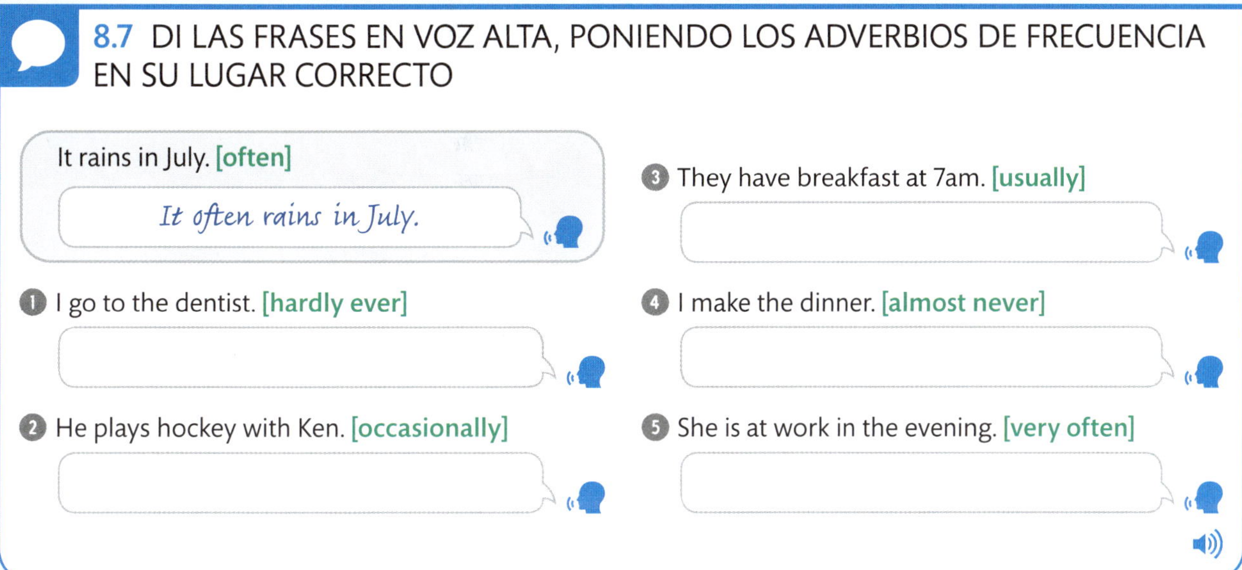

8.7 DI LAS FRASES EN VOZ ALTA, PONIENDO LOS ADVERBIOS DE FRECUENCIA EN SU LUGAR CORRECTO

It rains in July. [often]

It often rains in July.

1. I go to the dentist. [hardly ever]
2. He plays hockey with Ken. [occasionally]
3. They have breakfast at 7am. [usually]
4. I make the dinner. [almost never]
5. She is at work in the evening. [very often]

8.8 LEE EL CORREO Y RESPONDE A LAS PREGUNTAS

How often did Bobby see his friends in London?

Bobby hardly ever saw his friends in London.

1. How often was Bobby tired?
2. What did he see while he was in London?
3. How long has he been in Australia?
4. How often does he have to work evenings or weekends?
5. When does he usually finish work in Australia?
6. How often does he email or video call family and friends?
7. How often does his family visit him?

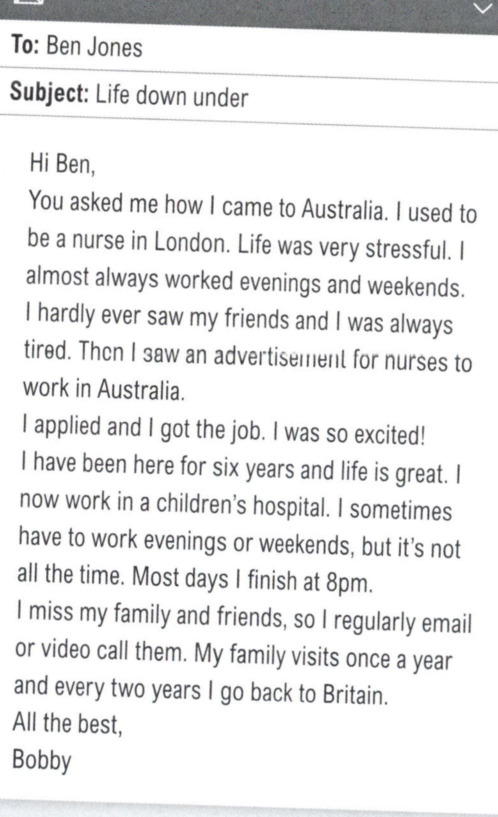

To: Ben Jones

Subject: Life down under

Hi Ben,

You asked me how I came to Australia. I used to be a nurse in London. Life was very stressful. I almost always worked evenings and weekends. I hardly ever saw my friends and I was always tired. Then I saw an advertisement for nurses to work in Australia.

I applied and I got the job. I was so excited!

I have been here for six years and life is great. I now work in a children's hospital. I sometimes have to work evenings or weekends, but it's not all the time. Most days I finish at 8pm.

I miss my family and friends, so I regularly email or video call them. My family visits once a year and every two years I go back to Britain.

All the best,

Bobby

09 Actividades cotidianas

En inglés, suelen utilizarse phrasal verbs para hablar de las actividades rutinarias. Se trata de verbos compuestos de dos partes que se utilizan en un contexto informal y oral.

Lenguaje Phrasal verbs
Vocabulario Trabajo y ocio
Habilidad Hablar de las actividades cotidianas

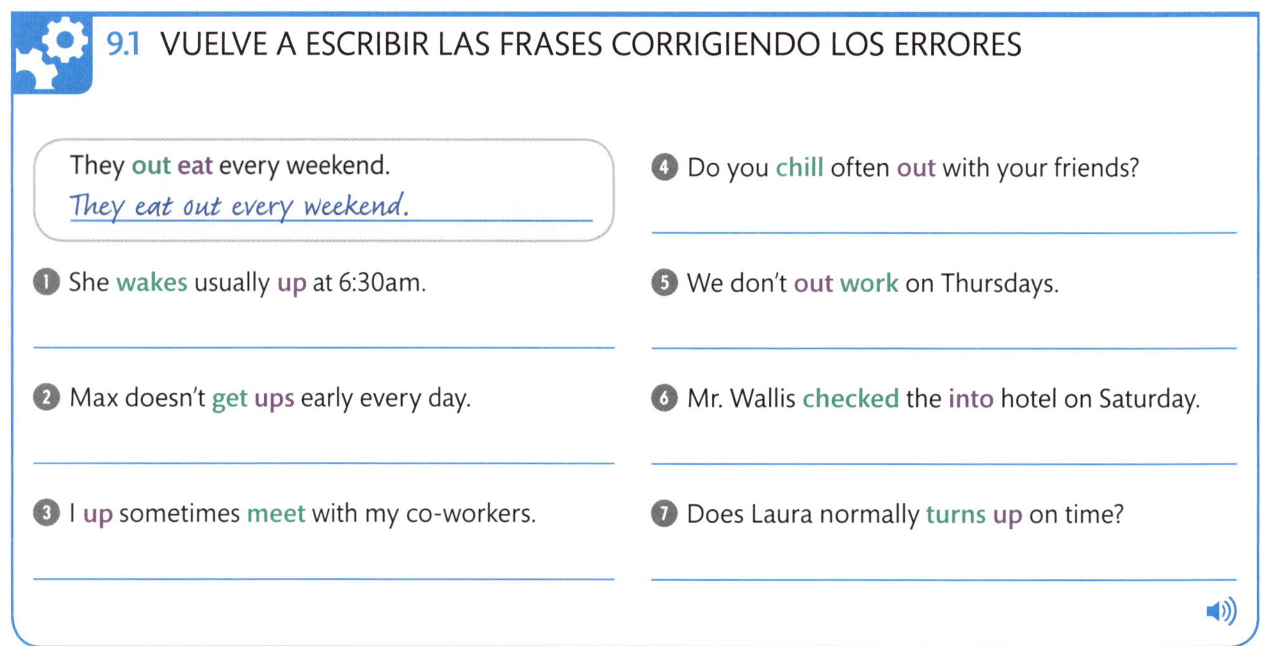

9.1 VUELVE A ESCRIBIR LAS FRASES CORRIGIENDO LOS ERRORES

They out eat every weekend.
They eat out every weekend.

1. She wakes usually up at 6:30am.

   ____

2. Max doesn't get ups early every day.

   ____

3. I up sometimes meet with my co-workers.

   ____

4. Do you chill often out with your friends?

   ____

5. We don't out work on Thursdays.

   ____

6. Mr. Wallis checked the into hotel on Saturday.

   ____

7. Does Laura normally turns up on time?

   ____

9.2 COMPLETA LOS ESPACIOS UTILIZANDO LA FORMA DEL PRESENTE DE LOS PHRASAL VERBS DEL RECUADRO

This topic often *comes up* at meetings.

1.  My brother ______________ late for everything.
2.  I ______________ at the gym twice a week.
3.  Katy never ______________ early on Saturday mornings.
4.  They sometimes ______________ with friends on Friday.

turn up
meet up
wake up
work out
~~come up~~

9.3 VUELVE A ESCRIBIR LAS FRASES PONIENDO LAS PALABRAS EN SU ORDEN CORRECTO

like | early. | getting | doesn't | Jake | up

Jake doesn't like getting up early.

1. meet | We'll | up | work. | after

2. his | out | room. | chilling | in | He's

3. name | comes | never | up. | Her

4. quite | out | often. | They | work

5. nights. | stay | I | Friday | in | on

6. late. | The | turned | up | bus

7. out | friends. | our | ate | We | with

8. the | checked | hotel | today. | Jo | into

9. grew | Oxford. | up | in | Sam

9.4 ESCUCHA EL AUDIO Y RESPONDE A LAS PREGUNTAS

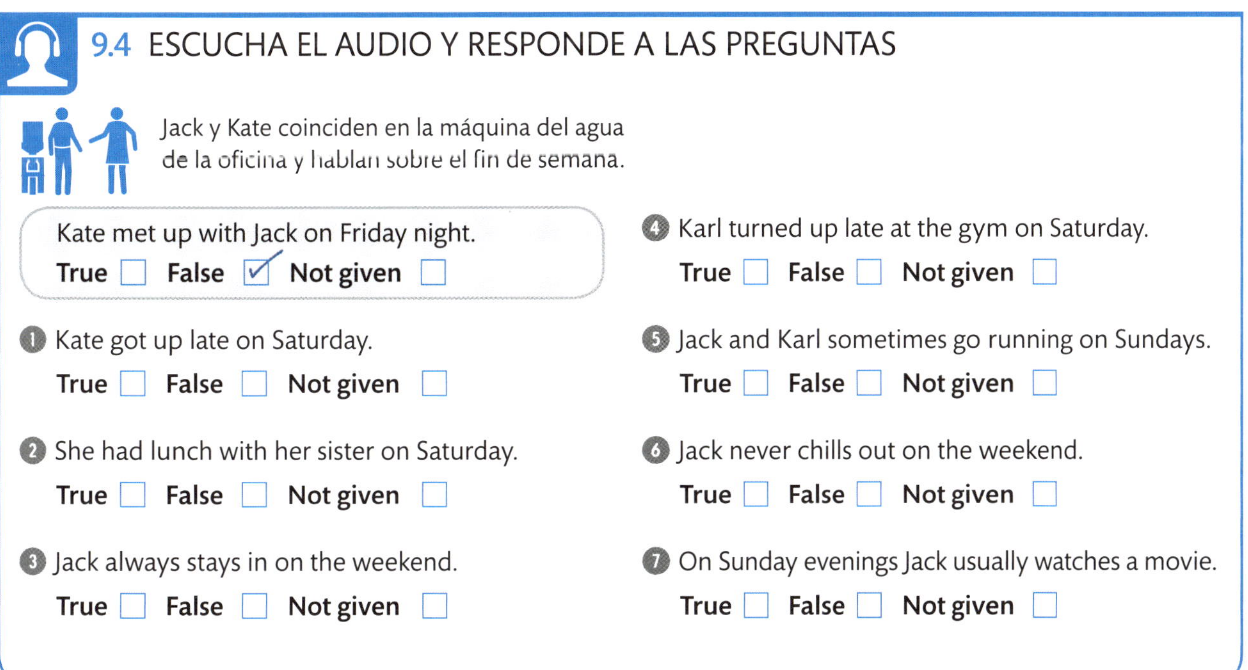

Jack y Kate coinciden en la máquina del agua de la oficina y hablan sobre el fin de semana.

Kate met up with Jack on Friday night.
True ☐ False ☑ Not given ☐

1. Kate got up late on Saturday.
True ☐ False ☐ Not given ☐

2. She had lunch with her sister on Saturday.
True ☐ False ☐ Not given ☐

3. Jack always stays in on the weekend.
True ☐ False ☐ Not given ☐

4. Karl turned up late at the gym on Saturday.
True ☐ False ☐ Not given ☐

5. Jack and Karl sometimes go running on Sundays.
True ☐ False ☐ Not given ☐

6. Jack never chills out on the weekend.
True ☐ False ☐ Not given ☐

7. On Sunday evenings Jack usually watches a movie.
True ☐ False ☐ Not given ☐

9.5 COMPLETA LOS ESPACIOS PONIENDO LOS PHRASAL VERBS EN EL TIEMPO CORRECTO

His children, Tom and Alice, *grew up* (grow up) in the United States.

1. I'm ______________ (meet up) with some of my friends from college later.
2. He likes to ______________ (chill out) in front of the TV on Friday evenings. 
3. Rosa and her sister Anezka ______________ (get up) late yesterday morning. 
4. I'm tired. I think I ______________ (stay in) tonight and read my book. 
5. We aren't going to ______________ (eat out) on Friday or Saturday. 
6. Mr. and Mrs. Williams haven't ______________ (check into) the hotel yet. 

9.6 DI LAS FRASES EN VOZ ALTA, UTILIZANDO PHRASAL VERBS

Jim has registered at the hotel. (check into)

Jim has checked into the hotel.

1. Tom was mentioned in the chat. (come up)
2. Our manager arrived late for work. (turn up)
3. Shall we go to a restaurant tonight? (eat out)
4. Malik lived as a child in Vancouver. (grow up)
5. Rob spent time with friends yesterday. (meet up)

10 Vocabulario

Aa 10.1 **EL CUERPO** ESCRIBE LAS PALABRAS DEL RECUADRO BAJO SU IMAGEN

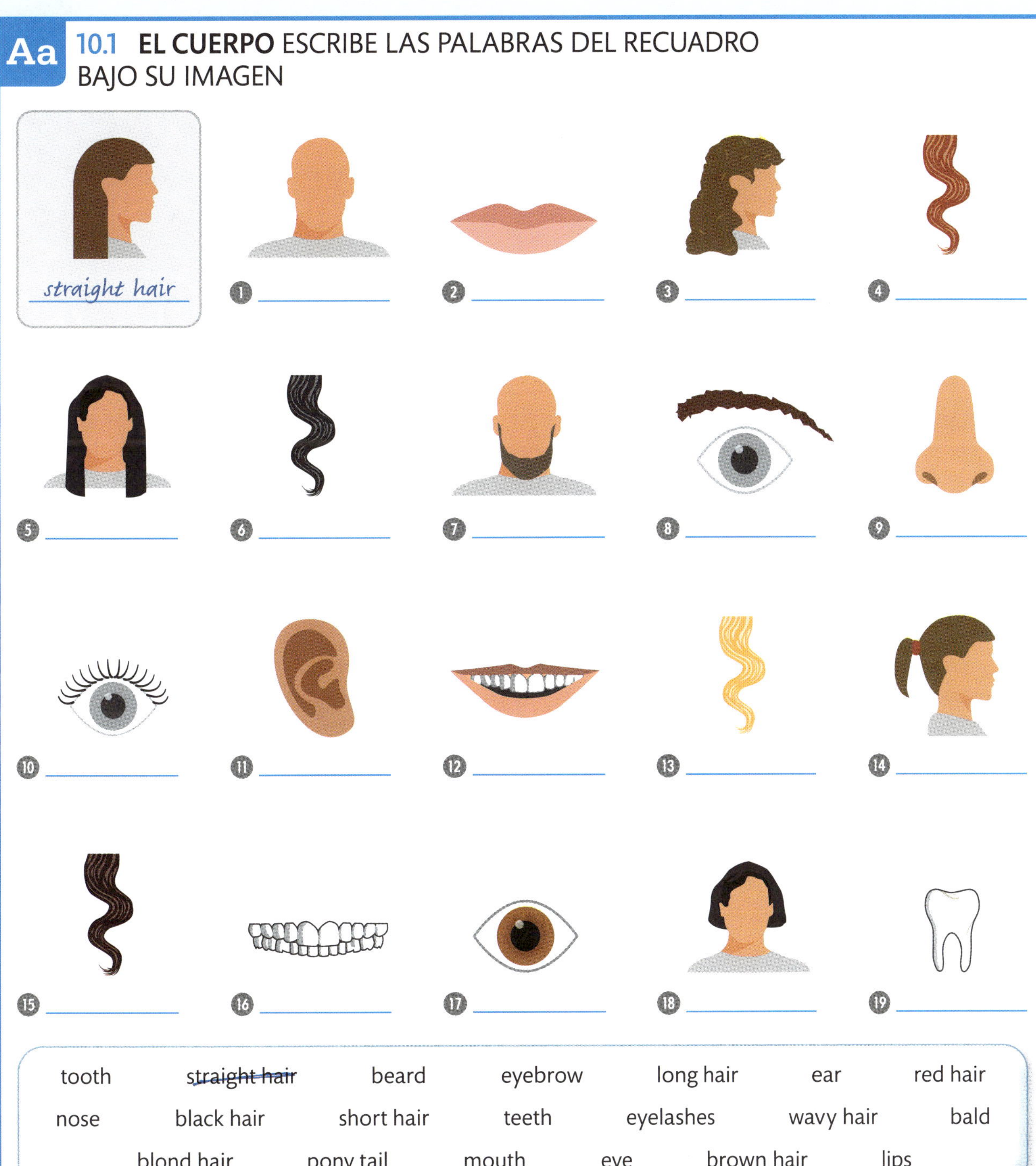

tooth ~~straight hair~~ beard eyebrow long hair ear red hair
nose black hair short hair teeth eyelashes wavy hair bald
blond hair pony tail mouth eye brown hair lips

11 Describir a alguien

A menudo utilizamos varios adjetivos seguidos, por ejemplo cuando describimos a alguien. En inglés, los adjetivos tienen un orden concreto, según su significado.

Lenguaje Orden de los adjetivos
Aa Vocabulario Adjetivos para describir a alguien
Habilidad Describir a alguien al detalle

11.1 ESCRIBE LAS PALABRAS DEL RECUADRO EN LOS GRUPOS CORRECTOS

OPINIÓN	TAMAÑO	FORMA	EDAD	COLOR
attractive				

curly old ~~attractive~~ green tall beautiful thin straight young brown

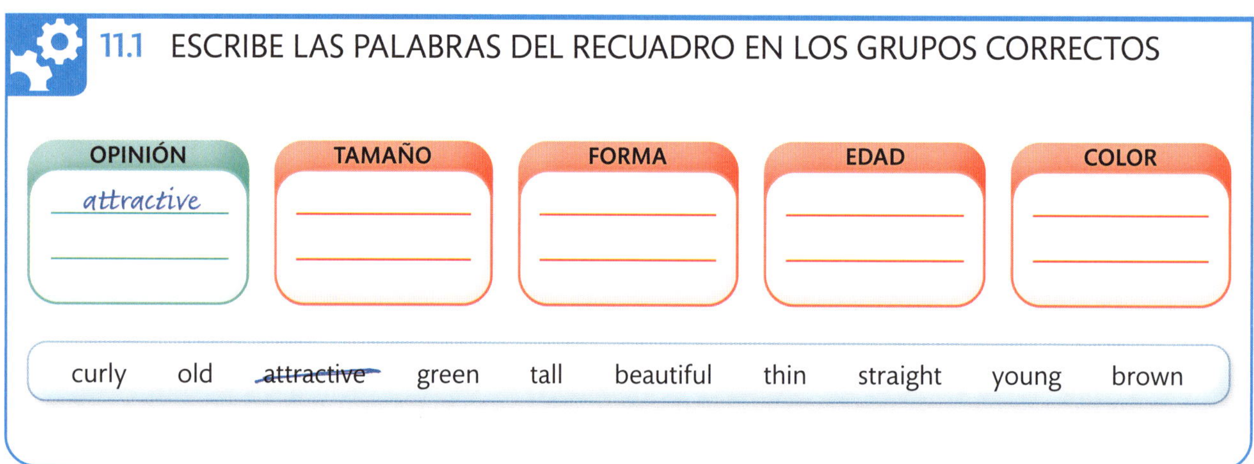

11.2 VUELVE A ESCRIBIR LAS FRASES PONIENDO LAS PALABRAS EN SU ORDEN CORRECTO

beautiful | eyes. | gray | has | big | She

She has beautiful, big gray eyes.

1. has | thin | He | a | mustache. | brown

2. thick | has | Susan | hair. | gorgeous, | blond | long,

3. thin | a | man. | James | tall, | young | is

4. has | hair. | shoulder-length, | curly | attractive, | black | She

11.3 LEE EL ARTÍCULO Y RESPONDE A LAS PREGUNTAS

The leader of the group is tall and thin.
True ☑ False ☐ Not given ☐

1. The leader has straight blond hair.
True ☐ False ☐ Not given ☐

2. The driver is a tall young woman.
True ☐ False ☐ Not given ☐

3. The driver has short, curly red hair.
True ☐ False ☐ Not given ☐

4. The third person is a bald man.
True ☐ False ☐ Not given ☐

32 POLICE PATROL

ON THE RUN!

Supermarket robbers on the loose

Following a supermarket robbery in the early hours of yesterday morning, police are looking for three people believed to be involved in the crime. According to reports, the leader of the group was a tall, thin, middle-aged man with shoulder-length, straight blond hair.

The driver of the vehicle was a young woman aged between 20 and 25 years. She had short, curly red hair and she wore black glasses.

The third person at the scene of the crime was a thin young man aged between 25 and 30. He was average height with long, curly black hair and a short black mustache. If you have any information about the robbery please contact the police.

11.4 DESCRIBE A LAS PERSONAS UTILIZANDO LAS PALABRAS DEL RECUADRO Y DI LAS FRASES EN VOZ ALTA

He is bald and has a brown mustache.

1. She has shoulder-length, ______ red hair.

2. He has ______ brown hair.

3. He has short ______ hair and a ______.

4. She has attractive, ______ red hair.

curly, ~~bald~~, black, short, beard, straight, ~~mustache~~

12 Vocabulario

Aa 12.1 **ROPA** ESCRIBE LAS PALABRAS DEL RECUADRO BAJO SU IMAGEN

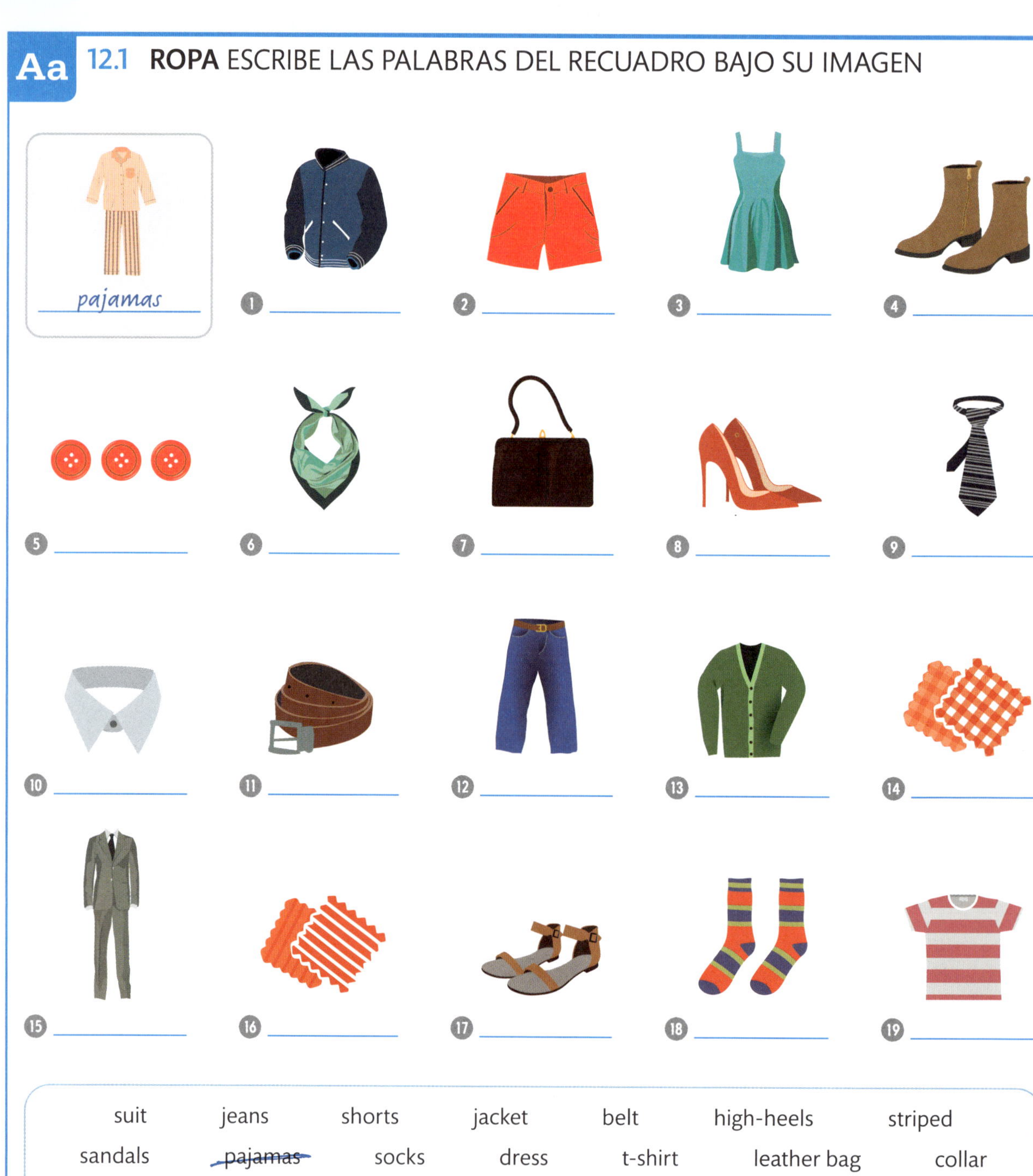

suit jeans shorts jacket belt high-heels striped
sandals ~~pajamas~~ socks dress t-shirt leather bag collar
checked buttons suede boots silk scarf tie cardigan

13 Qué llevo puesto

Puedes utilizar el present continuous para hablar de cosas que están ocurriendo ahora. También sirve para hablar del estado actual de las cosas, como la ropa que lleva puesta alguien.

Lenguaje Present continuous
Aa Vocabulario Ropa y moda
Habilidad Hablar de la ropa

13.1 COMPLETA LOS ESPACIOS PONIENDO LOS VERBOS EN PRESENT CONTINUOUS

Samantha is *wearing* (wear) a new summer dress.

1. Martin is ______ (choose) some new boots.
2. I'm ______ (mend) my favorite wool cardigan.
3. Alison is ______ (shop) for some new jeans.
4. My little brother is ______ (try) on some pajamas.

13.2 ESCUCHA EL AUDIO Y RESPONDE A LAS PREGUNTAS

Un comentarista describe un desfile de moda.

Who is this season's collection by?
Rosa May ☐ **Miller Brown** ☑ **Elena** ☐

1. What is Elena wearing?
   An evening dress ☐ **Jeans** ☐ **A skirt** ☐
2. What color are the buttons?
   Silver ☐ **Gold** ☐ **Black** ☐
3. What is Milly wearing?
   A skirt ☐ **A coat** ☐ **A dress** ☐
4. What color is it?
   Light blue ☐ **Dark blue** ☐ **Pale blue** ☐
5. What kind of cardigan is she wearing?
   Cotton ☐ **Silk** ☐ **Suede** ☐

13.3 VUELVE A ESCRIBIR LAS FRASES CORRIGIENDO LOS ERRORES

Anita is makeing a cake for her birthday.
Anita is making a cake for her birthday.

1. I'm puting on a pair of new boots.

2. Brian is liveing in a house in London.

3. She's buying a pair of causal shoos.

4. Tanya is shoping for a new dress.

5. I've lost a buton from my cardigan.

6. He doesn't have a lot of expensive cloths.

7. They're takeing a lot of photos of the city.

13.4 DI LAS FRASES EN VOZ ALTA, COMPLETANDO LOS ESPACIOS CON LAS PALABRAS DEL RECUADRO

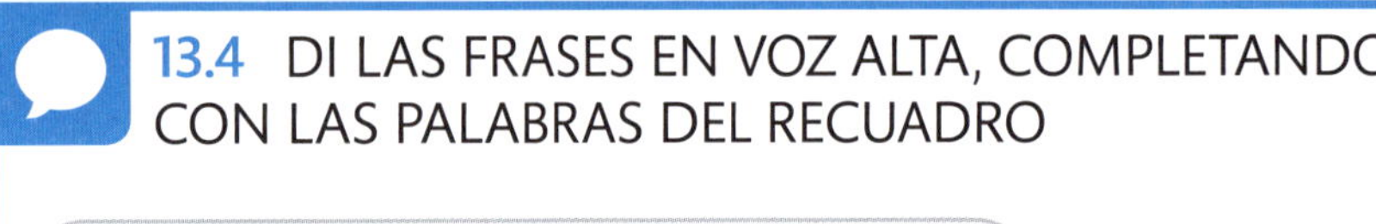

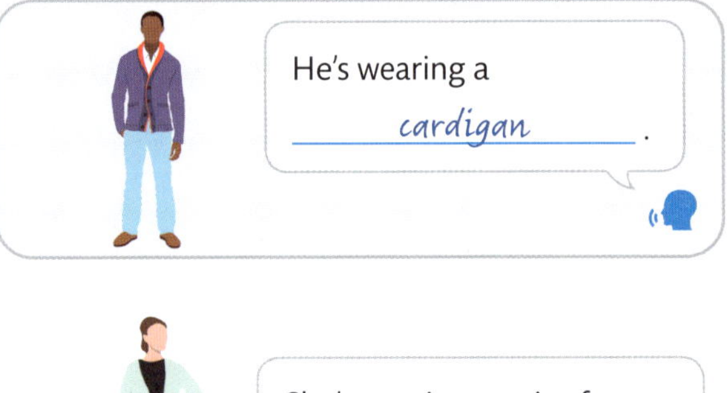

He's wearing a *cardigan*.

1. She's wearing a pair of ______.

2. He's wearing a ______.

3. She's wearing a pair of ______.

4. He's wearing a ______.

5. She's wearing a leather ______.

belt | sandals | ~~cardigan~~ | shirt | boots | suit

13.5 LEE EL BLOG Y RESPONDE A LAS PREGUNTAS

POSTED SATURDAY, APRIL 3

About me

I'm a fashion writer and I'm working in Paris this summer. I write about the latest trends and what's new in fashion. I love my job because women's fashion is my passion! Today I'm browsing the stores on the Rue de Passy.

My style this season

It's summer, and the colors for this season are yellow, orange, and red. These are the colors that all the top designers are using this month. My favorite collection this season is by Donna Maxine. I'm wearing a short orange dress from her summer collection with a chic red belt by Rooster. She also has a fabulous range of skinny denim jeans in pale yellow, orange, and green. You can wear all of them with any of her stylish cropped cotton cardigans in a range of eight colors. This summer is all about color! I'm also looking at her gorgeous sandal collection in a range of pastel colors to complete the look!

Helen lives in Paris all the time.
True ☐ False ☑

1. Helen writes about the latest trends in fashion.
   True ☐ False ☐
2. Helen is looking at some stores today.
   True ☐ False ☐
3. Helen loves men's fashion.
   True ☐ False ☐
4. This season's colors are yellow, orange, and red.
   True ☐ False ☐
5. Helen's favorite collection is by Rooster.
   True ☐ False ☐
6. Helen is wearing a Donna Maxine skirt.
   True ☐ False ☐
7. Helen is wearing a chic blue belt.
   True ☐ False ☐
8. The cardigans are available in eight colors.
   True ☐ False ☐
9. Helen is looking at a collection of boots.
   True ☐ False ☐

14 Vocabulario

Aa **14.1 LA CASA Y EL MOBILIARIO** ESCRIBE LAS PALABRAS DEL RECUADRO BAJO SU IMAGEN

cushion

1 ______ 2 ______ 3 ______ 4 ______

5 ______ 6 ______ 7 ______ 8 ______ 9 ______

10 ______ 11 ______ 12 ______ 13 ______ 14 ______

15 ______ 16 ______ 17 ______ 18 ______ 19 ______

lawn	cupboard	~~cushion~~	living room	washing machine		shower
bathroom	saucepan	bed	rug	dishwasher	towel	bedroom
plants	frying pan	light	kitchen	crockery	mirror	bedside table

15 Rutinas diarias

Las colocaciones son grupos de palabras que tienden a usarse conjuntamente en inglés. Puedes utilizarlas para hacer que tu inglés hablado suene más natural.

Lenguaje Colocaciones
Aa Vocabulario Rutinas y tareas
Habilidad Hablar de tu jornada

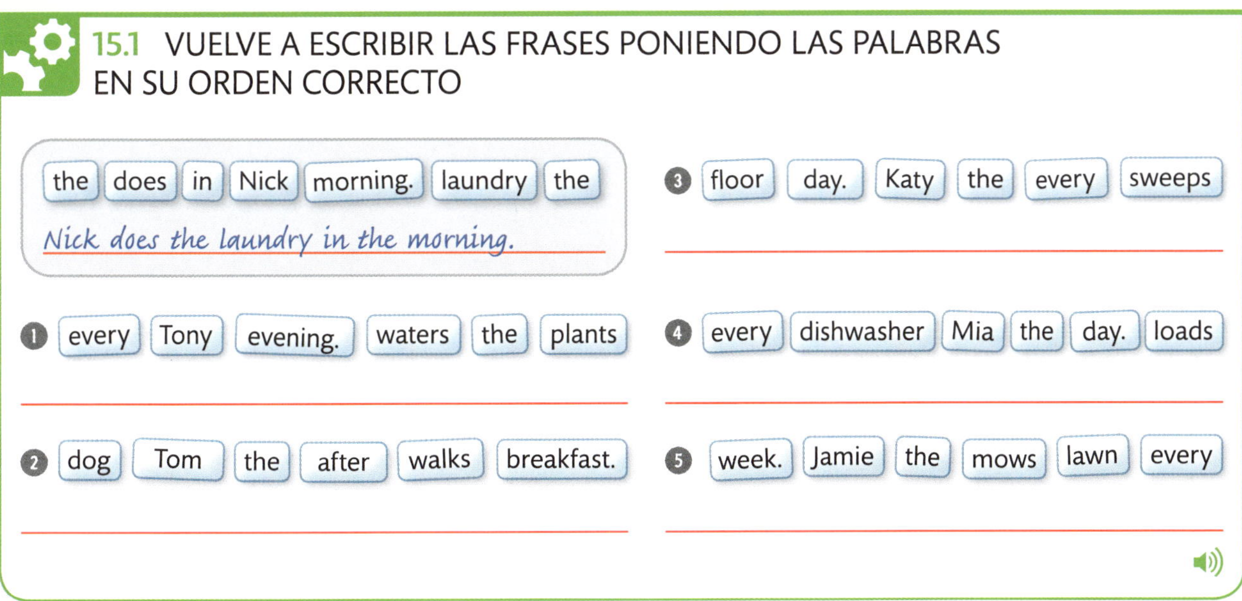

15.1 VUELVE A ESCRIBIR LAS FRASES PONIENDO LAS PALABRAS EN SU ORDEN CORRECTO

the | does | in | Nick | morning. | laundry | the

Nick does the laundry in the morning.

1. every | Tony | evening. | waters | the | plants

2. dog | Tom | the | after | walks | breakfast.

3. floor | day. | Katy | the | every | sweeps

4. every | dishwasher | Mia | the | day. | loads

5. week. | Jamie | the | mows | lawn | every

15.2 VUELVE A ESCRIBIR LA NOTA CORRIGIENDO LOS ERRORES SEÑALADOS

Hi Harry, Emma, and Paul,
While I'm visiting your grandma this weekend, please can you do the following chores? Harry, can you **make** the laundry on Saturday and **clear** the dog twice a day? Paul, can you **load** the cooking on Saturday? Then can you **sweep** the table and **do** the dishwasher? Emma, can you **fold** the beds, and **water** the towels in the bathroom, please? And don't forget to **mow** the plants in the house. Thanks!

Hi Harry, Emma, and Paul,
While I'm visiting your grandma this weekend, please can you do the following chores? Harry, can you do the laundry

15.3 TACHA LAS PALABRAS INCORRECTAS DE CADA FRASE

Lottie usually shops / ~~is shopping~~ on her own, but today she's shopping / ~~she shops~~ with her sister.

1. I normally am walking / walk the dog in the evening, but this evening I'm relaxing / I relax at home.
2. We're doing / We do the laundry together today, but I usually am doing / do it myself.
3. Frank sometimes goes / is going to the gym after work, but today he's working / he works late.
4. Ben does / is doing the ironing today, but his dad usually does / is doing it.
5. He's listening / He's listen to music now, but he often is watching / watches TV in the evening.
6. I mow / I'm mowing the lawn today, but I normally am mowing / mow it on Saturdays.

15.4 ESCUCHA EL AUDIO Y RESPONDE A LAS PREGUNTAS

Where is Ben right now?
At the game ☐ **At home** ☑ **At school** ☐

1. What is Ben doing at the moment?
   The laundry ☐ **The dishes** ☐ **The cooking** ☐
2. Which room is a mess?
   Bedroom ☐ **Living room** ☐ **Kitchen** ☐
3. What does he need to do?
   Clear the table ☐ **Relax** ☐ **Mow the lawn** ☐
4. When did he water the plants?
   Yesterday ☐ **Last night** ☐ **This morning** ☐
5. Has he folded the towels?
   Yes ☐ **No** ☐ **Not yet** ☐
6. Where were the towels?
   On the chair ☐ **On the floor** ☐ **On the bed** ☐
7. Does Ben want some help?
   Yes, now ☐ **Yes, later** ☐ **No** ☐
8. What is Ben going to do later?
   Make the bed ☐ **Sleep** ☐ **Walk the dog** ☐
9. Does Ben usually cook lunch for his parents?
   Yes, usually ☐ **No, never** ☐ **Sometimes** ☐

15.5 CONECTA EL INICIO Y EL FINAL DE CADA FRASE

Thomas is going to load → the dishwasher this evening.

1. Laura is doing the cooking tonight,
2. I always sweep
3. James is walking the dog this evening,
4. Salman usually waters
5. Joan is doing the laundry now,
6. Jessica and Dan will clear
7. Donald usually mows

- the plants at home.
- but he usually walks him every morning.
- but she often gardens in the afternoon.
- the dishwasher this evening.
- the lawn on Sunday morning.
- the floor before I go to bed.
- but she usually does the dishes.
- the table after lunch.

15.6 LEE LAS INSTRUCCIONES Y RESPONDE A LAS PREGUNTAS

The chalet assistant will make breakfast.
True ☑ False ☐

1. After breakfast he/she will sweep the floors.
True ☐ False ☐
2. He/she will clean the bathrooms before noon.
True ☐ False ☐
3. In the afternoon he/she will do the laundry.
True ☐ False ☐
4. He/she must keep the chalet clean.
True ☐ False ☐
5. He/she doesn't have to cook dinner in the evening.
True ☐ False ☐

CHALET ASSISTANT
Daily tasks

Every morning, you will make breakfast for your guests. After breakfast, you will clear the table and load the dishwasher. Between 10am and noon you'll make the beds, clean the bathrooms, and sweep the floor. In the afternoon at 3pm, you should prepare an afternoon snack for the guests. You don't have to do the laundry, but you must load the dishwasher regularly and keep the chalet clean. In the evening, you'll cook dinner for 8pm, then clear the table and wash the dishes.

16 Phrasal verbs separables

Todos los phrasal verbs consisten en un verbo seguido de una partícula. En algunos, el verbo y la partícula deben ir siempre juntos, pero en otros el objeto puede ir entre los dos.

Lenguaje Phrasal verbs separables
Vocabulario La ciudad
Habilidad Describir una ciudad al detalle

16.1 REESCRIBE LAS FRASES SEPARANDO LOS PHRASAL VERBS

The workmen cut down some trees.
The workmen cut some trees down.

1. Tony has to fill in a form for work.
2. I'm checking out the train timetable.
3. Anna will pick up the shopping.
4. They gave out some leaflets about the fair.
5. We're putting on a dog show this summer.
6. That little boy didn't pick up his litter.
7. They're going to close down that store.
8. John wants to show off his cell phone.
9. Rita is putting on her coat.

16.2 COMPLETA LOS ESPACIOS CON LAS PALABRAS DEL RECUADRO

We've decided to *rent* out our house.

1. Can you ______ out the menu?
2. Why don't you ______ up the word online?
3. They were ______ out free samples.
4. Did you ______ out the new cell phone?
5. I'll ______ up the children from school.
6. They ______ off the town parking lot.
7. He didn't ______ down the pine tree.
8. The school is ______ on a play.
9. Are you ______ up hockey in college?
10. They ______ down the old town hall.
11. What did you ______ out at the meeting?

pick giving check ~~rent~~ find taking cut look try sold putting tore

16.3 VUELVE A ESCRIBIR LAS FRASES PONIENDO LAS PALABRAS EN SU ORDEN CORRECTO

out. | will | find | them. | Sam

Sam will find them out.

1 took | it | I | back.

2 down. | it | They're | closing

3 up. | them | looked | Jess

4 up. | picked | We | it

5 Bob | up. | it | brightened

6 I | look | up. | it | will

7 tried | She | yesterday. | out | it

16.4 DI LAS FRASES EN VOZ ALTA, SUSTITUYENDO LOS SUSTANTIVOS POR PRONOMBRES

He's giving out some leaflets.

He's giving them out.

1 She's looking up a word.

2 They closed down the zoo.

3 They're renting out their house.

4 They sold off the site.

5 He cleaned up his apartment.

6 I'm checking out the trains.

7 They brightened up the office.

8 He took up basketball.

9 She found out the answers.

16.5 ESCUCHA EL AUDIO Y NUMERA LAS IMÁGENES EN EL ORDEN EN QUE APARECEN

A 

B 1 

C 

D 

E 

F 

G 

H 

Aa 16.6 COMPLETA LOS ESPACIOS CON LAS PALABRAS DEL RECUADRO

The city has a *lively* nightlife.

1. Which paintings are in the ______?
2. Most people here are kind and ______.
3. The river is ______ with oil.
4. It's the tallest ______ building in the city.
5. The Royal Family live in the ______.
6. You can buy medicine at the ______.
7. The ______ streets are crowded with shoppers.
8. This place isn't safe. It's ______ at night.
9. The lawyer is meeting us at the ______.
10. His office isn't out of town. It's in the ______.
11. The country park is ______ and beautiful.
12. The streets are ______ and full of litter.
13. All the stores are in the ______.

palace	art gallery	unspoiled	shopping mall	pharmacy	friendly	dirty
~~lively~~	dangerous	law court	polluted	high-rise	city center	bustling

16.7 LEE LA POSTAL Y RESPONDE A LAS PREGUNTAS

Hi guys,
Hello from Copenhagen. We've been sightseeing for days and it's amazing. The tourist office organized a tour for us around the historic quarter in the city center. There are so many beautiful old buildings. Dan's favorite is the government building, but my favorite is the Amalienborg Palace. Amazing! Tomorrow is our last day. We're going to visit an art gallery and check out the shopping mall. I want to buy some souvenirs.
See you soon!
Love,
Bella

Bella and Dan are visiting Copenhagen.
True ☑ **False** ☐ **Not given** ☐

1. They've been on a tour of the historic quarter.
True ☐ **False** ☐ **Not given** ☐

2. Dan wants to see the law courts.
True ☐ **False** ☐ **Not given** ☐

3. Dan's favorite building is the Amalienborg palace.
True ☐ **False** ☐ **Not given** ☐

4. Bella wants to visit the shopping mall tomorrow.
True ☐ **False** ☐ **Not given** ☐

5. Bella wants to buy clothes.
True ☐ **False** ☐ **Not given** ☐

Aa 16.8 ESCRIBE CADA PALABRA DEL RECUADRO EN SU GRUPO

POSITIVAS	NEGATIVAS
friendly	

bustling dirty crowded
dangerous unspoiled
lively ~~friendly~~ polluted

17 Comparar lugares

Puedes utilizar modificadores antes de los comparativos y superlativos para comparar lugares, como por ejemplo características geográficas, con más precisión.

Lenguaje Modificadores
Aa Vocabulario Términos geográficos
Habilidad Describir y comparar lugares

17.1 OBSERVA LAS IMÁGENES Y TACHA LAS PALABRAS INCORRECTAS DE CADA FRASE

The school is ~~slightly~~ / much bigger than the bank.

1. The hospital is a lot / a bit taller than the church.

2. The airport is much / slightly bigger than the station.

3. The café is much / a bit smaller than the factory.

4. The tower is much / slightly taller than the tree.

5. The hotel is a bit / a lot smaller than the castle.

17.2 DI LAS FRASES EN VOZ ALTA, PONIENDO LOS ADJETIVOS EN FORMA COMPARATIVA

The tree is much *taller* (tall) than the house.

1. The school is slightly ______________ (big) than the church.
2. The hill is much ______________ (tall) than the tree.
3. The house is much ______________ (small) than the palace.
4. The car is much ______________ (fast) than the bike.
5. The door is much ______________ (wide) than the window.

17.3 VUELVE A ESCRIBIR LAS FRASES PONIENDO LAS PALABRAS EN SU ORDEN CORRECTO

rivers | of | longest | the | one | The | is | Mekong | Asia. | in

The Mekong is one of the longest rivers in Asia.

1. tallest | The | city. | easily | the | building | office | in | is | the

____

2. by | the | biggest | Pacific | is | ocean. | far | The

____

3. countries | of | Sudan | hottest | one | the | is | of | all.

____

4. Earth. | coldest | the | one | Antarctica | places | is | on | of

____

17.4 ESCUCHA EL AUDIO Y NUMERA LAS IMÁGENES EN EL ORDEN EN QUE APARECEN

17.5 VUELVE A ESCRIBIR LAS FRASES CORRIGIENDO LOS ERRORES

The palace is much beautiful than the factory.
The palace is much more beautiful than the factory.

1. The clock tower is much more old than the palace.

2. This is by far the better book I've ever read.

3. Your house is much biggest than mine.

4. The tower is a bit tall than the lighthouse.

5. The factory is slightly largest than the castle.

17.6 LEE EL ARTÍCULO Y RESPONDE A LAS PREGUNTAS EN FRASES COMPLETAS

THE TREKKER

Record Breakers

From the largest deserts to the deepest lakes

- By far the largest desert in the world is the Sahara in Northern Africa. It's over 3,329,360 sq miles. The second largest is the Arabian Desert which is 899,618 sq miles. It's over 2.7 million sq miles smaller than the Sahara.

- The wettest place on Earth is Mawsynram in India. It's slightly wetter than Cherrapunji, which is 10 miles east.

- The Nile is by far the longest river in Africa. It's about 4,145 miles long and it flows through five countries. It's slightly longer than the Amazon, which is about 4,000 miles long.

- Mount Everest in the Himalayas is the highest mountain in the world. It's 29,035 feet high.

- Lake Baikal in Russia is easily the deepest lake in the world. It's 5,370 feet deep. It's also one of the largest lakes in the world. It's over 1,968 feet deeper than the Caspian Sea which is the second deepest lake.

Which is the largest desert in the world?
The Sahara is the largest desert in the world.

1 Which is the second largest desert in the world?

2 In which country is the wettest place on Earth?

3 Which place is slightly wetter than Cherrapunji?

4 What is by far the longest river in Africa?

5 How much longer is the Nile than the Amazon?

6 What is the highest place in the world?

7 How high is the highest place in the world?

8 Which is easily the deepest lake in the world?

9 What is one of the largest lakes in the world?

10 How much deeper is Baikal than the Caspian Sea?

11 Which is the second deepest lake in the world?

18 Lo que nos gusta y lo que no

En inglés, los adjetivos acabados en "-ing" y "-ed" se usan para hablar de cosas que nos gustan o que no. Esto hace que adjetivos que se parecen tengan sentidos distintos.

Lenguaje Adjetivos con "-ing" y "-ed"
Aa Vocabulario Sentimientos y emociones
Habilidad Hablar sobre tus gustos

18.1 TACHA LA PALABRA INCORRECTA DE CADA FRASE

The new John Keller movie was so ~~excited~~ / exciting.

1. Lily is bored / boring with her piano lessons.

2. I'm amazed / amazing that you want to try scuba diving.

3. The class on whales and dolphins was very interested / interesting.

4. Mr. Watkins was annoyed / annoying by all the traffic on the road.

18.2 COMPLETA LOS ESPACIOS FORMANDO UN ADJETIVO CON "-ED" O "-ING" A PARTIR DEL VERBO ENTRE PARÉNTESIS

Tom was *exhausted* (exhaust) after he ran a marathon.

1. Were you ______________ (surprise) when you opened your present?
2. I found this recipe for paella really ______________ (confuse).
3. Martha wasn't ______________ (annoy) that I was late for her party.
4. The news about the airplane accident was ______________ (shock).
5. Ethan is ______________ (depress) because he failed his accounting exams.
6. I was ______________ (amaze) when I heard about your new job.

18.3 ESCUCHA EL AUDIO Y RESPONDE A LAS PREGUNTAS

Ollie y Anna comentan lo que Ollie va a hacer este fin de semana.

Ollie is excited about going to the theme park.
True ☑ **False** ☐

1. Ollie hasn't been to the theme park before.
True ☐ **False** ☐

2. Anna thinks theme parks are annoying.
True ☐ **False** ☐

3. Anna thought the roller coaster was frightening.
True ☐ **False** ☐

4. Anna thinks the Ghost Ride is exhausting.
True ☐ **False** ☐

5. Ollie didn't have to wait to go on the Ghost Ride.
True ☐ **False** ☐

6. Ollie was bored on the Ghost Ride.
True ☐ **False** ☐

7. Ollie doesn't want to try the roller coaster.
True ☐ **False** ☐

18.4 LEE EL ARTÍCULO Y RESPONDE A LAS PREGUNTAS

What does James love about the summer?
The long days ☑ **His family** ☐ **Not given** ☐

1. How did they spend three days last summer?
Sightseeing ☐ **On a boat** ☐ **By the ocean** ☐

2. What did they enjoy in the afternoon?
Lunch ☐ **A picnic** ☐ **A barbecue** ☐

3. What does James absolutely love doing now?
Barbecuing ☐ **Sailing** ☐ **Driving** ☐

4. How did he feel about learning to pilot a boat?
Surprised ☐ **Excited** ☐ **Amazed** ☐

5. What did he really love doing?
Cooking ☐ **Living on a boat** ☐ **Gardening** ☐

6. Will he be doing it again next year?
Yes ☐ **No** ☐ **Not given** ☐

THE TRAVELER

Summer Story

James Young

The best thing about summer is the warm weather and the long days. There are so many interesting things to do.

As a family, we quite enjoy doing different things every year, and last summer we went on a three-day boat trip along the river. The weather was fabulous and we had an amazing time. One day we stopped at Stratford and explored the town. I was surprised how pretty it is. We really enjoyed exploring the charming old streets and taking photographs of the old houses. We all loved having picnics by the river in the afternoon. We had barbecues every day, too. I really don't like cooking, but I absolutely loved barbecuing. Luckily, it didn't rain once, which was very surprising. And I was amazed at how easily I learned to pilot a boat.

I really loved living on a boat and we'll definitely be doing it again next year. I'd recommend a boat trip to everyone.

Aa 18.5 CONECTA EL INICIO Y EL FINAL DE CADA FRASE

She was annoyed when → she didn't get the job.

1. Yesterday's biology class was
2. The news of Andy and Kay's
3. Are you excited about your
4. *Day of Terror* was a really
5. Losing the game
6. Kevin was amazed by
7. Are they tired after
8. Chad and Dora were very relaxed
9. I think your new girlfriend
10. Sandra was shocked
11. The article about quantum physics

- the firework display.
- is very pretty and charming.
- after their holiday in Mauritius.
- she didn't get the job.
- vacation in Australia?
- very interesting.
- when she won the lottery.
- was a bit confusing.
- wedding wasn't surprising.
- frightening horror movie.
- was disappointing for everyone.
- their long walk in the country?

18.6 TACHA LA PALABRA INCORRECTA DE CADA FRASE

He ~~absolutely~~ / really likes playing basketball.

1. We quite / absolutely enjoy sailing.
2. Jane really / quite loves cooking Italian food.
3. Tom absolutely / quite hates wearing shorts.
4. They quite / really don't like driving in traffic.
5. I quite / absolutely like running.
6. I really / absolutely enjoy walking my dog.
7. You quite / absolutely love cycling.
8. They really / quite don't like singing.
9. Alice absolutely / quite hates flying.
10. We quite / really love going to the cinema.
11. She quite / absolutely likes walking in the park.

19 Vocabulario

Aa 19.1 **LA FAMILIA DE HENRY** ESCRIBE LAS PALABRAS DEL RECUADRO EN SU LUGAR EN EL ÁRBOL GENEALÓGICO

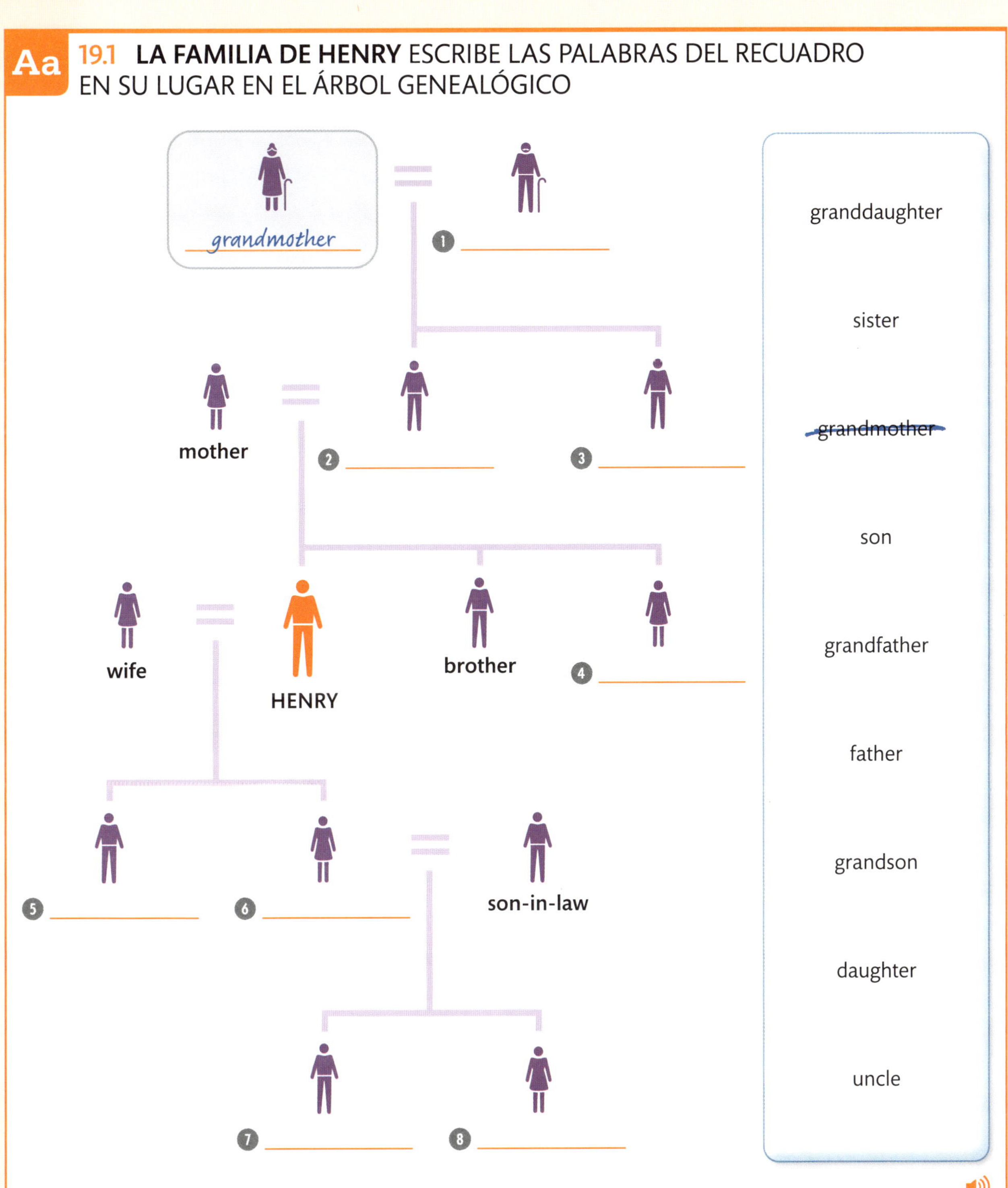

20 Primeros años

En inglés, "did" puede utilizarse con valor enfático para asegurar que una acción del pasado realmente ocurrió. Es de utilidad para hablar de hechos del pasado y recuerdos.

Lenguaje "Did" con valor enfático
Aa Vocabulario Bebés y paternidad
Habilidad Hablar de tu infancia

20.1 VUELVE A ESCRIBIR LAS FRASES UTILIZANDO EL PAST SIMPLE CON "DID" CON VALOR ENFÁTICO

I called the cleaner yesterday. = *I did call the cleaner yesterday.*

1. She wrote a story for class. = __________
2. John bought her a present. = __________
3. They learned to read at school. = __________
4. I fed the cat this evening. = __________
5. We waited for you. = __________

20.2 SUBRAYA LAS PALABRAS QUE DEBEN ACENTUARSE Y DI LAS FRASES EN VOZ ALTA

She did get to school on time.

1. He did call the babysitter.
2. Janet did sterilize the bottle.
3. I did enjoy school.
4. She did behave well in class.
5. He did bring the teacher a present.
6. They did work hard at school.
7. I did buy the baby's food.

20.3 RELACIONA LOS DIBUJOS CON LAS ETIQUETAS

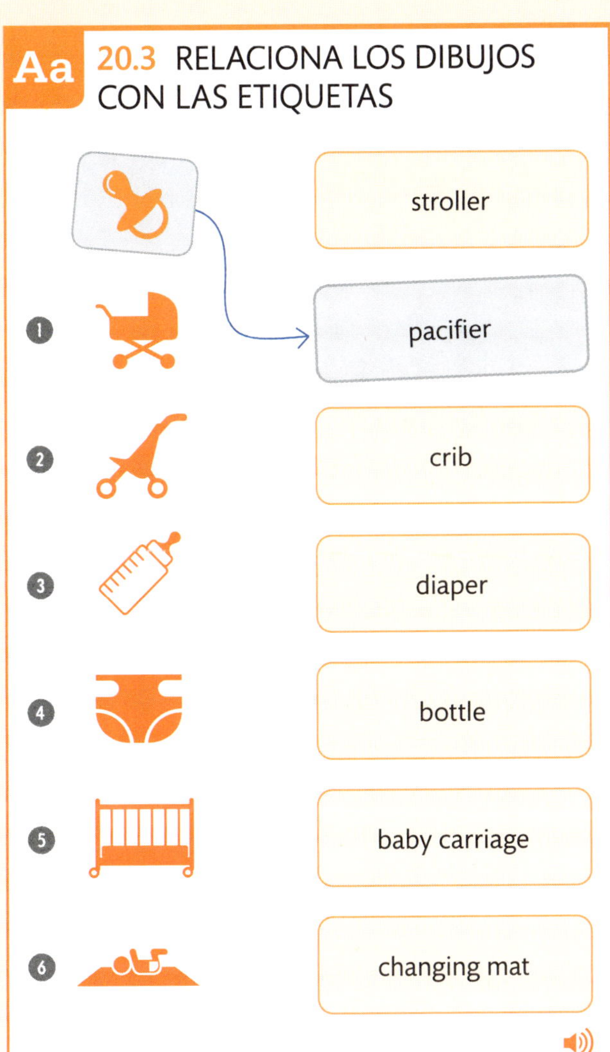

20.4 ESCUCHA EL AUDIO Y NUMERA LAS IMÁGENES EN EL ORDEN EN QUE APARECEN

20.5 VUELVE A ESCRIBIR LAS FRASES CORRIGIENDO LOS ERRORES

Martha **bite** the sandwich.
Martha bit the sandwich.

1. The toy duck **sinked** in the bath.

2. Talin **drawed** on the wall of his bedroom.

3. He **feeded** the baby an hour ago.

4. The children **hided** under the table.

5. His older sister **leaded** the way.

20.6 LEE EL BLOG Y RESPONDE A LAS PREGUNTAS

The first things you'll need are a crib and a stroller.
True ☑ False ☐ Not given ☐

1 Strollers are more useful than baby carriages.
True ☐ False ☐ Not given ☐

2 Baby's room should be clean and organized.
True ☐ False ☐ Not given ☐

3 Keep the changing mat in the bathroom.
True ☐ False ☐ Not given ☐

4 You won't need baby wipes.
True ☐ False ☐ Not given ☐

5 Pacifiers are usually expensive.
True ☐ False ☐ Not given ☐

6 All babies should have a teddy bear.
True ☐ False ☐ Not given ☐

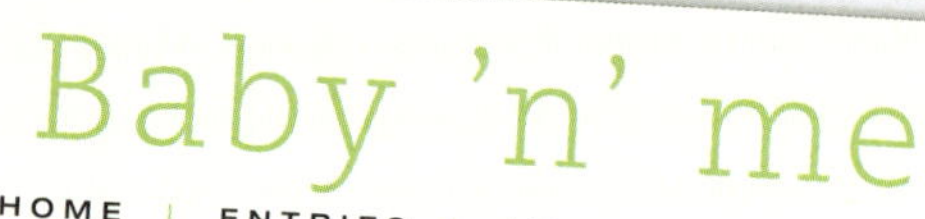

HOME | ENTRIES | ABOUT | CONTACT

For new parents

When you have your first baby you have no idea how much stuff you will need. The first things to buy of course are a crib and a stroller. These will be your two most expensive items. You should keep your baby's room clean and organized so that you can find things easily. Put the changing mat on a table or dresser near the cot. And keep the diapers and baby wipes here, too. You'll need a lot of them! Not everyone wants to use a pacifier with their baby, but some parents find them useful. There's no right or wrong answer. But one thing I think is an absolute necessity, and that of course, is a teddy bear. Every baby needs a teddy bear!

20.7 COMPLETA LOS ESPACIOS CON LAS PALABRAS DEL RECUADRO

Eddie ___led___ the way to the garden.

1 Jenny ______________ a new changing mat for her baby girl.

2 The little boy ______________ behind a tree near the playground.

3 The baby ______________ for two hours before waking up.

4 She ______________ a picture of a bird in a tree.

5 The doll ______________ in the bath rather than floating.

6 They ______________ to the baby store together.

7 The baby ______________ in his high chair and played quietly.

went
drew
hid
sat
~~led~~
sank
slept
bought

21 Vocabulario

Aa 21.1 **EDUCACIÓN** ESCRIBE LAS PALABRAS DEL RECUADRO BAJO SU IMAGEN

essay

1 ____________

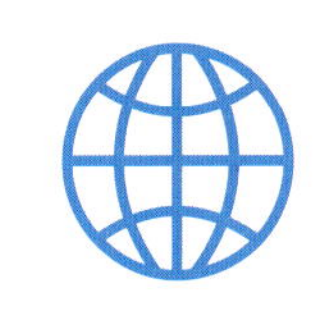
2 ____________

3 ____________

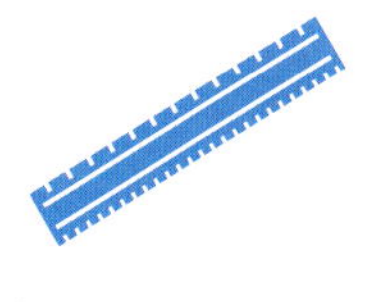
4 ____________

5 ____________

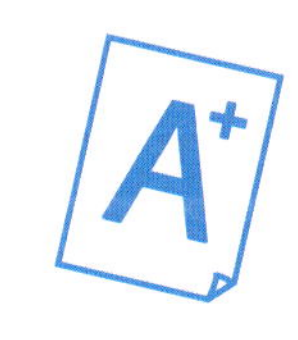
6 ____________

7 ____________

8 ____________

9 ____________

10 ____________

11 ____________

12 ____________

13 ____________

14 ____________

15 ____________

16 ____________

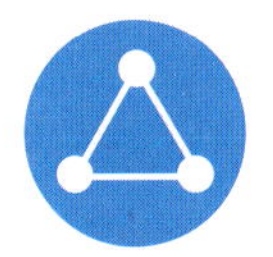
17 ____________

18 ____________

19 ____________

exam lecture exercise book teacher degree pencil pass student
~~essay~~ text book English ruler science pencil sharpener
library psychology fail classroom geography grade

22 Cambiar el significado

Los prefijos son pequeños grupos de letras que pueden añadirse al principio de una palabra para cambiar su significado. Los sufijos son similares, pero se añaden al final de las palabras.

Lenguaje Prefijos y sufijos
Aa Vocabulario Estudiar
Habilidad Cambiar el significado de las palabras

22.1 COMPLETA LOS ESPACIOS CON LOS PREFIJOS Y SUFIJOS DEL RECUADRO

Those berries are harmful (harm). Don't eat them or you will get sick!

1. I'm late and it's ______ (likely) that I'll get my train in time to get home.
2. They found it too difficult to ______ (solve) the dispute about the best route.
3. She's so ______ (rest) she just can't relax at all.
4. His sore back was very ______ (pain). It hurt every time he took a step.
5. Do you have to ______ (write) your essay? That's a shame.
6. Be ______ (care) when you use this product. It's toxic and can make you sick.
7. His desk is so ______ (tidy) he can't find what he is looking for.
8. These earrings aren't gold. They're ______ (worth), I'm afraid.
9. Was the little girl crying because she was ______ (happy)?

re-	~~-ful~~	-less	un-	re-
un-	-ful	un-	-ful	-less

22.2 MARCA LAS FRASES CORRECTAS

I'm so tired. I had a very restless night. ☑
I'm so tired. I had a very restful night. ☐

1. They were hopeful for a positive result. ☐
   They were hopeless for a positive result. ☐

2. She's likely to play today if she's injured. ☐
   She's unlikely to play today if she's injured. ☐

3. It is pointful to argue with your manager. ☐
   It is pointless to argue with your manager. ☐

4. George wasn't able to rework his essay. ☐
   George wasn't able to unwork his essay. ☐

5. Her new hairstyle was really attractiveless. ☐
   Her new hairstyle was really unattractive. ☐

6. Their vacation was restful and relaxing. ☐
   Their vacation was restless and relaxing. ☐

7. It's careless to drive too fast. ☐
   It's careful to drive too fast. ☐

22.3 DI LAS FRASES EN VOZ ALTA, UTILIZANDO PREFIJOS Y SUFIJOS

He needs to write that letter again.
He needs to rewrite that letter.

1. Your bedroom isn't tidy.
2. It isn't painful.
3. I'm going to apply for that job again.
4. She isn't likely to be on time.
5. They aren't careful drivers.
6. I was full of hope for the future.
7. She solved the argument.
8. He's not likely to come to work.
9. The task was without point.
10. His mustache wasn't attractive.
11. He felt without power to argue.

23 Vocabulario

Aa **23.1 VIAJES** ESCRIBE LAS PALABRAS DEL RECUADRO BAJO SU IMAGEN

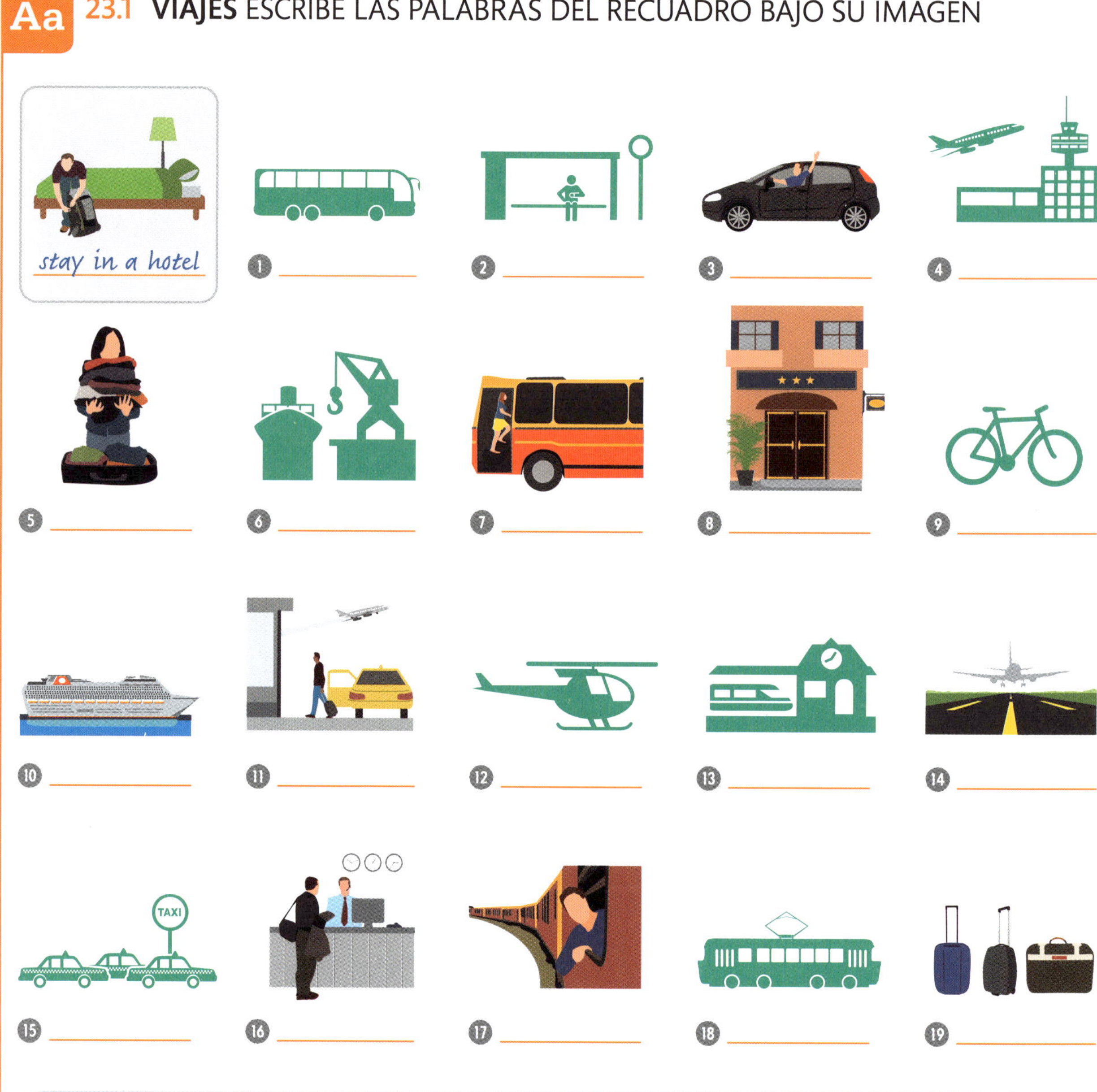

1 ______ 2 ______ 3 ______ 4 ______

5 ______ 6 ______ 7 ______ 8 ______ 9 ______

10 ______ 11 ______ 12 ______ 13 ______ 14 ______

15 ______ 16 ______ 17 ______ 18 ______ 19 ______

arrive at the airport	bicycle	tram	bus stop	luggage	pack your bags	
train ride	helicopter	taxi rank	drive a car	train station	reception	coach
get on a bus	cruise	hotel	airport	~~stay in a hotel~~	port	runway

24 Lugares en los que he estado

El present perfect sirve también para hablar de hechos recientes o repetidos en el pasado. El past simple, para indicar en qué momento exacto ocurrieron esos hechos.

Lenguaje Present perfect
Vocabulario Experiencias de viaje
Habilidad Hablar del pasado reciente

24.1 COMPLETA LOS ESPACIOS PONIENDO LOS VERBOS EN PRESENT PERFECT

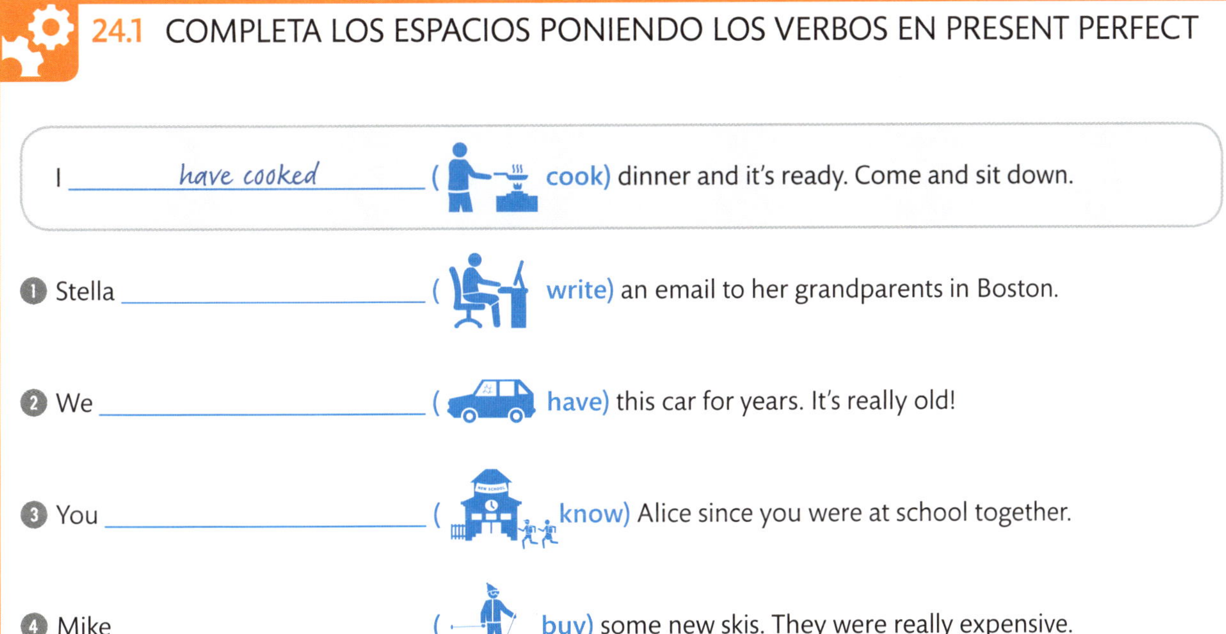

I *have cooked* (cook) dinner and it's ready. Come and sit down.

1. Stella ______ (write) an email to her grandparents in Boston.
2. We ______ (have) this car for years. It's really old!
3. You ______ (know) Alice since you were at school together.
4. Mike ______ (buy) some new skis. They were really expensive.

24.2 TACHA LAS PALABRAS INCORRECTAS DE CADA FRASE

I arrived / ~~have arrived~~ at the station 20 minutes ago.

1. I have visited / visited France many times in my life. I love it.
2. Arabella went / have been swimming at 12:30pm.
3. We have lived / lived here for five years. It's our home.
4. Elsa went / has been out of the country for two months. We miss her.
5. Ravi traveled / has traveled to India in March.
6. He spoke / has spoken three languages since he was a child.

24.3 ESCUCHA EL AUDIO Y MARCA SI CADA IMAGEN SE DESCRIBE UTILIZANDO EL PAST SIMPLE O EL PRESENT PERFECT

Past simple ☑ Present perfect ☐

1 Past simple ☐ Present perfect ☐

2 Past simple ☐ Present perfect ☐

3 Past simple ☐ Present perfect ☐

4 Past simple ☐ Present perfect ☐

5 Past simple ☐ Present perfect ☐

24.4 VUELVE A ESCRIBIR ESTAS FRASES EN PRESENT PERFECT CORRIGIENDO LOS ERRORES

We have went to China several times.
We have been to China several times.

1 I've paint a picture for you.

____

2 Robert have cycled around the park.

____

3 Janice has cooks paella lots of times.

____

4 I have flew in a helicopter.

____

5 They ridden a camel in Egypt.

____

6 I has swum in the Great Barrier Reef.

____

7 We have bring you a present.

____

8 I've studies geography and science.

____

9 The students have leave the building.

____

24.5 DI LAS FRASES EN VOZ ALTA, PONIENDO LOS VERBOS EN PRESENT PERFECT

I *have eaten* (eat) Indian food twice this week.

1. I ______ (learn) to speak a second language.
2. We ______ (buy) a new house.
3. Paula and Maria ______ (run) a marathon.
4. You ______ (see) an elephant.
5. David ______ (live) here for six months.
6. Elsa ______ (lose) her passport again.
7. They ______ (land) at the airport.

24.6 VUELVE A ESCRIBIR ESTAS FRASES EN PAST SIMPLE

I have lived in California for many years.
I lived in California for many years.

1. They've arrived at the hotel.
2. John and Diane have eaten breakfast.
3. He has been on vacation to Fiji.
4. They've seen the Statue of Liberty.
5. Our parents have flown to the US.
6. I've studied history in college.
7. They've bought some new clothes.
8. She has been to Tokyo twice.
9. You've finished that book.

25 Cosas que he hecho

Puedes utilizar el present perfect para hablar de logros personales. Los adverbios modificadores te ayudarán a ser más preciso acerca de cuándo ocurrió.

Lenguaje Adverbios modificadores
Aa Vocabulario Deportes de aventura
Habilidad Hablar de tus logros

25.1 VUELVE A ESCRIBIR LAS FRASES PONIENDO LAS PALABRAS EN SU ORDEN CORRECTO

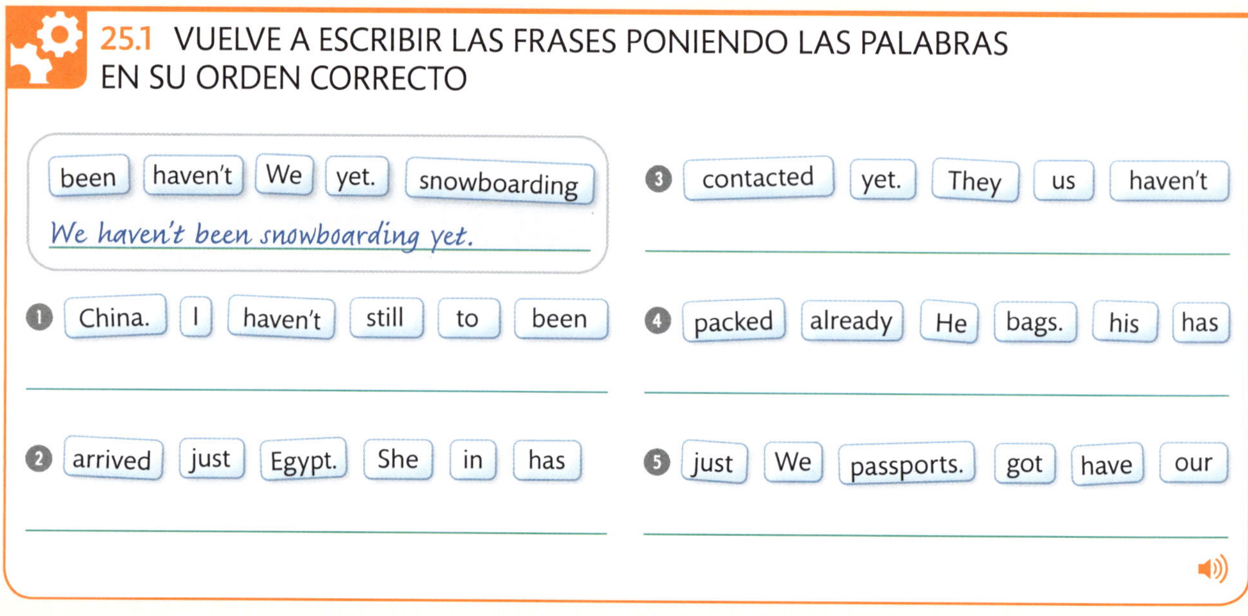

25.2 DI LAS FRASES EN VOZ ALTA, PONIENDO LOS ADVERBIOS EN SU LUGAR CORRECTO

We've arrived at the hotel. [just]

We've just arrived at the hotel.

1 She hasn't tried windsurfing. [still]

2 The plane has landed. [just]

3 I've unpacked my bags. [already]

4 They haven't bought their tickets. [yet]

5 He hasn't swum in the ocean. [still]

25.3 TACHA LAS PALABRAS INCORRECTAS DE CADA FRASE

We ~~yet~~ / still / ~~already~~ haven't had time to call home.

1. I've yet / just / still seen the mountains for the first time.
2. Nick hasn't booked his flight to Nepal already / just / yet.
3. They've yet / just / still bought two new backpacks for their trip to South America.
4. We've already / still / yet learned some German on our last trip to Berlin.
5. Andrew has yet / just / still missed his flight to Stockholm.
6. We just / still / yet haven't tried scuba diving or snorkeling in the Indian Ocean.
7. Maria hasn't ordered a taxi to take her to the airport yet / already / just.
8. Joe and Paolo have yet / still / already tried bungee jumping off a bridge.

25.4 CONECTA EL INICIO Y EL FINAL DE CADA FRASE

I haven't seen a kangaroo yet → and we've been in Australia for two weeks.	and they're waiting to get off.
1. We've just booked the hotel	and now I can buy some souvenirs.
2. She has already been to Peru	and he's coming home tomorrow.
3. He still hasn't taken any photos	and we've been in Australia for two weeks.
4. The plane has just landed	and it will be here in 10 minutes.
5. We haven't seen a shark yet	and now she might miss her flight.
6. I've already called a taxi	and now we can book our flights.
7. She still hasn't reached the airport	but we've seen a dolphin.
8. I've just been to the bank	but she'd love to go again.

25.5 LEE EL CORREO Y RESPONDE A LAS PREGUNTAS

Alec has already written to Noah.
True ☐ False ☑ Not given ☐

1. Alec and Trudi have just arrived in Cape Town.
True ☐ False ☐ Not given ☐

2. They still haven't done much.
True ☐ False ☐ Not given ☐

3. Alec has just been hang gliding.
True ☐ False ☐ Not given ☐

4. Trudi has already been to Cape Town.
True ☐ False ☐ Not given ☐

5. They haven't been snorkeling yet.
True ☐ False ☐ Not given ☐

6. Trudi has already been scuba diving.
True ☐ False ☐ Not given ☐

7. They haven't been on safari yet.
True ☐ False ☐ Not given ☐

To: Noah

Subject: Fun times

Hi Noah,

Sorry I haven't written until now. We've been so busy. We arrived in Cape Town three days ago and it's really beautiful. We've done a lot already. I've just been hang gliding along the coast. It was absolutely awesome, but Trudi didn't want to try it. We've both been snorkeling. The water is so clear you can see everything. And we've booked some scuba diving lessons. Trudi has already been scuba diving in Egypt, but I haven't. I can't wait. We haven't been on safari yet, but we're going on Friday. I really hope we see some elephants. I'll send you a photo!

See you soon!

Alec and Trudi

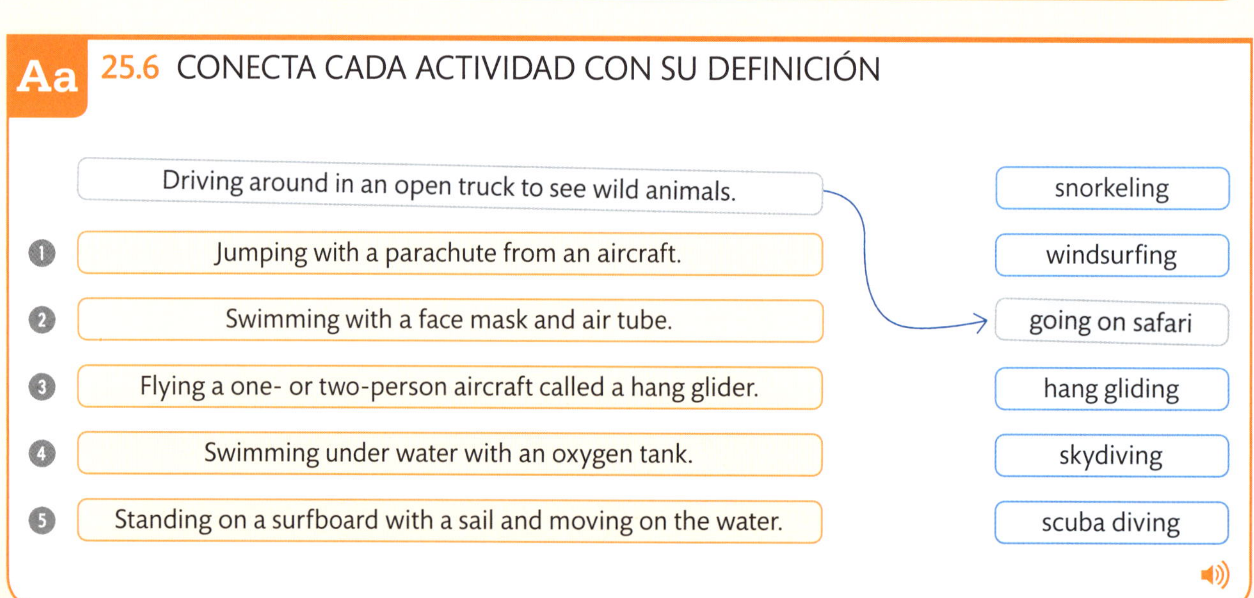

25.7 COMPLETA LOS ESPACIOS CON LAS PALABRAS DEL RECUADRO

I haven't been to Los Angeles ___yet___ .

1. We have ______ come back from the beach.
2. They haven't tried hang gliding ______ .
3. I ______ haven't been on safari.
4. Alexia has ______ been snorkeling before.
5. I haven't tried windsurfing ______ .
6. We have ______ arrived at the hotel 10 minutes ago.
7. He's ______ been skydiving before.
8. Tom has ______ called us a minute ago.
9. They haven't done much ______ .
10. I ______ haven't finished my work.
11. Kai has ______ booked the tour.

yet	already	yet	already	~~yet~~	just
just	still	just	still	already	yet

25.8 ESCUCHA EL AUDIO Y MARCA SI ALEX HA HECHO O NO LA ACTIVIDAD DE CADA IMAGEN

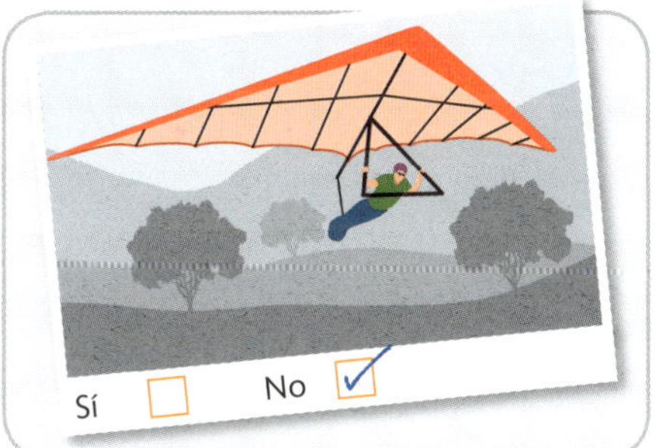

Sí ☐ No ☑

1 Sí ☐ No ☐

2 Sí ☐ No ☐

3 Sí ☐ No ☐

4 Sí ☐ No ☐

5 Sí ☐ No ☐

26 Actividades en progreso

Usa el present perfect continuous para hablar de actividades en progreso en el pasado. Usa "for" y "since" para indicar la duración o el punto de inicio de la actividad.

Lenguaje Present perfect continuous
Aa Vocabulario Obras y bricolaje
Habilidad Hablar de actividades en el pasado

26.1 COMPLETA LOS ESPACIOS CON LOS VERBOS EN PRESENT PERFECT CONTINUOUS

Fatima *has been shopping* (shop) for clothes all day.

1. Nathan ______ (read) a book in the back yard.
2. I ______ (cook) breakfast in the kitchen.
3. Mike ______ (play) tennis with his friends.
4. Ted and John ______ (watch) TV all evening.
5. Mrs. Roberts ______ (paint) the house this weekend.

26.2 COMPLETA LOS ESPACIOS CON "FOR" O "SINCE"

I've been waiting *for* 20 minutes.

1. He has been fishing ______ 3:30pm.
2. We've been learning Spanish ______ six weeks.
3. Ruth has been cooking ______ a long time.
4. You've been decorating ______ March 8.
5. I've been driving ______ 11:45am.
6. He's been teaching science ______ 2012.
7. She's been watching TV ______ two hours.
8. I've been learning to dance ______ two weeks.
9. Alan has been tiling the floor ______ Monday.
10. It has been snowing ______ 10 days.
11. I've been working at home ______ last April.

26.3 LEE EL CORREO Y NUMERA LAS IMÁGENES EN EL ORDEN EN QUE SE DESCRIBEN

A ☐ B [1] C ☐

D ☐ E ☐ F ☐

To: Phil Smith

Subject: Settling in

Hi Phil,

Since we bought our new house, my whole family has been helping us get things ready. Mom has been gardening every day, while Auntie Stella has been making curtains for all the rooms. My husband Tom has been painting the windows outside and his dad has been tiling the roof for 10 days now. I've been fixing the bathtub for two days and my sister Anna has been painting the living room for three days. We're hoping we'll finish everything by the weekend!

Love,

Jane

26.4 ESCUCHA EL AUDIO Y ESCRIBE CUÁNTO TIEMPO HACE QUE DURA LA ACTIVIDAD

since last weekend

1 ____________

2 ____________

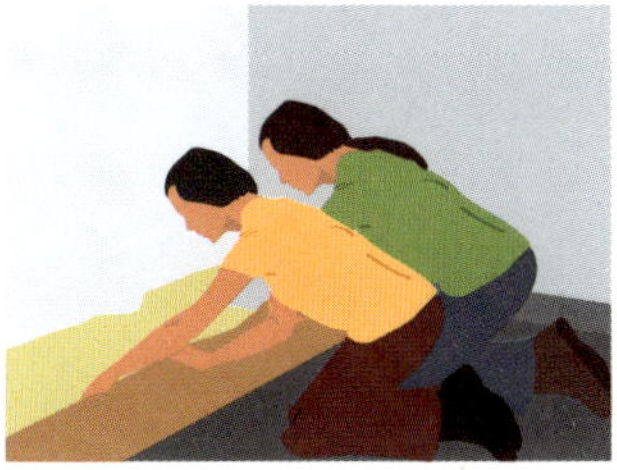

3 ____________

4 ____________

5 ____________

26.5 UTILIZA EL DIAGRAMA PARA CREAR 12 FRASES CORRECTAS Y DILAS EN VOZ ALTA

You've been waiting for 10 minutes.

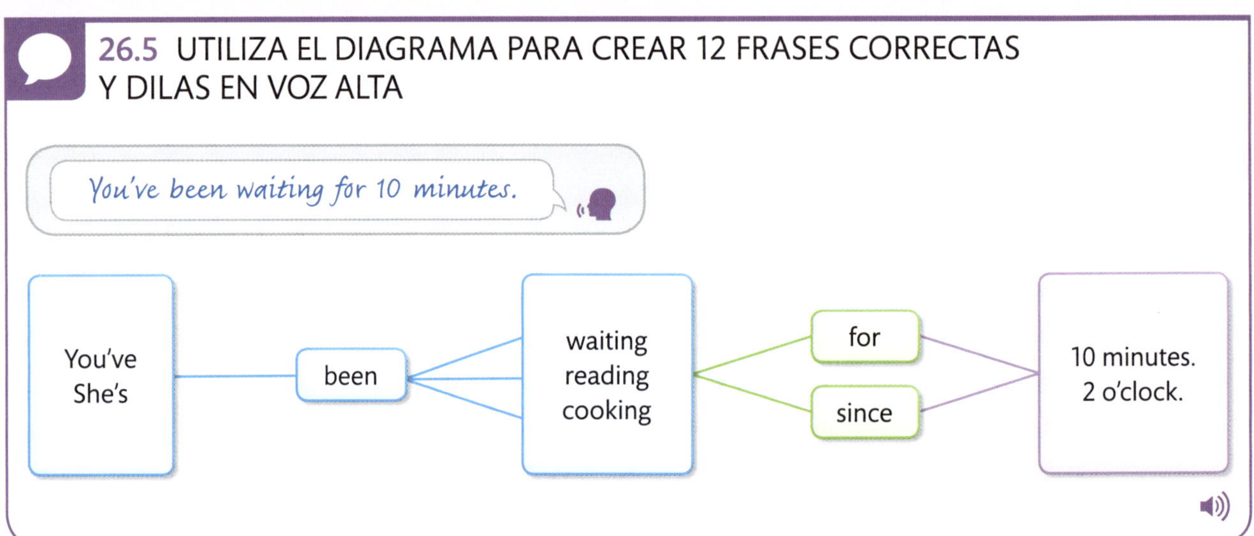

26.6 VUELVE A ESCRIBIR LAS FRASES CORRIGIENDO LOS ERRORES

She been making curtains for two weeks.
She's been making curtains for two weeks.

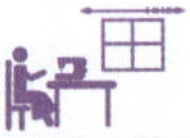

1. We've been put up shelves all day.

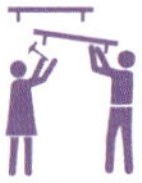

2. Jane has been painting the bedroom for 10:30am.

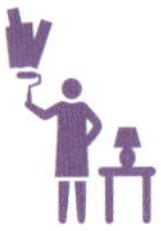

3. They has been fixing the bathtub for six hours.

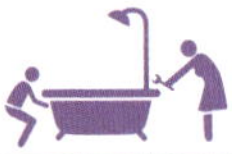

4. I've tiling the kitchen since last Monday.

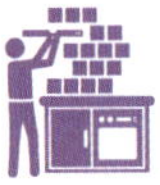

5. He's been fitting the carpet for yesterday morning.

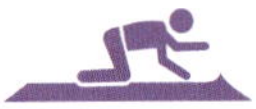

Aa 26.7 BUSCA EN LA TABLA SEIS TÉRMINOS RELACIONADOS CON LA CASA

S B Y M E N M O B W O C S
N S H E L F Y W T Q E A V
N D E M J S M D S B A R D
R I B A T H T U B E C P I
S K R T E B I A R D I E G
E D I S R Y L D F A E T D
M Z L O L A E Z I O R O Z
P A V E S N S O N S E V D
T C U R T A I N S J A R I
E H I J A R Y A I E O D S

1 *shelf*

2 ______

3 ______

4 ______

5 ______

6 ______

26.8 REESCRIBE LAS EXPRESIONES MARCADAS CORRIGIENDO ERRORES

have been fitting

1 ______

2 ______

3 ______

4 ______

5 ______

6 ______

7 ______

8 ______

9 ______

Katie's Blog

HOME | ENTRIES | ABOUT | CONTACT

POSTED SUNDAY, MAY 14

MOVING IN

We moved into our new apartment last Thursday and it's slowly beginning to look like home. The workmen **have fitting** the carpet **since** three days now and Dad has been **help** me in the house. **He's be** painting the living room and **he been** tiling the kitchen. But he can only help in the evenings, so he hasn't finished yet. **I been** painting my bedroom **for** Friday evening. I can't wait to put the curtains up. Mom **has making** the curtains all week and I know they'll be great! **I've been cook for I got home** from work today because I'm making Mom and Dad a special meal to say thank you! They're arriving in 20 minutes so wish me luck!

27 Talentos y habilidades

Cuando tienes una prueba de que algo ha ocurrido, puedes utilizar el present perfect continuous para hacer preguntas acerca de ello.

Lenguaje Preguntas con present perfect continuous
Aa Vocabulario Aficiones e intereses
Habilidad Preguntar sobre hechos del pasado

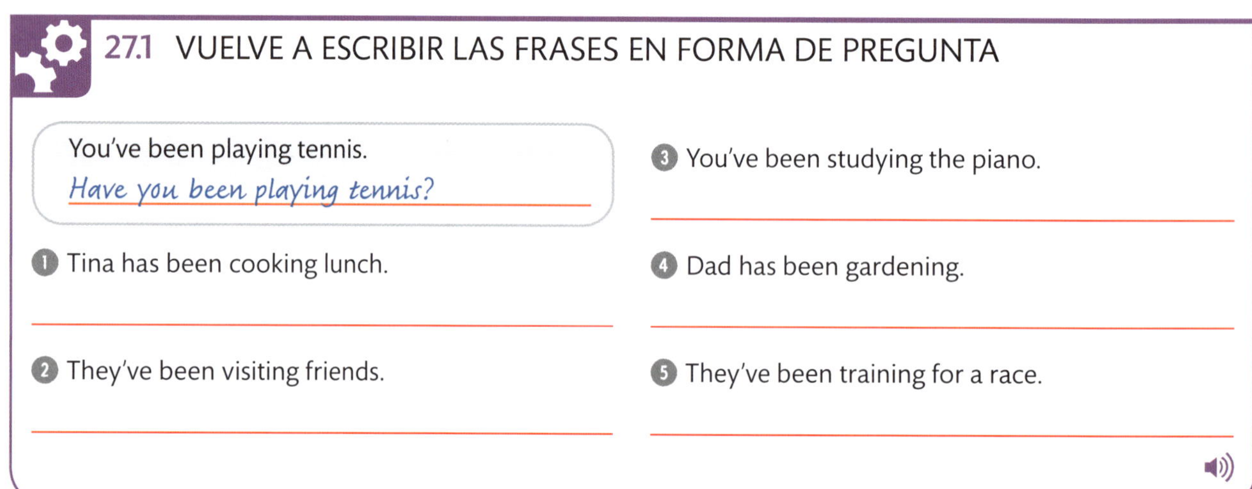

27.1 VUELVE A ESCRIBIR LAS FRASES EN FORMA DE PREGUNTA

You've been playing tennis.
Have you been playing tennis?

1. Tina has been cooking lunch.
2. They've been visiting friends.
3. You've been studying the piano.
4. Dad has been gardening.
5. They've been training for a race.

27.2 VUELVE A ESCRIBIR LAS FRASES PONIENDO LAS PALABRAS EN SU ORDEN CORRECTO

been | Italian? | long | you | How | have | studying
How long have you been studying Italian?

1. you | living | there? | been | How | have | long
2. the | at | working | bank? | How | you | have | long | been
3. English? | been | How | Nina | has | long | teaching
4. long | playing | How | been | hockey? | you | have

27.3 LEE LA ENTREVISTA Y RESPONDE A LAS PREGUNTAS

When did Akio start writing his blog?
Yesterday ☐ **Three years ago** ☑ **Last summer** ☐

1. What kind of food does he cook?
Chinese ☐ **Japanese** ☐ **Indonesian** ☐

2. How long has he been making cooking videos?
Since last summer ☐ **For six weeks** ☐ **For a year** ☐

3. When did he start cooking?
Last summer ☐ **Years ago** ☐ **In high school** ☐

4. Who taught him Japanese cooking?
A professional ☐ **His parents** ☐ **His grandma** ☐

5. How long has his grandma been cooking?
Since she was five ☐ **For five years** ☐ **Since 2005** ☐

COOKING TIPS

Offbeat chef

Learn more about Japanese cooking from Chef Akio

How long have you been writing your blog, Akio?
For about three years. It's been really fun!
And your Japanese cooking tips are really popular. How long have you been making cooking videos?
Since last summer. I've been cooking since I was in high school. I had lots of great ideas and so I started making videos.
There are some great recipes on your blog. Have you been taking professional lessons?
No way. I've learned everything from my grandma. Cooking is such an important part of Japanese family life. My grandma has been cooking since she was five years old. She learned from her grandma.
That's amazing, Akio.
Thank you.

27.4 VUELVE A ESCRIBIR LAS FRASES CORRIGIENDO LOS ERRORES

How long you been practicing yoga?
How long have you been practicing yoga?

1. How long you have been studying Chinese?

2. How long has he been cook Indian food?

3. How long have they living in Sydney?

4. How long she been mountain biking?

5. How long have you be writing a novel?

6. How long you have been playing the piano?

7. How long have he been salsa dancing?

8. How long have they working together?

9. How long has she been paint with oils?

27.5 DI LAS FRASES EN VOZ ALTA, COMPLETANDO LOS ESPACIOS

How long *have* they been *living* (live) in that apartment?

1. How long ________ she been ________ (drive) that car?
2. How long ________ you been ________ (play) the guitar?
3. How long ________ he been ________ (sing) in the choir?
4. How long ________ he been ________ (cook) dinner?
5. How long ________ you been ________ (read) that magazine?
6. How long ________ she been ________ (study) French?
7. How long ________ they been ________ (work) in that office?
8. How long ________ you been ________ (learn) to drive?

27.6 MARCA LAS RESPUESTAS CORRECTAS

How long have they been writing songs? 
- For a long time. ☑
- Since a long time. ☐

1. How long have you been working in New York? 
   - Since 2012. ☐
   - For 2012. ☐
2. How long have you been writing your book? 
   - For two years. ☐
   - Since two years. ☐
3. How long have you been living in Paris? 
   - For August. ☐
   - Since August. ☐
4. How long have you been taking singing lessons? 
   - Since last summer. ☐
   - For last summer. ☐
5. How long have you been painting the house? 
   - Since three days. ☐
   - For three days. ☐
6. How long have you been learning to cook? 
   - For six weeks. ☐
   - Since six weeks. ☐

28 Actividades y sus resultados

Con el present perfect continuous hablamos de actividades recientes que probablemente no han finalizado. Con el present perfect simple, de actividades que han finalizado.

Lenguaje Formas del present perfect
Aa Vocabulario Verbos de estado y de acción
Habilidad Hablar del resultado de las actividades

28.1 ESCUCHA EL AUDIO Y MARCA EL TIEMPO VERBAL EN QUE SE DESCRIBE LA ACTIVIDAD DE CADA IMAGEN

A PRESENT PERFECT CONTINUOUS
B PRESENT PERFECT SIMPLE

28.2 CONECTA LOS PARES DE FRASES

Tom has been working in the garden. → His hands are dirty.

1. I've read my magazine.
2. Rosa has lost her house keys.
3. He has broken the window.
4. Monica has been cleaning the kitchen.
5. That little boy has been crying.
6. Roger has eaten all the pretzels.
7. Alice and Jane have been playing tennis.

- Now I'm going to read a book.
- Now she's cleaning the bathroom.
- His eyes are red.
- His hands are dirty.
- The package is empty.
- They're both tired.
- There's glass everywhere.
- She can't get into her house.

28.3 DESCRIBE LOS DIBUJOS EN VOZ ALTA UTILIZANDO EL PRESENT PERFECT CONTINUOUS

John has been walking (walk) the dog.

1. Rebecca ______ (swim).
2. Victor and Joe ______ (play) soccer.
3. Alexia ______ (sweep) the floor.
4. Thomas ______ (repair) the car.
5. Davina ______ (watch) TV.

28.4 TACHA LAS PALABRAS INCORRECTAS DE CADA FRASE

You ~~haven't been understanding~~ / haven't understood me.

1. I have liked / have been liking all of his plays.

2. Dan has watched / has been watching TV all afternoon.

3. The movie has been starting / has started.

4. I have been reading / have read my book. I haven't finished it yet.

28.5 LEE EL BLOG Y RESPONDE A LAS PREGUNTAS

Gina has bought a house in Rome.
True ☐ False ☑ Not given ☐

1. She has made many new friends.
True ☐ False ☐ Not given ☐

2. She hasn't visited the Trevi Fountain yet.
True ☐ False ☐ Not given ☐

3. Her friends sometimes drive to the coast.
True ☐ False ☐ Not given ☐

4. She has been studying Italian.
True ☐ False ☐ Not given ☐

5. Gina's parents are coming to visit her.
True ☐ False ☐ Not given ☐

Gina's Blog

HOME | ENTRIES | ABOUT | CONTACT

POSTED FRIDAY, AUGUST 28

TWO WEEKS IN ROME

I've been living in Rome for two weeks now and I absolutely love it. I've been renting a small apartment with two friends from work, and we're going to stay for two more weeks. We've met some great people and I've made a lot of new friends. I've visited all the famous sites of course. My favorite is the Piazza Navona and the Trevi Fountain. I've been studying Italian in a private language school. I only go twice a week, but I've learned a lot already. One of my favorite things about Rome is the food. But the problem is that I've been eating so much pasta I've put on pounds! Anyway, I've been talking to my parents this morning and I said I'd post some photos online for them. So, here they are!

28.6 COMPLETA LOS ESPACIOS PONIENDO LOS VERBOS EN SU TIEMPO CORRECTO

I *have passed* (pass) my driving test! Let's celebrate.

1. We ______________________ (listen) to music for hours.

2. John ______________________ (not hear) his alarm. Wake him up.

3. The waiter ______________________ (take) our order at last.

4. It ______________________ (rain) all day and they are bored!

5. Gillian ______________________ (have) a baby girl.

29 Problemas cotidianos

Muchas palabras cuentan con prefijos negativos que sirven para hablar de problemas cotidianos del ámbito laboral o urbano.

Lenguaje Prefijos negativos
Aa Vocabulario Problemas urbanos
Vocabulario Problemas urbanos

29.1 COMPLETA LOS ESPACIOS CON LAS PALABRAS DEL RECUADRO

Roger and Angela were so *unlucky* to miss the train.

1. Amanda is always losing her keys. She is so ______________.
2. The music is so loud it's ______________ to hear anything.
3. It is ______________ to smoke in many public places.
4. He ______________ the traffic sign and drove the wrong way.

~~unlucky~~
impossible
disorganized
misunderstood
illegal

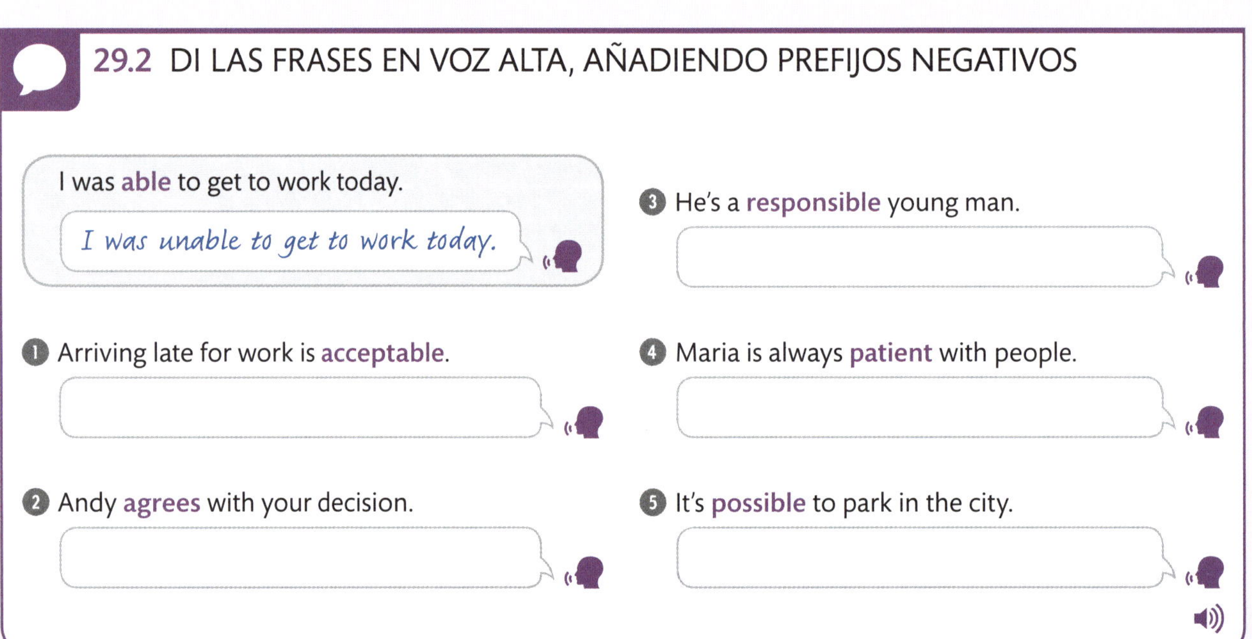

29.2 DI LAS FRASES EN VOZ ALTA, AÑADIENDO PREFIJOS NEGATIVOS

I was **able** to get to work today.
I was unable to get to work today.

1. Arriving late for work is **acceptable**.
2. Andy **agrees** with your decision.
3. He's a **responsible** young man.
4. Maria is always **patient** with people.
5. It's **possible** to park in the city.

29.3 VUELVE A ESCRIBIR LAS FRASES PONIENDO LAS PALABRAS EN SU ORDEN CORRECTO

see | I | unable | to | was | you.

I was unable to see you.

1. answer. | That | irrational | an | was

2. very | son | My | immature. | is

3. that | I | disagree | idea. | with

4. impatient. | He's | very | getting

5. question | This | is | impossible. | exam

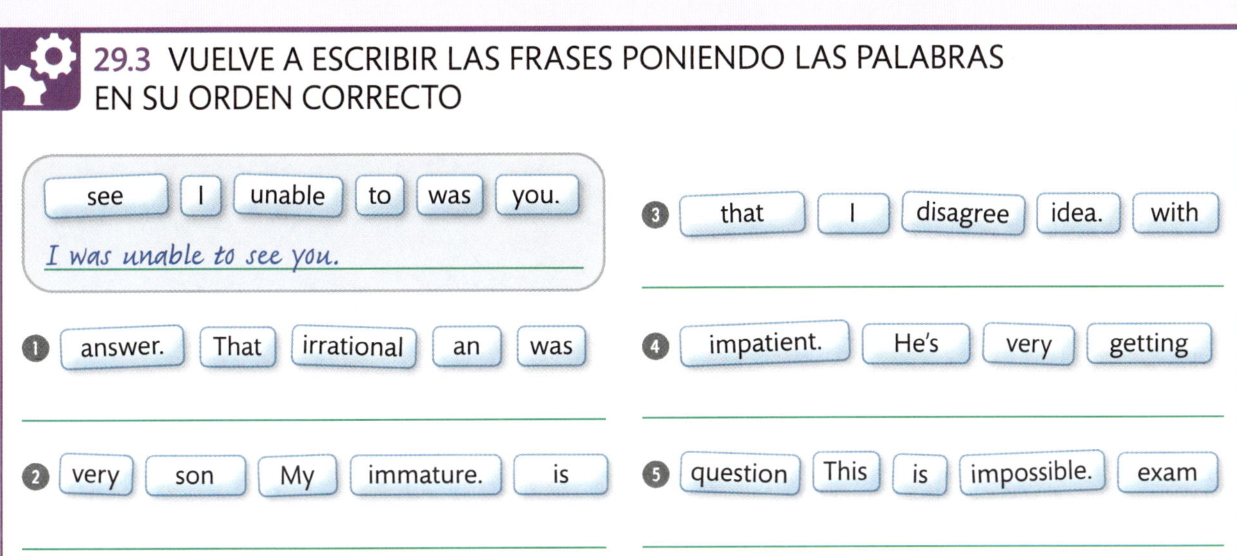

29.4 VUELVE A ESCRIBIR LAS FRASES CORRIGIENDO LOS ERRORES

Tom is very **ilorganized**. He's always late.

Tom is very disorganized. He's always late.

1. Layla has a **disrational** fear of the dark.
2. My son's friends can be quite **unmature**.
3. It's **misrespectful** to laugh during a lecture.
4. Your doctor's handwriting is **unpossible** to read.
5. The art exhibition was **imusual**, but interesting.
6. She **disunderstands** everything I say.
7. I **unagree** with your suggestions.
8. Jack can be **misresponsible** sometimes.
9. My boss is often **unpatient** with me.
10. Our hotel room was **ilacceptable**.
11. He left his room in total **misorder**.
12. It was an **disimportant** decision.
13. The chocolate cookies were **misresistible**.

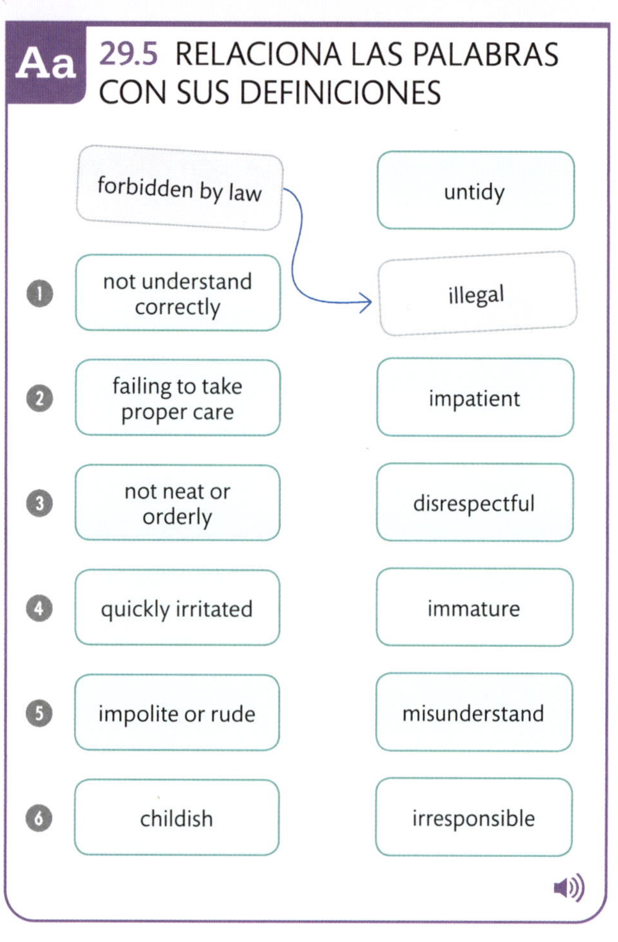

Aa 29.5 RELACIONA LAS PALABRAS CON SUS DEFINICIONES

	forbidden by law	illegal
1	not understand correctly	untidy
2	failing to take proper care	impatient
3	not neat or orderly	disrespectful
4	quickly irritated	immature
5	impolite or rude	misunderstand
6	childish	irresponsible

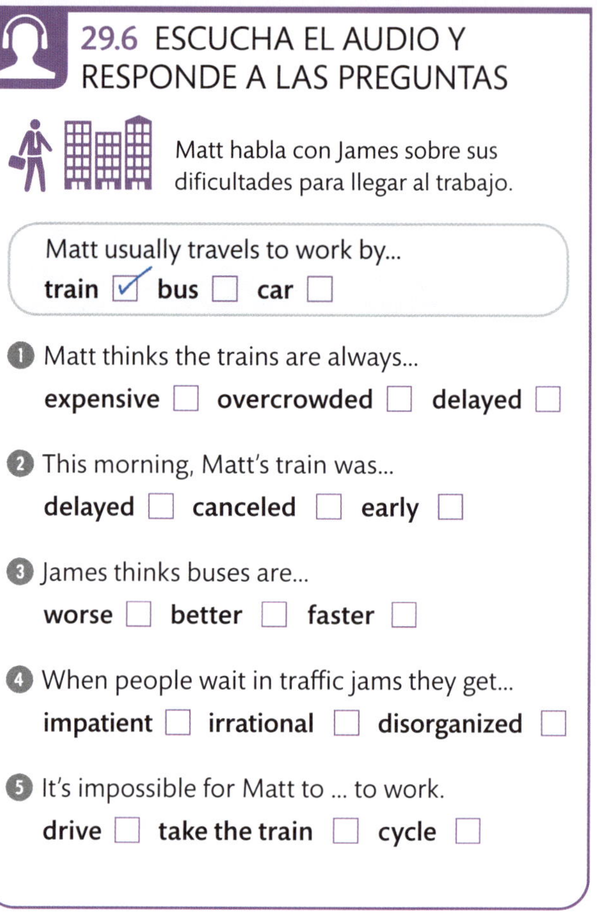

29.6 ESCUCHA EL AUDIO Y RESPONDE A LAS PREGUNTAS

Matt habla con James sobre sus dificultades para llegar al trabajo.

Matt usually travels to work by...
train ☑ **bus** ☐ **car** ☐

1. Matt thinks the trains are always...
expensive ☐ **overcrowded** ☐ **delayed** ☐

2. This morning, Matt's train was...
delayed ☐ **canceled** ☐ **early** ☐

3. James thinks buses are...
worse ☐ **better** ☐ **faster** ☐

4. When people wait in traffic jams they get...
impatient ☐ **irrational** ☐ **disorganized** ☐

5. It's impossible for Matt to ... to work.
drive ☐ **take the train** ☐ **cycle** ☐

29.7 COMPLETA LOS ESPACIOS CON LAS PALABRAS DEL RECUADRO

There will be long ______lines______ on freeway 56 today.

1. There has also been an ____________ on freeway 25.
2. There will be long ____________ of 40–45 minutes because of the accident.
3. There are ____________ trains on the eastern line because of the congestion on the roads.
4. Several trains on the western line have also been ____________.
5. The situation has made travel to the suburbs ____________.

~~lines~~ overcrowded delays accident impossible canceled

Aa 29.8 CONECTA EL INICIO Y EL FINAL DE CADA FRASE

It's unusual to → meet someone who speaks Latin.

1. It's unacceptable that the
2. You were very irresponsible
3. There's a traffic jam and it will be
4. The luxury chocolate cake in
5. The train passengers were
6. He wasn't concentrating so
7. It's illegal to park your vehicle
8. They're always late because

- in this parking lot on weekends.
- the shop window looked irresistible.
- he misunderstood what I said.
- meet someone who speaks Latin.
- impossible to get home in time.
- they're so disorganized all the time.
- trains are so overcrowded.
- unimpressed with the long delays.
- to walk home alone after midnight.

29.9 LEE EL CORREO Y RESPONDE A LAS PREGUNTAS

Annie is having a bad morning.
True ☑ **False** ☐ **Not given** ☐

1. Annie couldn't get the train to work.
True ☐ **False** ☐ **Not given** ☐

2. She didn't want to wait for a taxi.
True ☐ **False** ☐ **Not given** ☐

3. There were long delays on her drive.
True ☐ **False** ☐ **Not given** ☐

4. She tried to park outside her office.
True ☐ **False** ☐ **Not given** ☐

5. She thinks it's unusual that there's nowhere to park.
True ☐ **False** ☐ **Not given** ☐

To: Becky

Subject: Having a bad day

Hi Becky,

I've had such a terrible morning. There was an accident at the train station so they canceled my train! I missed the 7:45 bus and I was too impatient to wait for the next one, so I decided to drive. But there was construction, which caused 30 minute delays. When I got into town, there was nowhere to park, and I was late for work! It's totally unacceptable that there is never anywhere to park in this city! I can't wait to get home!

How's your day so far?

Love,

Annie

30 Cosas generales y concretas

En inglés, los artículos se colocan antes del sustantivo y sirven para dar más información sobre lo que se describe. Utiliza "the" para hablar de cosas concretas.

Lenguaje Artículo definido y ausencia de artículo
Vocabulario Posesiones
Habilidad Hablar de tus cosas

30.1 VUELVE A ESCRIBIR LAS FRASES CORRIGIENDO LOS ERRORES

I like eating the fruit.
I like eating fruit.

1. Supermarket is open on Sundays.
2. I don't like studying for the exams.
3. Last movie I saw was really good.
4. It always rains during the vacations.
5. I go to the work by train.
6. He likes reading newspaper.
7. Adam works in local hospital.
8. I hate shopping for the food.
9. The fries aren't good for you.
10. I like photo on your desk.
11. Boss is happy with my work.
12. Karen has lots of the shoes.
13. I like going to movie theater.
14. Suit is expensive.
15. I'm going to bank to get a loan.
16. Dan hates the fruit.
17. I will spend money I got from my aunt.
18. Car isn't working.
19. I love the dancing.

30.2 MARCA LAS FRASES CORRECTAS

Cherries are my favorite fruit. ☑
The cherries are my favorite fruit. ☐

1. Where are the keys for the shed? ☐
   Where are keys for the shed? ☐
2. We love playing the sports. ☐
   We love playing sports. ☐
3. The dishwasher isn't working. ☐
   Dishwasher isn't working. ☐
4. Here's book I borrowed. ☐
   Here's the book I borrowed. ☐
5. Last movie I saw was terrible. ☐
   The last movie I saw was terrible. ☐
6. That woman has lots of cats. ☐
   That woman has lots of the cats. ☐
7. When do you go back to work? ☐
   When do you go back to the work? ☐
8. Person outside is my uncle. ☐
   The person outside is my uncle. ☐
9. Look at the tablet I bought yesterday. ☐
   Look at tablet I bought yesterday. ☐
10. The dentists earn a lot of money. ☐
    Dentists earn a lot of money. ☐
11. I'm going to post office. ☐
    I'm going to the post office. ☐

30.3 VUELVE A ESCRIBIR LA NOTA CORRIGIENDO LOS ERRORES

Hi Richard,
I've gone to post office to send back parcel that came the last week. I don't want shoes because they're too big for me. When I've done that, I'll go to supermarket and buy the potatoes so we can make fries for dinner. Can you check if cat has eaten food I left her? She wasn't feeling very well yesterday.
Thanks!
Carla

Hi Richard,

I've gone to the post office

30.4 LEE EL BLOG Y RESPONDE A LAS PREGUNTAS

What is Alice doing for her summer job?

She is working at a campsite.

1. Where is the campsite?

2. What does Alice have to clean?

3. What does Alice hate doing?

4. What do the children do at the kids' clubs?

5. Where does Alice buy wine from?

6. When will Alice go back to college?

POSTED MONDAY, AUGUST 14

My Job

Welcome to my blog about my summer job. This year I am working at a campsite in the south of France. I have to clean the tents and prepare them for new guests. People come from all over Europe to camp here. I hate doing the cleaning. But I like doing the kids' clubs for the children. We play games and go to the beach. I also like doing wine and cheese evenings for the parents. I buy wine from the local vineyard and French cheese from the store. I'm working here until the middle of September. Then I will go back to college.

30.5 VUELVE A ESCRIBIR CADA FRASE EN SU OTRA FORMA

NOTA
"Have got" se usa en inglés británico y "have" se usa en inglés de Estados Unidos.

I **have** a computer.

I have got a computer.

1. Tom **has got** a dog.

2. Anna and Sally **have** a nice apartment.

3. I **have got** my own bedroom.

4. She **has** a difficult job.

5. They **have got** a new car.

6. I **have** good friends.

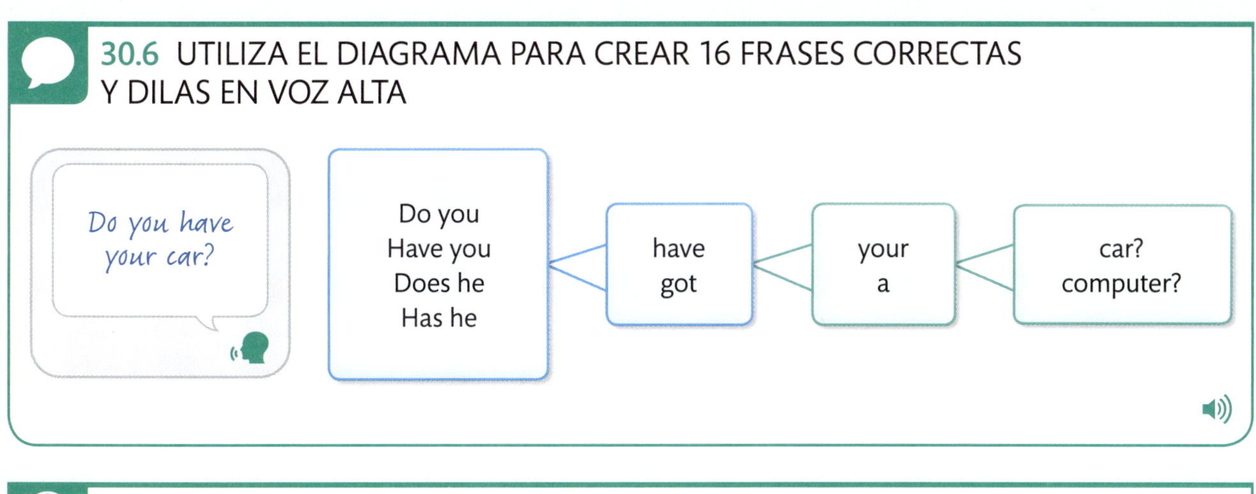

30.6 UTILIZA EL DIAGRAMA PARA CREAR 16 FRASES CORRECTAS Y DILAS EN VOZ ALTA

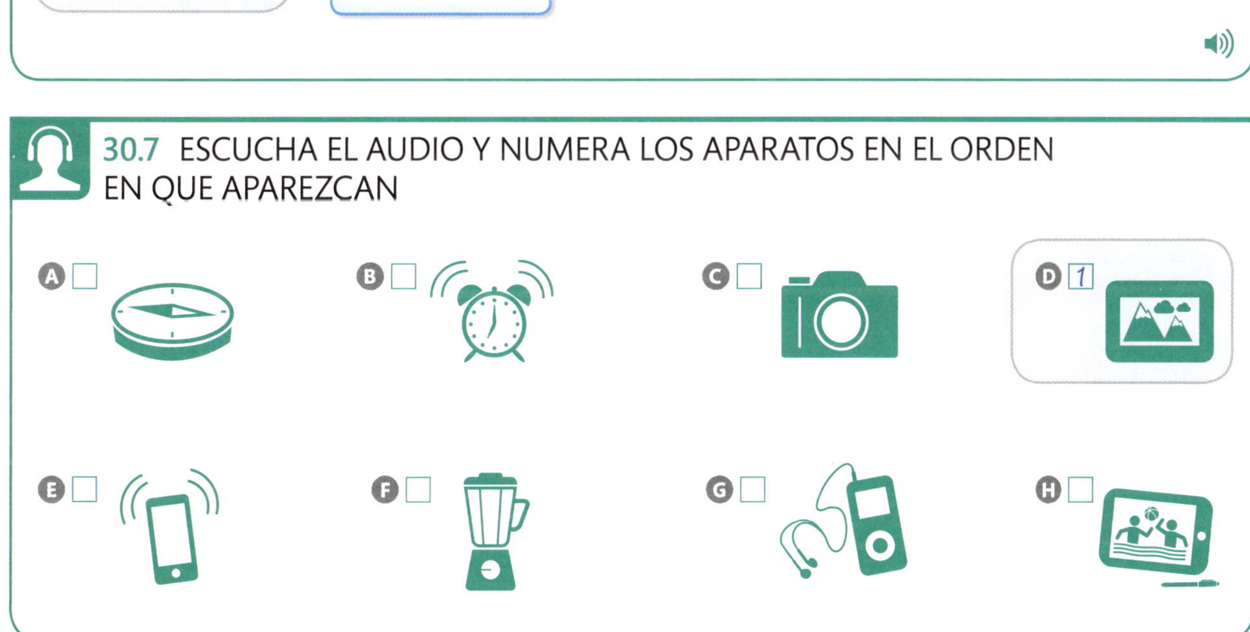

30.7 ESCUCHA EL AUDIO Y NUMERA LOS APARATOS EN EL ORDEN EN QUE APAREZCAN

A ☐

B ☐

C ☐

D *1*

E ☐

F ☐

G ☐

H ☐

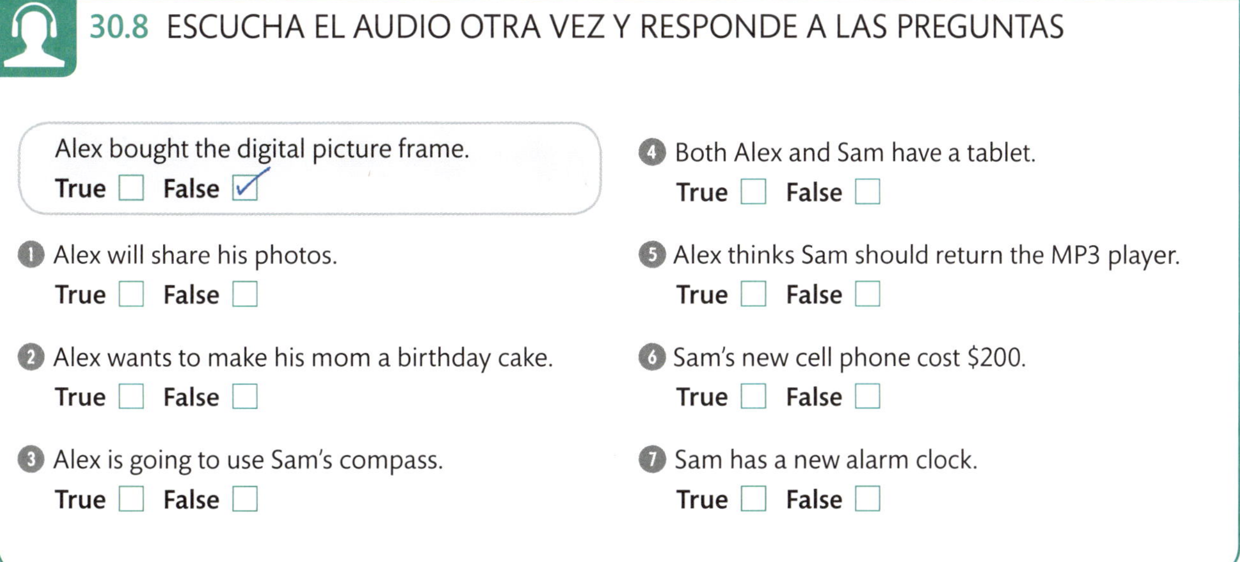

30.8 ESCUCHA EL AUDIO OTRA VEZ Y RESPONDE A LAS PREGUNTAS

Alex bought the digital picture frame.
True ☐ **False** ☑

1. Alex will share his photos.
   True ☐ **False** ☐
2. Alex wants to make his mom a birthday cake.
   True ☐ **False** ☐
3. Alex is going to use Sam's compass.
   True ☐ **False** ☐
4. Both Alex and Sam have a tablet.
   True ☐ **False** ☐
5. Alex thinks Sam should return the MP3 player.
   True ☐ **False** ☐
6. Sam's new cell phone cost $200.
   True ☐ **False** ☐
7. Sam has a new alarm clock.
   True ☐ **False** ☐

31 Vocabulario

31.1 COMIDA Y BEBIDA ESCRIBE LAS PALABRAS DEL RECUADRO BAJO SU IMAGEN

tomato

1 ______ 2 ______ 3 ______ 4 ______

5 ______ 6 ______ 7 ______ 8 ______ 9 ______

10 ______ 11 ______ 12 ______ 13 ______ 14 ______

15 ______ 16 ______ 17 ______ 18 ______ 19 ______

milk	lettuce	eggs	beef	cheese	onion	chocolate
garlic	potatoes	lemonade	burger	pasta	mango	ice cream
~~tomato~~	peach	avocado	tea	chicken	raspberries	

32 "Myself", "yourself"

Utilizamos pronombres reflexivos cuando el sujeto del verbo es el mismo que el objeto. Sirven para indicar que la acción afecta a la misma persona que la realiza.

Lenguaje Pronombres reflexivos
Aa Vocabulario Medidas y sabores
Habilidad Hablar de comida y recetas

32.1 COMPLETA LOS ESPACIOS UTILIZANDO EL PRONOMBRE REFLEXIVO CORRECTO

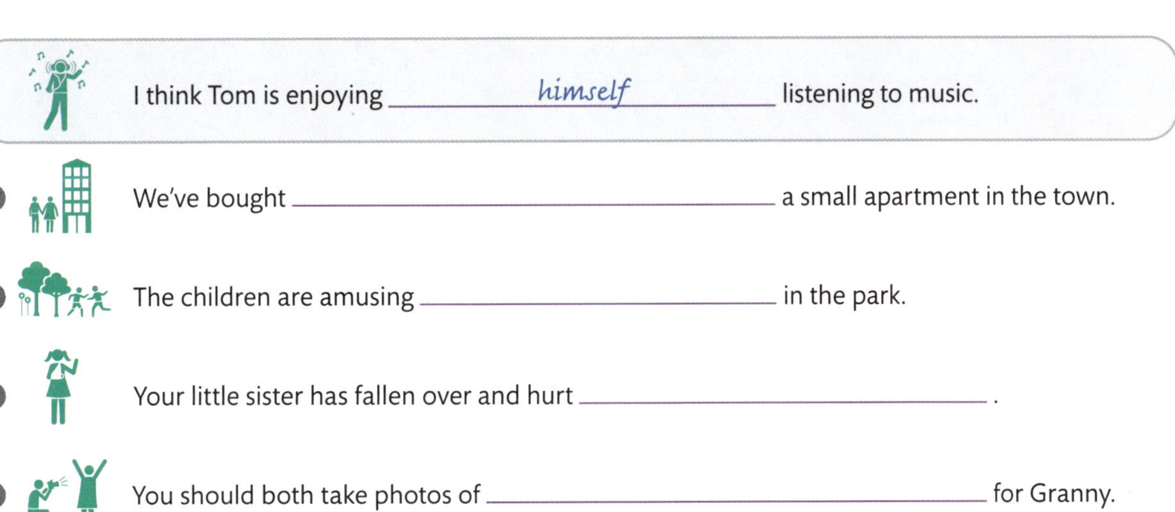

I think Tom is enjoying *himself* listening to music.

1. We've bought ______ a small apartment in the town.
2. The children are amusing ______ in the park.
3. Your little sister has fallen over and hurt ______ .

4. You should both take photos of ______ for Granny.

5. Dad burned ______ while he was making dinner.

32.2 TACHA LA PALABRA INCORRECTA DE CADA FRASE

I've burned ~~me~~ / myself on the hot pan.

1. Help yourself / you to some more coffee, Joe.
2. Did the kids enjoy them / themselves at the park?
3. The teacher told us / ourselves to be quiet.
4. Has the computer turned it / itself off yet?
5. I'm helping them / themselves to cook lunch.
6. Take time off, or you'll make you / yourself sick.
7. Can you give myself / me that book, please?
8. Mom cut herself / her with the bread knife.
9. Luckily, I didn't hurt myself / me when I fell.
10. I've known himself / him since I was in college.
11. Everyone, please help you / yourselves to food.

32.3 ESCRIBE CADA PRONOMBRE EN SU OTRA FORMA

	me	= *myself*		yourself	= *you*
1	them	= ______	5	herself	= ______
2	us	= ______	6	yourselves	= ______
3	him	= ______	7	itself	= ______
4	it	= ______	8	myself	= ______

32.4 LEE EN VOZ ALTA LA LISTA DE INGREDIENTES

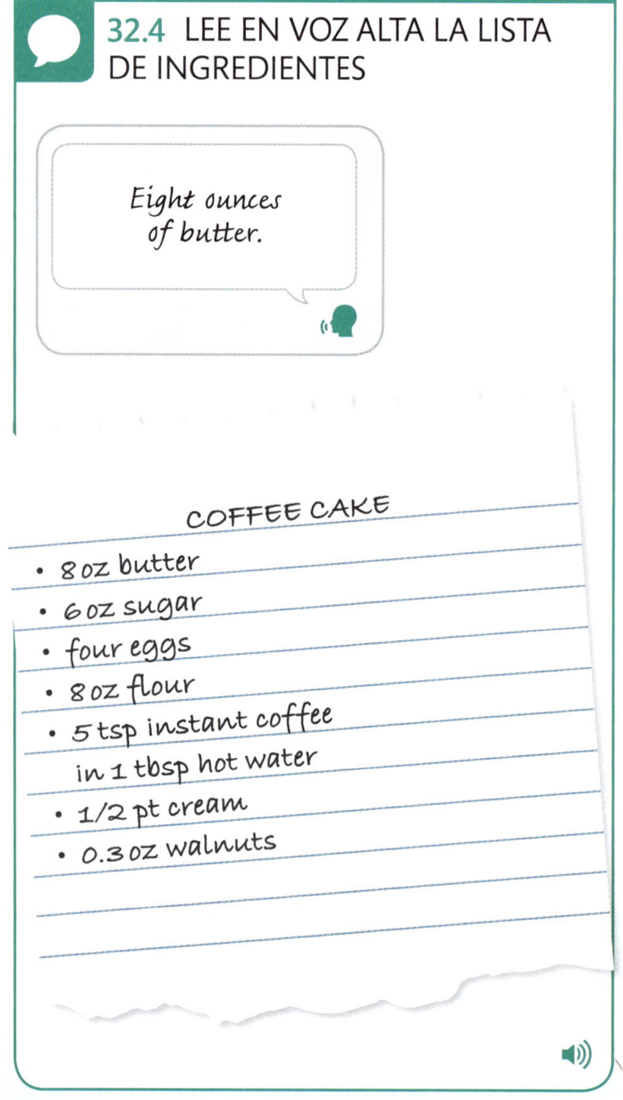

32.5 ESCUCHA EL AUDIO Y MARCA SI SE MENCIONA O NO CADA COSA

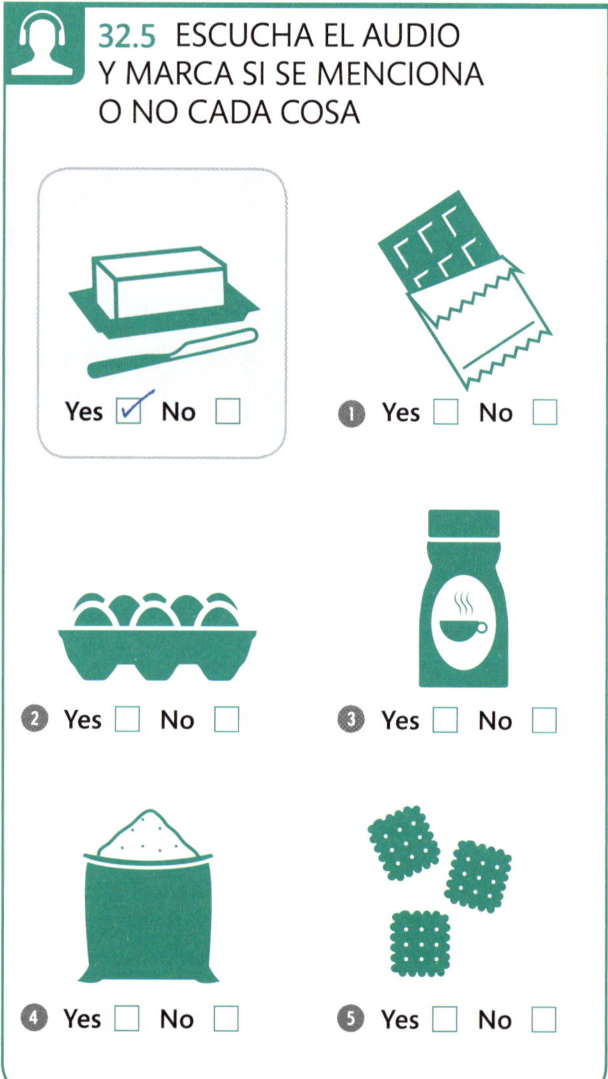

32.6 ESCUCHA DE NUEVO EL AUDIO Y RESPONDE A LAS PREGUNTAS

How much butter will you need? **Two ounces** ☐ **One ounce** ☐ **Eight ounces** ☑

1. How much sugar will you need? **Two ounces** ☐ **Six ounces** ☐ **Eight ounces** ☐
2. How many eggs will you need? **Four** ☐ **Seven** ☐ **Ten** ☐
3. How much coffee will you need? **One teaspoon** ☐ **Four teaspoons** ☐ **Three teaspoons** ☐
4. How much hot water will you need? **Two tablespoons** ☐ **One teaspoon** ☐ **One tablespoon** ☐
5. How much flour will you need? **Eight ounces** ☐ **Two ounces** ☐ **Four ounces** ☐
6. How many ounces of walnuts will you need? **One ounce** ☐ **Four ounces** ☐ **Three ounces** ☐

32.7 MARCA LAS FRASES CORRECTAS

I don't like sweet food at breakfast. I prefer savory things, like omelets. ☑
I don't like sweet food at breakfast. I prefer mixed things, like omelets. ☐

1. These strawberries are delicious! So sweet and juicy. ☐
   These strawberries are delicious! So strong and juicy. ☐
2. That soup looks bitter. Can I try some? ☐
   That soup looks tasty. Can I try some? ☐
3. The best thing to drink on a hot day is some nice salty orange juice. ☐
   The best thing to drink on a hot day is some nice chilled orange juice. ☐
4. Oranges can be very bitter if they're not very ripe. ☐
   Oranges can be very spicy if they're not very ripe. ☐
5. Those nuts were very fresh. They made me really thirsty. ☐
   Those nuts were very salty. They made me really thirsty. ☐
6. I like my chilli nice and chilled, so it makes your mouth tingle. ☐
   I like my chilli nice and spicy, so it makes your mouth tingle. ☐

33 Para qué sirven las cosas

En inglés, utilizamos los gerundios y los infinitivos para hablar de por qué la gente utiliza algo. Sirven para describir la utilidad de objetos cotidianos y los electrodomésticos.

Lenguaje Gerundios e infinitivos
Aa Vocabulario Electrodomésticos
Habilidad Hablar de para qué utilizas las cosas

33.1 COMPLETA LOS ESPACIOS CON LAS PALABRAS DEL RECUADRO

I use this gadget for *opening* cans.

1. Elsie uses that knife for ______ food.
2. I use the remote control to ______ the TV.
3. My sister uses her blender for ______ soup.
4. He uses this fan to ______ cool.
5. We use this machine for ______ clothes.
6. She uses her laptop to ______ emails.
7. They use the sound system to ______ to music.
8. He uses a camera for ______ photos.
9. She uses this cloth to ______ the dishes.

keep	turn on	write	making	wash
taking	~~opening~~	washing	chopping	listen

33.2 MARCA LAS FRASES CORRECTAS

You use the microwave for heating food. ☑
You use the microwave for heat food. ☐

1. I use my phone to texting my friends. ☐
   I use my phone for texting my friends. ☐
2. They use this for wash clothes. ☐
   They use this for washing clothes. ☐
3. She uses that knife for chopping. ☐
   She uses that knife for to chopping. ☐
4. Larry uses his laptop to sending emails. ☐
   Larry uses his laptop to send emails. ☐
5. We use the refrigerator for keep fruit. ☐
   We use the refrigerator for keeping fruit. ☐
6. I use the DVD player for watching movies. ☐
   I use the DVD player to watching movies. ☐
7. She uses the sound system to play music. ☐
   She uses the sound system to playing music. ☐

Aa 33.3 RELACIONA LOS OBJETOS CON SU USO

You use it to do the laundry.

1

2 

3 

4 

5 

6 

7 

8 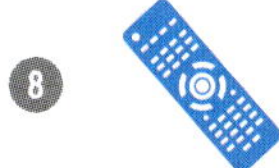

- You use it to keep cool.
- You use it to do the laundry.
- You use it to take photos.
- You use it to send emails.
- You use it to cut vegetables.
- You use it to open cans.
- You use it to turn on the TV.
- You use it to wash the dishes.
- You use it to dry your hair.

33.4 VUELVE A ESCRIBIR LAS FRASES CORRIGIENDO LOS ERRORES

He used the remote control for turning on the TV.
He used the remote control to turn on the TV.

1. He chose that knife for cutting up the carrots.
2. We used the camera for taking photos of the puppy.
3. She picked up her phone for texting a friend.
4. I used the laptop for sending you an email.
5. Dan went to the refrigerator for getting some milk.
6. I turned on the DVD player for watching the movie.
7. Emma used the sound system for playing music.
8. He turned on the microwave for heating up a pizza.
9. I used the washing machine for washing my jeans.
10. He turned on the sound system for listening to music.
11. He used the remote control for rewinding the movie.
12. Jenny used the can opener for opening a can of fruit.

33.5 CONECTA EL INICIO Y EL FINAL DE CADA FRASE

She picked up the hairdryer → to dry her hair.

1. He looked for the can opener
2. She picked up the cloth
3. They opened the washing machine
4. He took the knife
5. I looked for the remote control
6. She put the food in the refrigerator
7. He used his laptop

- to put in the laundry.
- to keep it fresh.
- to turn on the TV.
- to dry her hair.
- to open the can of tomatoes.
- to clean the table.
- to write a report.
- to cut up the fruit.

33.6 ESCUCHA EL AUDIO Y RESPONDE A LAS PREGUNTAS

Sharon y Olivia hablan de los distintos aparatos que tienen.

The remote control controls the heating.
True ☑ **False** ☐

1. Sharon uses it to turn on the TV.
   True ☐ **False** ☐
2. She uses it to turn the stove on while she's out.
   True ☐ **False** ☐
3. She uses the remote control nearly every day.
   True ☐ **False** ☐
4. She uses it a lot on weekends.
   True ☐ **False** ☐
5. Olivia has just bought a blender.
   True ☐ **False** ☐
6. She uses her blender to make soup.
   True ☐ **False** ☐
7. She can use her blender to peel vegetables.
   True ☐ **False** ☐
8. She uses her blender to make juice.
   True ☐ **False** ☐
9. She used her blender to make fresh orange juice.
   True ☐ **False** ☐

Aa 33.7 TACHA LAS PALABRAS INCORRECTAS DE CADA FRASE

No one is watching the TV now. Let's turn it ~~in~~ / ~~out~~ / off.

1. My phone battery is very low. Can I plug it on / in / up somewhere?
2. There's an important email for you. Shall I print it on / out / up?
3. The TV is too loud. Can you turn it in / up / down, please?
4. There's a good movie on TV now. Let's turn it in / on / down.
5. We can't hear the radio. I'm going to turn it up / down / off.
6. I've typed the report for you, but I won't print it out / in / up yet.
7. Let's watch TV. Where's the remote control? I'll turn it down / in / on.
8. I've finished working on my laptop. I'll turn it on / off / down now.

33.8 LEE EL ARTÍCULO Y RESPONDE A LAS PREGUNTAS

Where can you use the Rapid Cool High-performance Fan?
Vehicles ☐ **Buildings** ☑ **Outside** ☐

1. How big is the largest fan?
12 inches ☐ **24 inches** ☐ **18 inches** ☐

2. What can you use to operate the fan?
Plug and socket ☐ **Remote control** ☐ **Red button** ☐

3. Which button do you use to turn on the fan?
Red ☐ **Black** ☐ **Green** ☐

4. What is the fastest speed?
Cool ☐ **Super-cool** ☐ **Rapid-cool** ☐

5. What does the black button make the fan do?
Rotate ☐ **Go faster** ☐ **Go quiet** ☐

PRODUCT SPOTLIGHT

Fan Following

Introducing the latest Rapid Cool Fan

Your guide to the Rapid Cool High-performance Fan. This stylish fan is suitable for every space, from the office to the home. The fans come in three sizes, with the smallest at 12 inches diameter, then 14 inches, and the largest size at 18 inches. The most convenient way to operate the fan is by using the remote control. Use the red button to turn the fan on or off. Then use the green button to control the speed. There are three speeds: regular, cool, and super-cool. Use the black button to rotate the fan for extra effect. We think this fan is great value and will help you keep cool during those long, hot summers.

34 Vocabulario

Aa 34.1 **DEPORTES** ESCRIBE LAS PALABRAS DEL RECUADRO BAJO SU IMAGEN

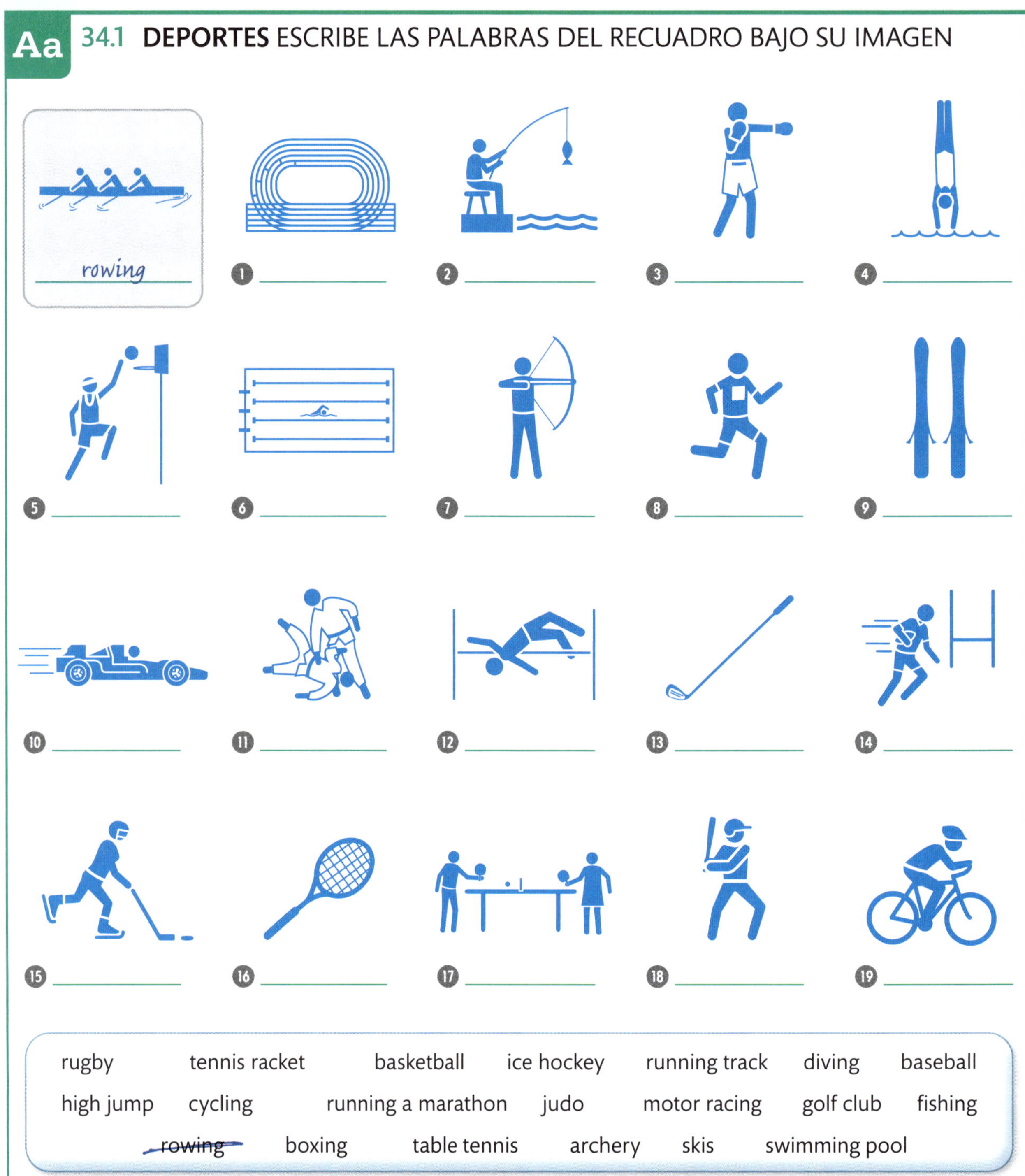

rugby | tennis racket | basketball | ice hockey | running track | diving | baseball
high jump | cycling | running a marathon | judo | motor racing | golf club | fishing
~~rowing~~ | boxing | table tennis | archery | skis | swimming pool

35 Opiniones y planes

Para opinar sobre, por ejemplo, deportes, a menudo utilizarás verbos con gerundios. Cuando quieras hablar de planes para hacer algo, utilizarás verbos con infinitivos.

Lenguaje Patrones de verbos simples
Aa Vocabulario Deportes y ocio
Habilidad Hablar sobre opiniones y planes

35.1 VUELVE A ESCRIBIR LAS FRASES CORRIGIENDO LOS ERRORES

She promised doing the laundry.
She promised to do the laundry.

1. She can't stand to play tennis.
2. Do you feel like to watch a movie?
3. We missed to see you at the party.
4. Andrew didn't agree working on Saturday.
5. Joe can't stand to study in the evening.
6. Nina enjoys to swim in the sea.
7. We hoped passing the exam easily.
8. They decided going out for dinner.
9. I don't enjoy to scuba dive.
10. Did she promise helping you later?
11. She doesn't feel like to go shopping.

35.2 TACHA LAS PALABRAS INCORRECTAS DE CADA FRASE

Matt really enjoys ~~to read~~ / reading comics.

1. She arranged to send / sending the parcel today.
2. I can't stand to listen / listening to jazz.
3. Todd promised to do / doing his homework.
4. We missed to see / seeing the grandchildren.
5. You don't like to ride / riding a bike.
6. Eva didn't expect to win / winning a prize.
7. I wanted to go / going to bed early.

35.3 COMPLETA LOS ESPACIOS CON GERUNDIOS O INFINITIVOS

He really likes *playing* (play) soccer with his friends.

1. She promised ______________ (teach) us to swim.
2. Edward can't stand ______________ (travel) by bus because it's boring.
3. Alice wanted ______________ (ski) all day with her friends.
4. Do you enjoy ______________ (work out) in the gym?
5. We don't like ______________ (watch) TV during the day.
6. I often feel like ______________ (meet) my friends after work.
7. Did you decide ______________ (go) shopping after work?
8. Duncan can't cope with ______________ (sit) at a desk all day.
9. She's waiting ______________ (run) in her first marathon.

35.4 UTILIZA EL DIAGRAMA PARA CREAR 10 FRASES CORRECTAS Y DILAS EN VOZ ALTA

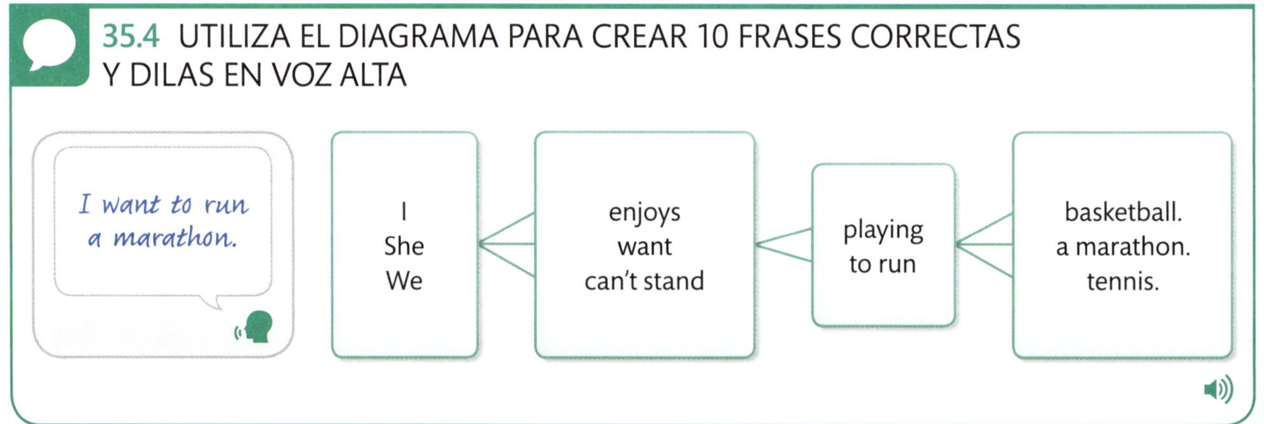

35.5 COMPLETA LOS ESPACIOS PONIENDO LOS VERBOS EN SU FORMA CORRECTA

She decided ___*to buy*___ **(buy)** tickets for the game on Saturday.

1. I didn't enjoy ______________ **(sit)** in the stadium for hours.
2. He agreed ______________ **(play)** on the team with his friends.
3. They don't mind ______________ **(train)** three times a week.
4. Will you promise ______________ **(go)** to the gym with me tomorrow?
5. You really love ______________ **(do)** gymnastics, don't you?
6. Their team really didn't expect ______________ **(win)** the game.
7. I miss ______________ **(run)** in the park every day now that we've moved.
8. Ian can't stand ______________ **(watch)** other people play sports.
9. We're waiting ______________ **(use)** the squash court, but my friend is late.

35.6 ESCUCHA EL AUDIO Y NUMERA LAS IMÁGENES EN EL ORDEN EN QUE LAS OIGAS

A ☐

B 1

C ☐

D ☐

E ☐

F ☐

36 Planes futuros

En inglés, el present continuous también sirve para hablar de planes futuros ya programados para un determinado momento.

Lenguaje Present continuous para planes
Aa Vocabulario Colocaciones con "take"
Habilidad Hablar de planes futuros

36.1 COMPLETA LOS ESPACIOS PONIENDO LOS VERBOS EN PRESENT CONTINUOUS

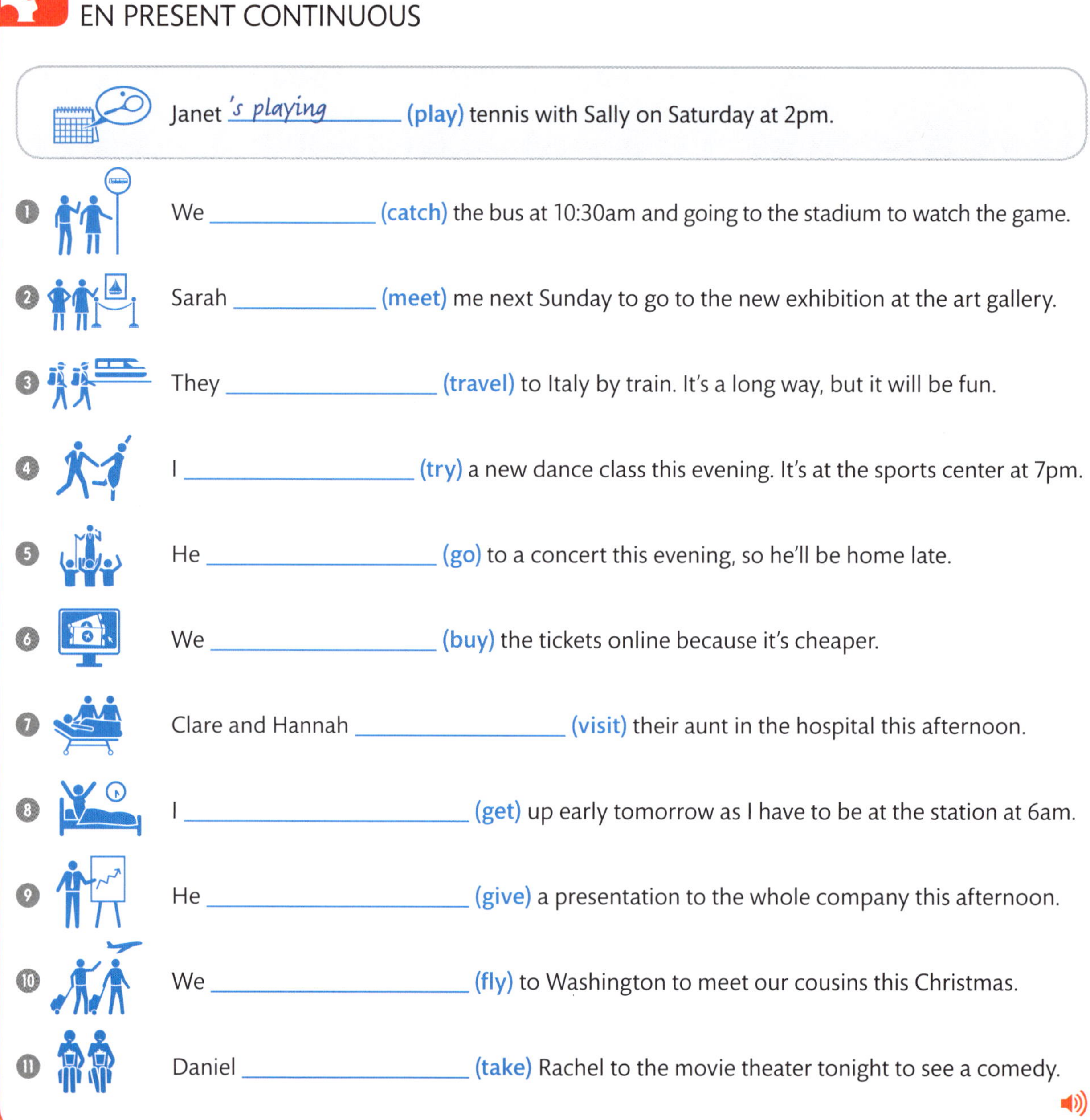

Janet *'s playing* (play) tennis with Sally on Saturday at 2pm.

1. We ________ (catch) the bus at 10:30am and going to the stadium to watch the game.
2. Sarah ________ (meet) me next Sunday to go to the new exhibition at the art gallery.
3. They ________ (travel) to Italy by train. It's a long way, but it will be fun.
4. I ________ (try) a new dance class this evening. It's at the sports center at 7pm.
5. He ________ (go) to a concert this evening, so he'll be home late.
6. We ________ (buy) the tickets online because it's cheaper.
7. Clare and Hannah ________ (visit) their aunt in the hospital this afternoon.
8. I ________ (get) up early tomorrow as I have to be at the station at 6am.
9. He ________ (give) a presentation to the whole company this afternoon.
10. We ________ (fly) to Washington to meet our cousins this Christmas.
11. Daniel ________ (take) Rachel to the movie theater tonight to see a comedy.

36.2 ESCUCHA EL AUDIO Y RESPONDE A LAS PREGUNTAS

Kai y Claire comentan sus planes para la semana y para el fin de semana.

What is Kai doing next Saturday?
Playing tennis ☐
Going to a concert ☑
Visiting his parents ☐

1. What is Claire doing next Saturday?
Going to her sister's party ☐
Visiting her sister ☐
Going to Ben's party ☐

2. What is Claire doing on Friday?
Visiting her parents ☐
Cooking dinner ☐
Meeting Kai ☐

3. What are Kai and Claire doing tomorrow?
Playing tennis ☐
Watching tennis ☐
Going to a restaurant ☐

36.3 VUELVE A ESCRIBIR LAS FRASES PONIENDO LAS PALABRAS EN SU ORDEN CORRECTO

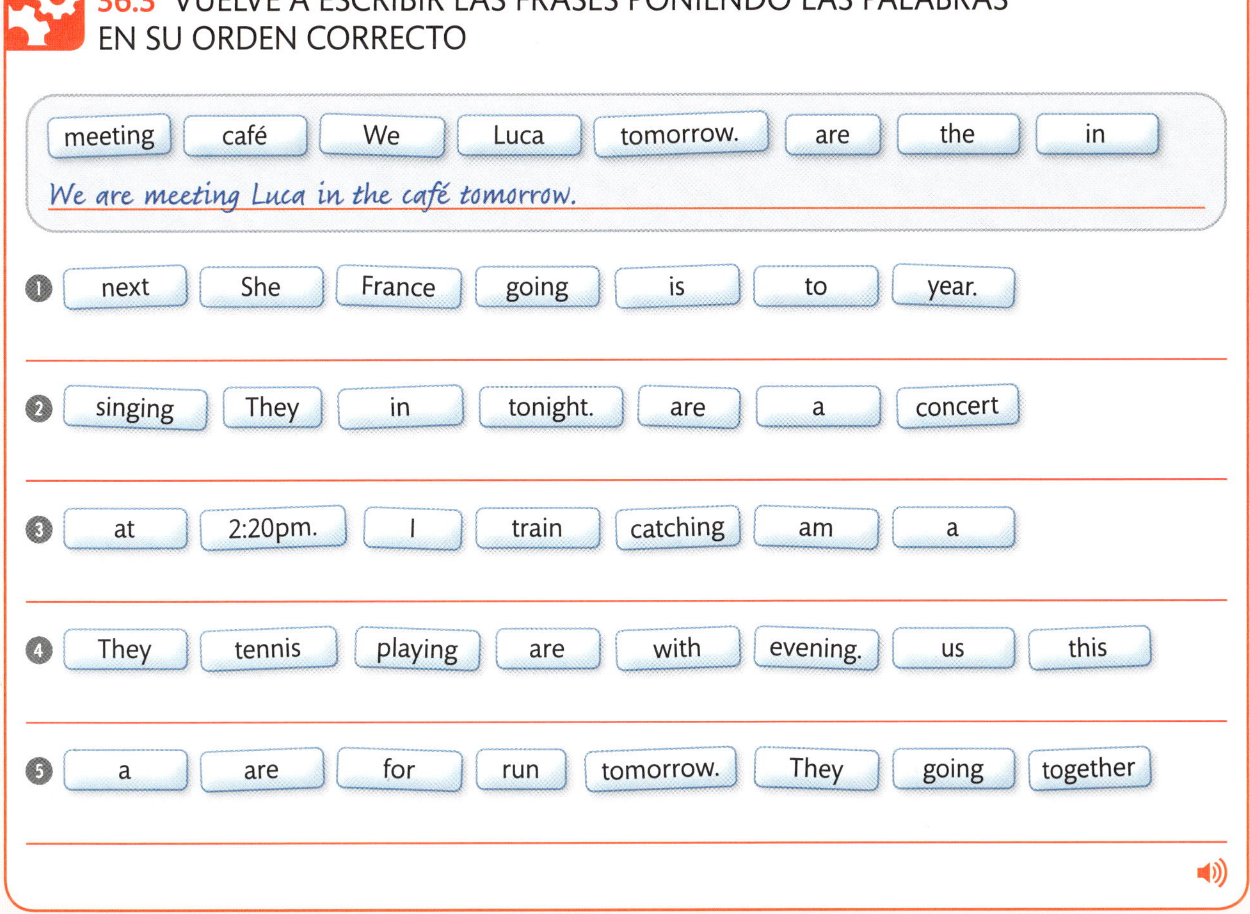

Aa 36.4 CONECTA EL INICIO Y EL FINAL DE CADA FRASE

They got on the train → and took their seats.

1. You should take time out for lunch
2. We're taking a trip
3. When you finish your performance,
4. If you have a pet, it's important
5. Should we go to the shopping center
6. We're taking some time off in May
7. Let's take a picture of

- to take good care of it.
- this beautiful view.
- to do some work on the house.
- and took their seats.
- to the mountains this weekend.
- or you'll get really stressed.
- and take a look at the new store?
- remember to take a bow.

Aa 36.5 TACHA LA PALABRA INCORRECTA DE CADA FRASE

I took a picture / ~~look~~ of the palace with my new camera.

1. She's taking a visit / trip to the country next month.
2. Everyone came into the meeting and took their seats / chairs.
3. My sister has a dog, and she really takes look / care of it.
4. I'm going to take some time off / on and go on a trip.
5. You should take a bend / bow when you finish singing.
6. Let's take a look / view at the photography exhibition.

Aa 36.6 OBSERVA LOS DIBUJOS Y COMPLETA LAS FRASES UTILIZANDO COLOCACIONES CON "TAKE"

She's *taking a trip* to the beach this morning.

1. Josh likes ______________________ of old buildings.
2. Jack and Daisy always ______________________ of their pet rabbit.
3. Lee finished his performance and ______________________ .
4. Matt and Ben are ______________________ at the paintings in the art gallery.
5. Please, ______________________ .
6. My dad is ______________________ work and having a vacation.

36.7 DI LAS FRASES EN VOZ ALTA, COMPLETANDO LOS ESPACIOS CON LAS EXPRESIONES DEL RECUADRO

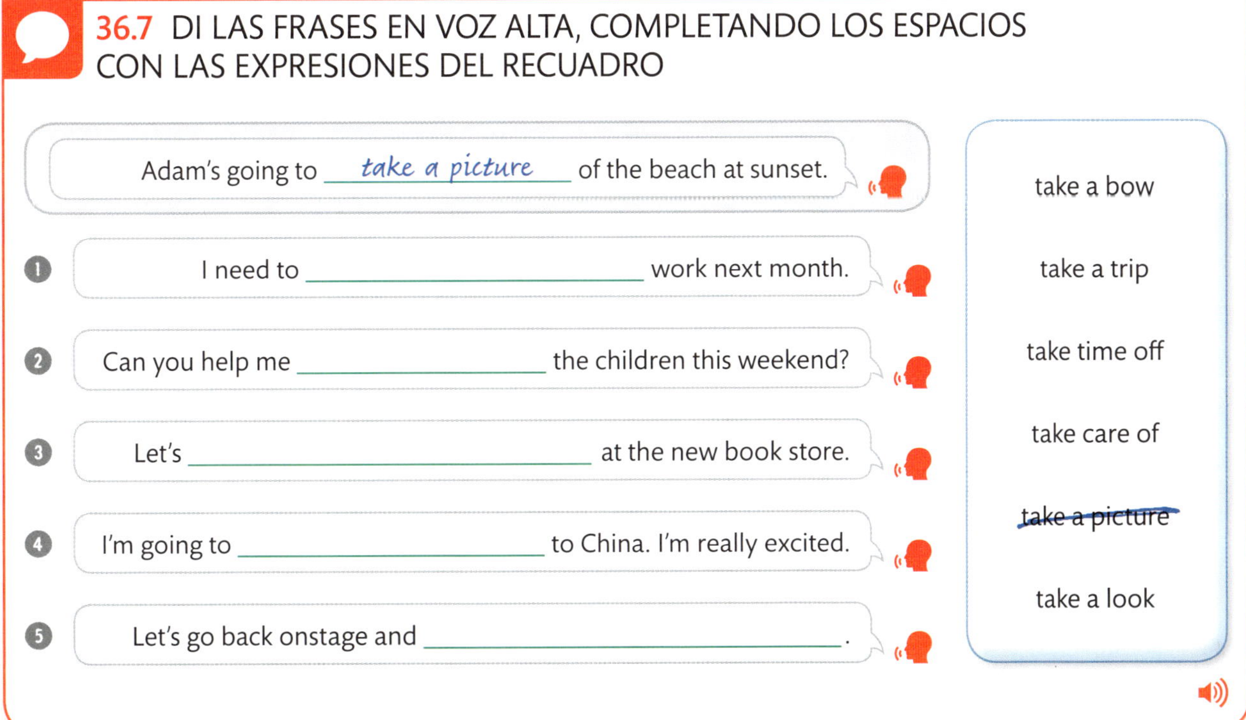

Adam's going to *take a picture* of the beach at sunset.

1. I need to ______________________ work next month.
2. Can you help me ______________________ the children this weekend?
3. Let's ______________________ at the new book store.
4. I'm going to ______________________ to China. I'm really excited.
5. Let's go back onstage and ______________________ .

take a bow
take a trip
take time off
take care of
~~take a picture~~
take a look

37 Planificar el futuro

Puedes utilizar "going to" para hablar de lo que has decidido ya que vas a hacer en el futuro, como hacer más ejercicio. Es muy útil para hablar de intenciones y predicciones.

Lenguaje "Going to"
Aa Vocabulario Vida sana
Habilidad Hablar de tus planes de estar en forma

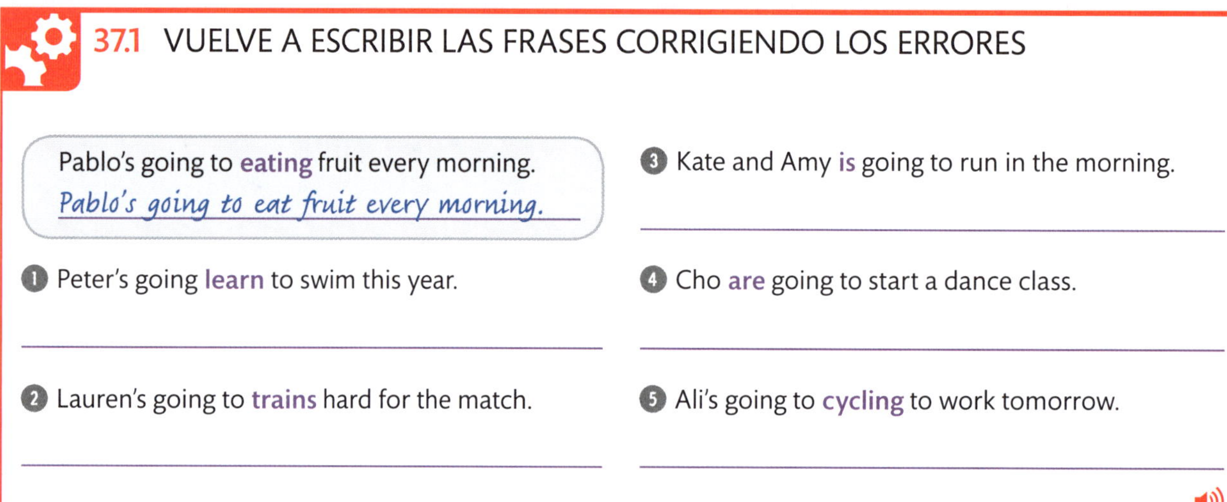

37.1 VUELVE A ESCRIBIR LAS FRASES CORRIGIENDO LOS ERRORES

Pablo's going to **eating** fruit every morning.
Pablo's going to eat fruit every morning.

1. Peter's going **learn** to swim this year.
______
2. Lauren's going to **trains** hard for the match.
______
3. Kate and Amy **is** going to run in the morning.
______
4. Cho **are** going to start a dance class.
______
5. Ali's going to **cycling** to work tomorrow.
______

37.2 COMPLETA LOS ESPACIOS PARA TERMINAR LAS FRASES SOBRE LOS PROPÓSITOS DE CADA PERSONA

Angie *is going to play tennis* every week.

1. Joe ______ his dog in the park every evening after work.
2. Matt ______ for half an hour a day.
3. Liz ______ four miles every day.
4. Millie and Josh ______ their bikes in the countryside more often.
5. Debbie and Shinko ______ yoga every week.

37.3 LEE LA NOTA Y RESPONDE A LAS PREGUNTAS

Susan wants to eat healthier foods.
True ☑ **False** ☐

1 Susan likes being unhealthy.
True ☐ **False** ☐

2 Susan doesn't like grains.
True ☐ **False** ☐

3 She's going to eat a lot of chocolate.
True ☐ **False** ☐

4 She wants to lose weight.
True ☐ **False** ☐

5 She doesn't like salad.
True ☐ **False** ☐

MY NEW YEAR'S RESOLUTIONS

I'm going to get fit and eat healthier foods this year. I don't like being unhealthy. First, I'm going to think about my diet. I'm going to eat food from all the food groups, even grains! I don't really like them. At the moment I eat a lot of chocolate, which isn't very nutritious, so I must cut down on that.

I want to lose a bit of weight, so I'm going to eat low carbohydrate foods, like chicken and fish. I love salad, too, so I'm going to eat more of that, and fewer high-calorie meals. No more fries or burgers!

37.4 CONECTA EL INICIO Y EL FINAL DE CADA FRASE

I'm very out of shape, → so I'm going to do exercise every day.

1 I'm going to have a better diet

2 Matt is going to jog to work

3 Annie is going to start yoga

4 Lily is going to swim every day,

5 Si and Tom are going to join a gym

6 I'm going to make a salad for lunch

7 Shahid is going to stop eating burgers

8 I'm going to join a pilates class

- because they need to lose weight.
- because she wants to be more relaxed.
- because I want to learn something new.
- so I'm going to do exercise every day.
- because they aren't healthy.
- because I want to be healthier.
- as she wants to get really fit.
- because it's good exercise, and it's free.
- because it's low in fat and nutritious.

37.5 COMPLETA LOS ESPACIOS PONIENDO LOS VERBOS EN FUTURO CON "GOING TO"

Look at that black cloud. It *is going to rain* (rain) very soon.

1. We __________________ (go) to the theater. I've already bought the tickets.
2. I __________________ (join) a local basketball team.
3. Dan __________________ (train) very hard because he has a tennis competition next week.
4. Helen __________________ (be) in great shape because she cycles to work every day.
5. We __________________ (leave) at 11:30pm to catch the train.
6. Tomorrow evening, they __________________ (train) for the game.
7. It's very hot, so it __________________ (be) difficult to run today.
8. You __________________ (feel) a lot healthier because you're eating better food.
9. I __________________ (go) for a long run with Charlotte in the morning.
10. The other team looks very fit. It __________________ (be) a difficult match.
11. Wear a coat. It __________________ (snow) this afternoon.
12. Sam __________________ (lose) weight because he's stopped eating burgers.
13. Jake __________________ (get) fitter because he's exercising every day.

37.6 MARCA LAS FRASES CORRECTAS

James thinks he is going to get fit this year. ☑
James probably he's going to get fit this year. ☐

1. I'm definitely going to start tennis lessons. ☐
   I'm going definitely to start tennis lessons. ☐

2. Sally hopes she's going lose weight. ☐
   Sally hopes she's going to lose weight. ☐

3. Ali's certainly going to do more exercise. ☐
   Certainly Ali going to do more exercise. ☐

4. Beth probably going to start training for the marathon. ☐
   Beth's probably going to start training for the marathon. ☐

5. My sister thinks she's going to start dance lessons. ☐
   My sister thinks she going to start dance lessons. ☐

6. Jack doubts he's going to join a gym. ☐
   Jack's doubts he going to join a gym. ☐

7. I'm definitely going to eat healthier foods. ☐
   I'm going definitely to eat healthier foods. ☐

8. Probably we're going to cycle to work every day. ☐
   We're probably going to cycle to work every day. ☐

37.7 UTILIZA EL DIAGRAMA PARA CREAR 16 FRASES CORRECTAS Y DILAS EN VOZ ALTA

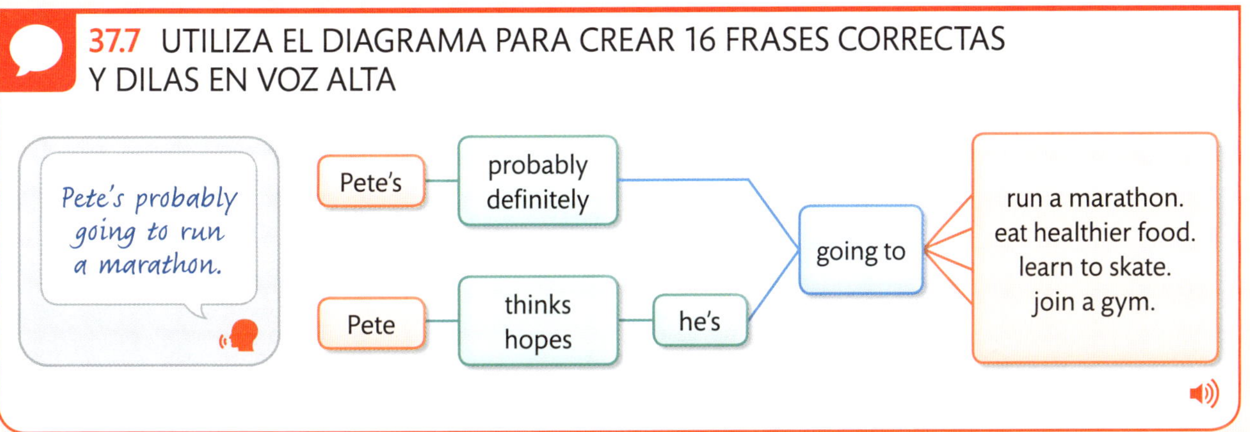

38 Vocabulario

Aa 38.1 TIEMPO Y CLIMA ESCRIBE LAS PALABRAS DEL RECUADRO BAJO SU IMAGEN

heatwave

1 ______

2 ______

3 ______

4 ______

5 ______

6 ______

7 ______

8 ______

9 ______

10 ______

11 ______

12 ______

13 ______

14 ______

15 ______

16 ______

17 ______

18 ______

19 ______

boiling · blue sky · chilly · blustery · mild · smog · snowflake
raindrop · temperature · drought · puddle · freezing · tornado · hot
hailstone · flood · lightning · ~~heatwave~~ · clear sky · rainbow

39 Predicciones y promesas

Puedes utilizar el verbo "will" para hablar de hechos futuros en inglés. Esta construcción tiene varios significados, que son diferentes del futuro con la forma "going to".

Lenguaje Futuro con "will"
Aa Vocabulario El tiempo
Habilidad Hacer predicciones y promesas

39.1 COMPLETA LOS ESPACIOS UTILIZANDO "WILL" O "GOING TO"

Tess is *going to* play tennis with Cathy after lunch.

1. Eric and John are ______ go to the movies on Saturday.
2. I ______ help you do the dishes, Dad. Go and sit down.
3. We are ______ go skiing for our next winter vacation.
4. He thinks it ______ rain all day today and tomorrow.
5. I am ______ go swimming with two friends this afternoon.
6. Jack is ______ take the dog for a long walk after dinner.
7. You look hungry. I ______ make you a chicken sandwich.
8. Jenny is ______ study music in college when she leaves school.
9. I think Argentina ______ win the next World Cup.
10. Maxine is ______ have her first baby at the end of August.
11. Tomorrow there ______ be heavy rain and risk of flooding.
12. In the year 2020, people ______ be healthier than they are now.
13. She is ______ stay with her cousins in Florida next week.
14. Don't worry. We ______ get there in plenty of time.
15. They are ______ get married on a Caribbean island in October.
16. Don't forget to put on some sun cream or you ______ get sunburned.
17. I promise we ______ be outside the theater before 8:30pm.

39.2 LEE EL CORREO Y MARCA SI CADA SENTENCIA ES UNA PREDICCIÓN, UNA OFERTA, UNA PROMESA O UNA DECISIÓN

I'll pick up your coat for you today.
Predicción ☐ **Oferta** ☑ **Promesa** ☐ **Decisión** ☐

1. I'm going to go to the supermarket, too.
Predicción ☐ **Oferta** ☐ **Promesa** ☐ **Decisión** ☐

2. I'll cook tonight.
Predicción ☐ **Oferta** ☐ **Promesa** ☐ **Decisión** ☐

3. I think I'll leave the office 15 minutes early.
Predicción ☐ **Oferta** ☐ **Promesa** ☐ **Decisión** ☐

4. The traffic will be terrible.
Predicción ☐ **Oferta** ☐ **Promesa** ☐ **Decisión** ☐

5. I'll be home by six o'clock.
Predicción ☐ **Oferta** ☐ **Promesa** ☐ **Decisión** ☐

6. You'll get caught in the traffic.
Predicción ☐ **Oferta** ☐ **Promesa** ☐ **Decisión** ☐

To: Jeff

Subject: Plan for the day

Hi Jeff,

I just wanted you to know that I'll pick up your coat for you from the dry cleaner today. I'm going to go to the supermarket, too. I'll cook tonight. I think I'll make Moroccan lamb for dinner. Would you like that?

I think I'll leave the office 15 minutes early because there's road construction in town, so the traffic will be terrible. I'll be home by 6pm. I promise! Don't leave work late or you'll get caught in the traffic. See you later.

Emma

39.3 UTILIZA LAS PALABRAS DEL RECUADRO PARA HACER PREDICCIONES SOBRE EL TIEMPO, EN VOZ ALTA

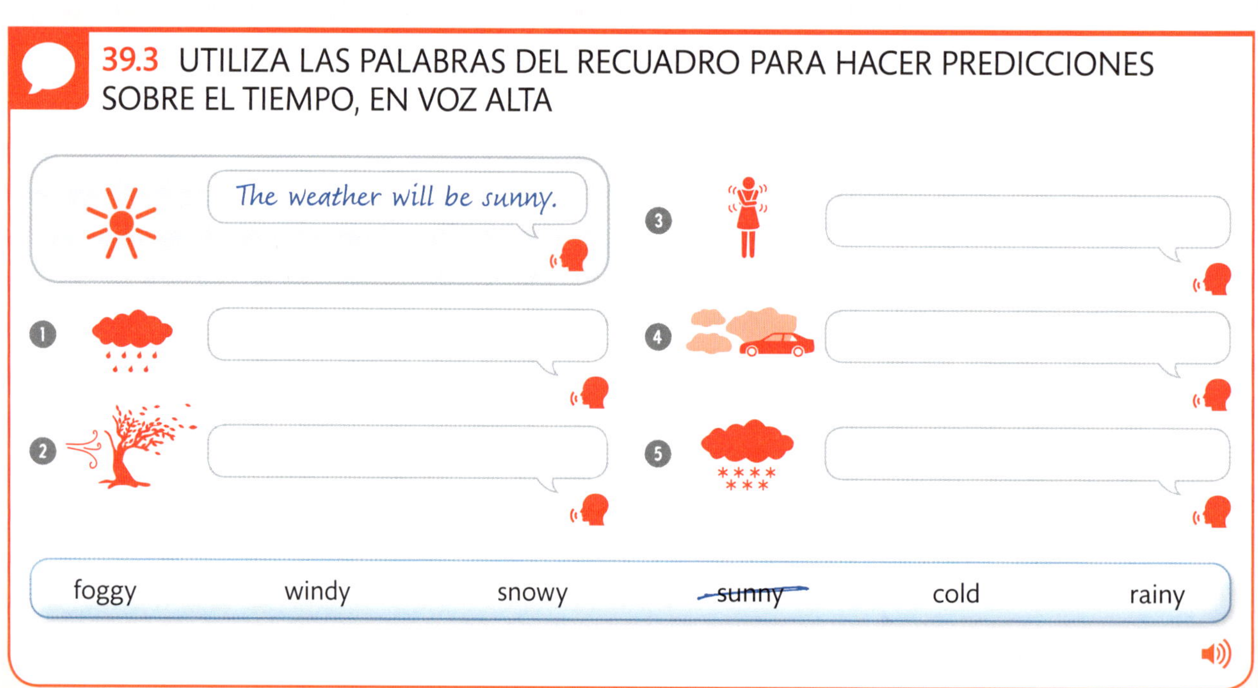

39.4 ESCUCHA EL AUDIO Y RESPONDE A LAS PREGUNTAS CON FRASES COMPLETAS

Elena hace algunas predicciones.

What does Elena think the weather will be like tomorrow?

Elena thinks the weather will probably be cold and windy tomorrow.

1. What does Elena think will happen this weekend?

2. What is Elena going to do on vacation this year?

3. What does Elena think she'll do tonight?

39.5 VUELVE A ESCRIBIR LAS FRASES PONIENDO LAS PALABRAS EN SU ORDEN CORRECTO

it's | to | go | will | sunny. | They | probably | beach | if | the

They will probably go to the beach if it's sunny.

1. will | the | competition. | know | win | he | I

2. coat | I | definitely | warm | wear | it's | cold. | if | a | will

3. will | an | new | certainly | The | improvement. | be | office

4. doubt | lose | match. | she | I | tennis | will | the

40 Posibilidad

El verbo modal "might" se utiliza para hablar de cosas que son posibles pero no demasiado probables. Suele usarse para hablar del tiempo.

Lenguaje "Might" para indicar una posibilidad
Vocabulario El tiempo y el paisaje
Habilidad Hablar de posibilidades

40.1 MARCA LAS FRASES CORRECTAS

I don't recognize this place. We might be lost. ☑
I don't recognize this place. We might have been lost. ☐

1. I might take some photos later this afternoon. ☐
   I might have taken some photos later this afternoon. ☐
2. She might not go out. She isn't in her room. ☐
   She might have gone out. She isn't in her room. ☐
3. I think it might rain soon. Look at those black clouds. ☐
   I think it might have rained soon. Look at those black clouds. ☐
4. If the traffic doesn't clear soon, we might be late. ☐
   If the traffic doesn't clear soon, we might have been late. ☐

40.2 RELACIONA LOS PARES DE FRASES CORRESPONDIENTES

There's snow on the mountains. → We might go skiing this weekend.

1. I can't find my house keys.
2. Samantha has a sore throat.
3. Look at the sky! It's black.
4. Where's Dan? He isn't at his desk.
5. These aren't my glasses.

She might have caught a cold.
There might be a storm soon.
I might have left them at work.
We might go skiing this weekend.
I think they might be yours.
He might not have come to work today.

40.3 TACHA LAS PALABRAS INCORRECTAS DE CADA FRASE

I don't feel like going out. I ~~might be~~ / ~~might have stayed~~ / might stay at home.

1. The clouds are clearing. It might not / might be / might not have snow after all.
2. There was a robbery last night. Someone might see / might be / might have seen something.
3. I don't want to cook tonight. I might be / might have got / might get a takeout.
4. Who is in that limousine? It might be / might have been / might someone famous.
5. Did you hear that? I think I might / might have dropped / might drop some money.

40.4 LEE EL CORREO Y RESPONDE A LAS PREGUNTAS

Laura sent her mom a necklace for her birthday.
True ☐ False ☐ Not given ☑

1. Her mom's present might not have arrived.
   True ☐ False ☐ Not given ☐
2. Laura has sent John a present.
   True ☐ False ☐ Not given ☐
3. John has visited Laura in the mountains.
   True ☐ False ☐ Not given ☐
4. Laura thinks it might snow later.
   True ☐ False ☐ Not given ☐
5. Laura's mom might have read her blog.
   True ☐ False ☐ Not given ☐

To: Cindy Smith

Subject: Belated Happy Birthday!

HI Mom,

How was your birthday? Did you get your present? It might not have arrived yet because I sent it late. Sorry! I sent a postcard to John, but I might have written the wrong address. I couldn't remember his zip code. Well, it's beautiful here in the mountains. You'd love it. The sky changes all the time and I think it might snow later. I've taken loads of photos. I might upload them onto my blog. Have you read my blog yet? John says you've read it, but you haven't said anything to me. Let me know what you think.

Lots of love,

Laura

40.5 DI LAS FRASES EN VOZ ALTA, CONTRAYENDO "HAVE"

They might not have known each other.

They might not've known each other.

1 Ben might have booked a table for us.

2 I might not have loaded the dishwasher.

3 They might have already seen that movie.

4 She might not have been here before.

5 He might have caught a cold.

6 I might not have locked the door.

7 She might have left the theater.

40.6 ESCUCHA EL AUDIO Y NUMERA LAS FRASES EN EL ORDEN EN QUE LAS ESCUCHES

Doug y Alan se han perdido en la montaña.

A They might be in big trouble. ☐

B Doug might be able to use the GPS on his phone. ☐

C Doug and Alan might be lost because they don't recognize the path. 1

D They might find a different way down the mountain. ☐

E They might have taken the wrong turn. ☐

F It might snow soon. ☐

G Alan might have dropped his compass. ☐

41 Vocabulario

Aa 41.1 **SALUD Y ENFERMEDAD** ESCRIBE LAS PALABRAS DEL RECUADRO BAJO SU IMAGEN

sore throat

1 ______

2 ______

3 ______

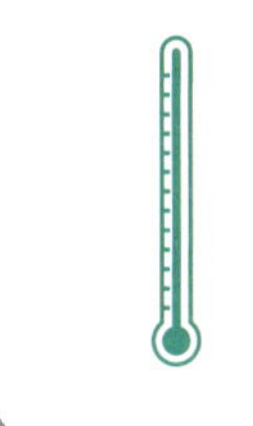

4 ______

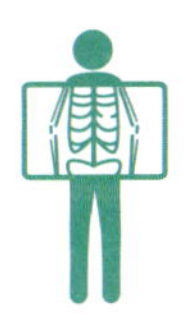

5 ______

6 ______

7 ______

8 ______

9 ______

10 ______

11 ______

12 ______

13 ______

14 ______

15 ______

16 ______

17 ______

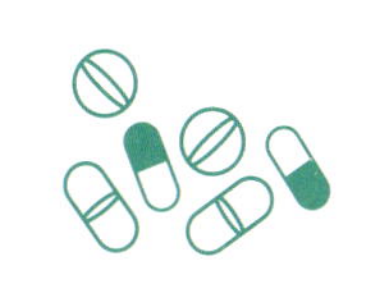

18 ______

19 ______

stomach ache · thermometer · tonsillitis · food poisioning · medicine / medication · x-ray · exercise · pills / tablets · rest · to vomit · runny nose · backache · broken bone · ~~sore throat~~ · drink water · headache · recovery · stitches · cough · test results

42 Obligaciones

En inglés, puedes utilizar "have to" y "must" cuando hablas de obligaciones o cosas necesarias. Se usa en instrucciones o indicaciones importantes, como en el ámbito médico.

Lenguaje "Must" y "have to"
Aa Vocabulario Salud y enfermedad
Habilidad Expresar una obligación

Aa 42.1 RELACIONA LAS FRASES QUE SIGNIFICAN LO MISMO

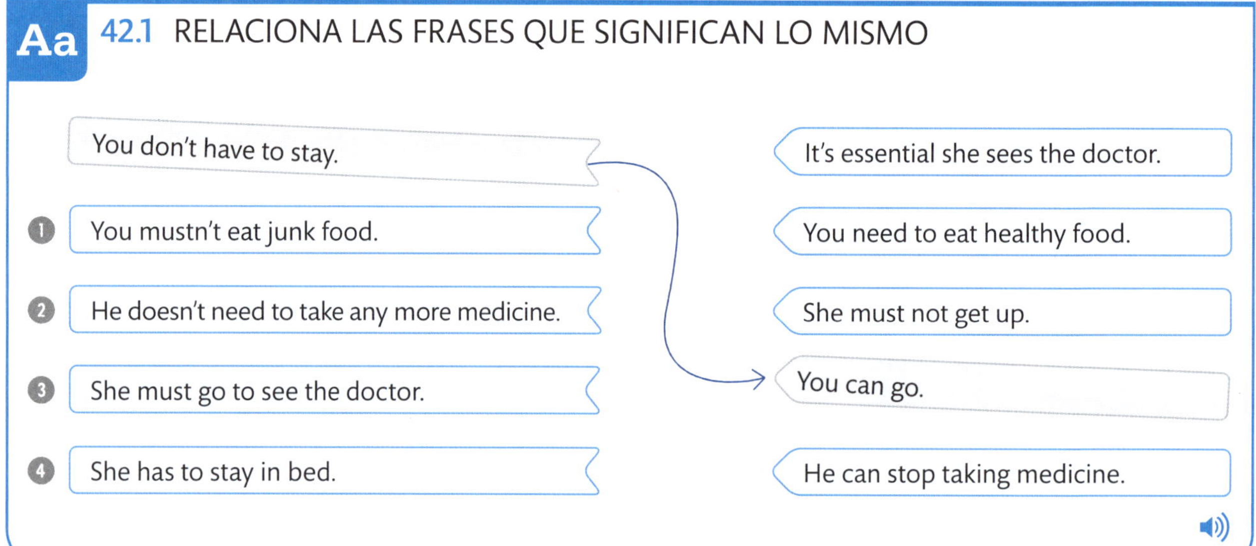

42.2 TACHA LAS PALABRAS INCORRECTAS DE CADA FRASE

You ~~must~~ / ~~haven't to~~ / **must not** go to work. You're ill and you need to stay at home.

1 You **must not** / **don't have to** / **must** make an appointment at the clinic. I'll do it for you.

2 She **must** / **doesn't have to** / **must not** drink a lot of water. It will help her sore throat.

3 I **must** / **don't have to** / **have to** take any painkillers. I don't need them because I feel better.

4 We all **must not** / **don't have to** / **must** look after ourselves and take care of our health.

5 You **have to** / **don't have to** / **must not** walk on your broken ankle. It needs time to heal.

6 It's the first day of Tanya's vacation today. She **has to** / **doesn't have to** / **must not** go to work.

7 Jill **doesn't have to** / **must not** / **has to** go to hospital for an operation, but it isn't serious.

8 I really **must** / **must not** / **don't have to** diet and do more exercise. I want to lose weight.

42.3 ESCUCHA EL AUDIO Y RESPONDE A LAS PREGUNTAS

Mr. Carlton consulta a su doctor.

Mr. Carlton has a fever and he is feeling tired. **True** ☑ **False** ☐

1. The doctor says he should rest and must not go to work. **True** ☐ **False** ☐
2. Mr. Carlton planned to go to London on business tomorrow. **True** ☐ **False** ☐
3. Mr. Carlton must not stay at home or sleep too much. **True** ☐ **False** ☐
4. He doesn't have to stay in bed, but could lie down on a sofa. **True** ☐ **False** ☐
5. He has to drink a lot of water and eat healthy food. **True** ☐ **False** ☐
6. He has to take some medicine to get rid of the illness. **True** ☐ **False** ☐

42.4 LEE LAS NOTAS DEL DOCTOR Y RESPONDE A LAS PREGUNTAS

Can Mrs. Jones go back to work after the operation?
No, she must not go to work for six weeks.

1. Does she have to stay in bed?
____
2. Can she drive after the operation?
____
3. What does she have to take for two weeks?
____
4. How much water must she drink a day?
____
5. What must she do if she feels unwell?
____

MRS. JONES'S
POST-OPERATION NOTES:

- She must not go to work for six weeks after her operation.
- She doesn't have to stay in bed, but she must rest.
- She must not drive for four weeks.
- She has to take painkillers for two weeks.
- She must drink at least 1.5 liters of water a day.
- She must call the hospital immediately if she feels unwell.

43 Hacer deducciones

Podemos añadir un verbo modal para indicar que una frase es probable o improbable. Puedes oír verbos modales, por ejemplo, cuando se habla de enfermedades.

Lenguaje "Might" y "could"
Aa Vocabulario Salud y enfermedad
Habilidad Hablar de una posibilidad

43.1 VUELVE A ESCRIBIR LAS FRASES CORRIGIENDO LOS ERRORES

I might change not tomorrow's appointment with the doctor.
I might not change tomorrow's appointment with the doctor.

1. Sam mights go to the movie theater with Jim after work this evening.

2. Tina has red spots all over her body. She coulds have chicken pox.

3. Frank hasn't replied to my email yet. He might bes not at work yet.

4. Harriet had a sore throat and a fever yesterday. She mights be off sick today.

5. Dawn could being at the dentist's. She said she had a toothache.

6. Tom should see someone about the pain in his stomach. It might being appendicitis.

7. The doctor doesn't think you have broken your arm, but it could to be a sprain.

8. That rash might not been serious, but you should get it checked out.

9. I don't feel very well. I've got a headache and a temperature. I could to have the flu.

10. John isn't at work yet, which is unusual. He might been stuck in traffic.

43.2 ESCUCHA EL AUDIO Y NUMERA LAS IMÁGENES EN EL ORDEN EN QUE APARECEN

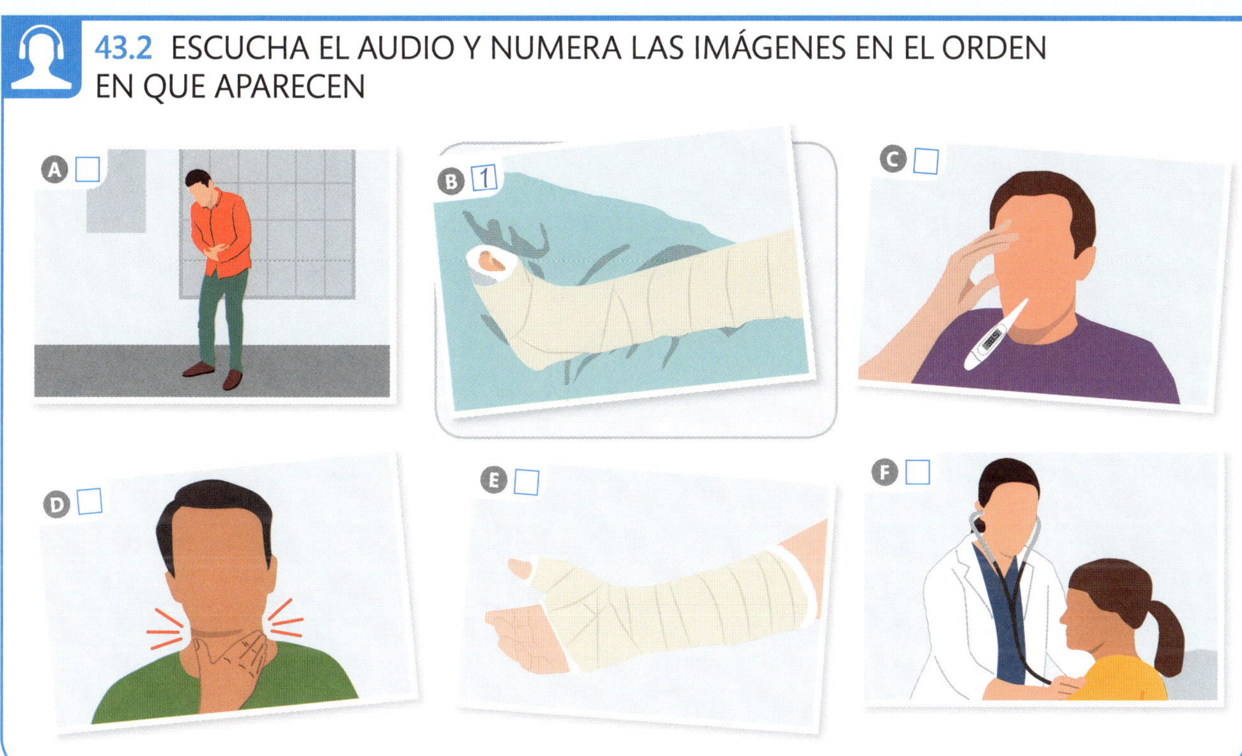

43.3 RELACIONA LOS SÍNTOMAS CON SUS CAUSAS PROBABLES

John has a sore ankle.	It might be sprained.
1 Paula has a high temperature.	He could have bronchitis.
2 Ryu has a stomach ache.	He thinks it could be hay fever.
3 Jo has a sore throat, but she can swallow.	It might be broken.
4 John can't stop coughing.	It might not be tonsillitis.
5 Belinda can't lose weight.	It could be appendicitis.
6 Sam is covered in red, itchy spots.	She might be eating the wrong sort of food.
7 Tina has a sore wrist.	She could have an infection.
8 Alan can't stop sneezing.	He could have chicken pox.

43.4 VUELVE A ESCRIBIR LAS FRASES PONIENDO LAS PALABRAS EN SU ORDEN CORRECTO

need | to | today. | doctor | to | John | go | the | might

John might need to go to the doctor today.

1. pain | arm | The | in | could | an | be | infection. | by | your | caused

2. to | sister | today. | go | My | enough | might | to | be | well | not | work

3. so | could | ill. | bed | Karim | not | was | get | he | of | because | out

4. because | fever. | You | flu | can't | a | have | don't | you | have

5. allergic. | It | be | hay | cannot | fever | I'm | because | not

43.5 TACHA LAS PALABRAS INCORRECTAS DE CADA FRASE

She had a terrible headache yesterday, so she ~~could~~ / **couldn't** go to work.

1. Don't worry, you **might** / **could** not be allergic to cats. It could be something else.
2. I'm afraid Jonathan's ankle is very swollen. It **could** / **couldn't** be broken.
3. Priyanka **might** / **can't** have the flu. I saw her last night and she was fine.
4. I'm feeling a bit better today, so the doctor **might not** / **might** say I can go home tomorrow.
5. My leg is so much better now that I **might** / **can** walk about on my own.
6. If someone cancels an appointment, the doctor **can** / **might** have time to see you.

43.6 UTILIZA EL DIAGRAMA PARA CREAR 15 FRASES CORRECTAS Y DILAS EN VOZ ALTA

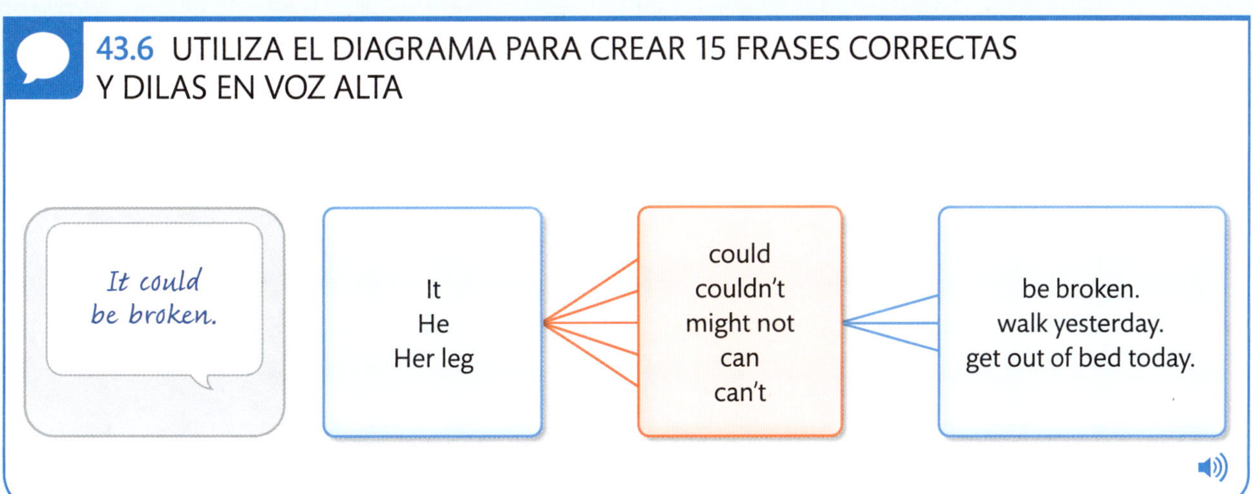

43.7 LEE EL CORREO Y RESPONDE A LAS PREGUNTAS

To: Vicky

Subject: Injured arm

Hi Vicky,

I hope you are well. I am writing this email with my left hand because my right arm hurts. I went to the doctor this morning and he thinks my right wrist might be broken. I fell on my arm when I was playing tennis yesterday and could have broken it then.

I have to go to the hospital this afternoon for an x-ray. I might have to wait because it is a big hospital. My friend had to wait two hours last year when he broke his arm. My sister is going to give me a ride to the hospital.

I would write more, but it is really slow using only one hand.

John

The doctor thinks John's wrist could be broken. **True** ☑ **False** ☐ **Not given** ☐

1. John thinks it might have happened when he was playing tennis. **True** ☐ **False** ☐ **Not given** ☐
2. John won't have to wait long for an X-ray at the hospital. **True** ☐ **False** ☐ **Not given** ☐
3. John's sister has done first-aid training. **True** ☐ **False** ☐ **Not given** ☐
4. John wants to write more, but he can't. **True** ☐ **False** ☐ **Not given** ☐

44 Peticiones educadas

Utiliza "can", "could" y "may" para pedir permiso para hacer algo, o para pedirle a alguien que haga algo por ti. Algunas construcciones son más formales que otras.

Lenguaje "Can", "could" y "may"
Aa Vocabulario Buenos modales
Habilidad Pedir permiso

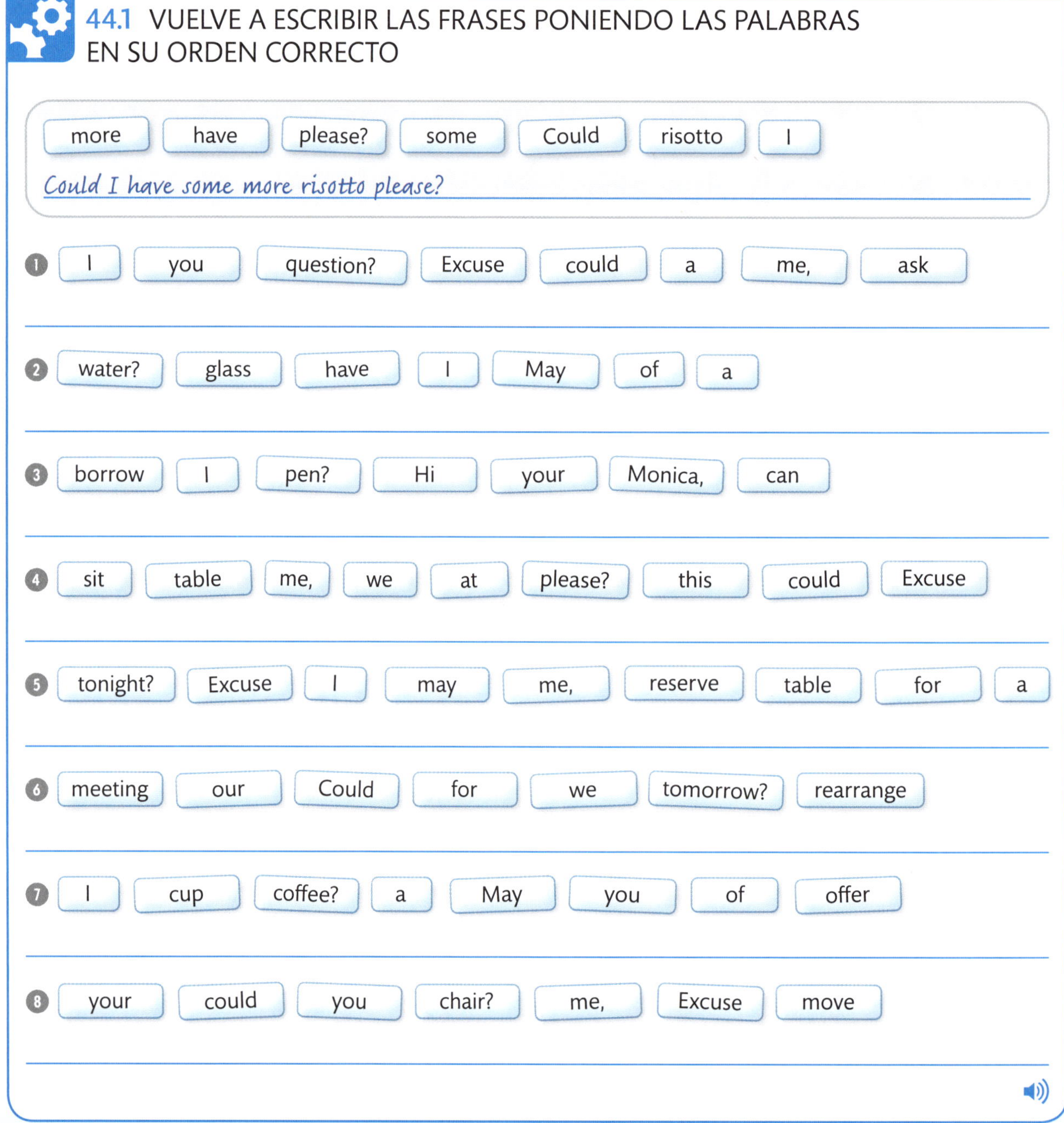

44.2 MARCA LA MEJOR RESPUESTA PARA CADA PETICIÓN

Excuse me, could you help me please? 
- Yes, of course. ☑
- No, I can't. ☐

1 Shirley, can I have another piece of cake? 
- I'm afraid you may not. ☐
- No, you can't. That piece is for Avi. ☐

2 Excuse me, may I sit here? 
- Yes, thank you. ☐
- Yes, of course. ☐

3 Could we meet on Tuesday? 
- I'm afraid I'm busy on Tuesday. ☐
- No, we can't. ☐

4 Can you drive me to work tomorrow? 
- I'm sorry, but that won't be possible. ☐
- Yes, sure! ☐

5 May I buy two tickets for tonight's show? 
- I'm afraid all the tickets have been sold. ☐
- Sorry, you can't! ☐

44.3 RESPONDE AL AUDIO EN VOZ ALTA UTILIZANDO LAS PALABRAS DEL RECUADRO

Excuse me, could I have a glass of water?
Yes, *of course*.

1 Can I have another cookie?
__________ . Here you go.

2 May I offer you a cup of tea?
No, __________ .

3 Can I watch the sports channel?
No, __________ .

4 Good morning. May I check into the hotel?
__________ we're fully booked.

5 Good evening. May I take you to your table?
Yes, __________ . Thank you.

you can't	Sure	please	thank you	~~of course~~	I'm afraid

45 Más phrasal verbs

Algunos phrasal verbs están formados por tres palabras en lugar de dos. Igual que con los phrasal verbs de dos palabras, suelen usarse en inglés hablado informal.

Lenguaje Phrasal verbs de tres palabras
Aa Vocabulario Relaciones personales
Habilidad Entender el inglés informal

45.1 VUELVE A ESCRIBIR LAS FRASES CORRIGIENDO LOS ERRORES

We've run in of coffee.
We've run out of coffee.

1. Elaine gets along by her dad.

2. We're look forward to seeing the movie.

3. I came down with a solution to the problem.

4. The players look up at their coach.

5. Kathy puts up for her husband's cooking.

6. Ollie look down on most people.

7. I've run out on time. I'm going to be late.

45.2 ESCUCHA EL AUDIO Y NUMERA LAS IMÁGENES EN EL ORDEN EN QUE APARECEN

45.3 LEE EL CORREO Y RESPONDE A LAS PREGUNTAS

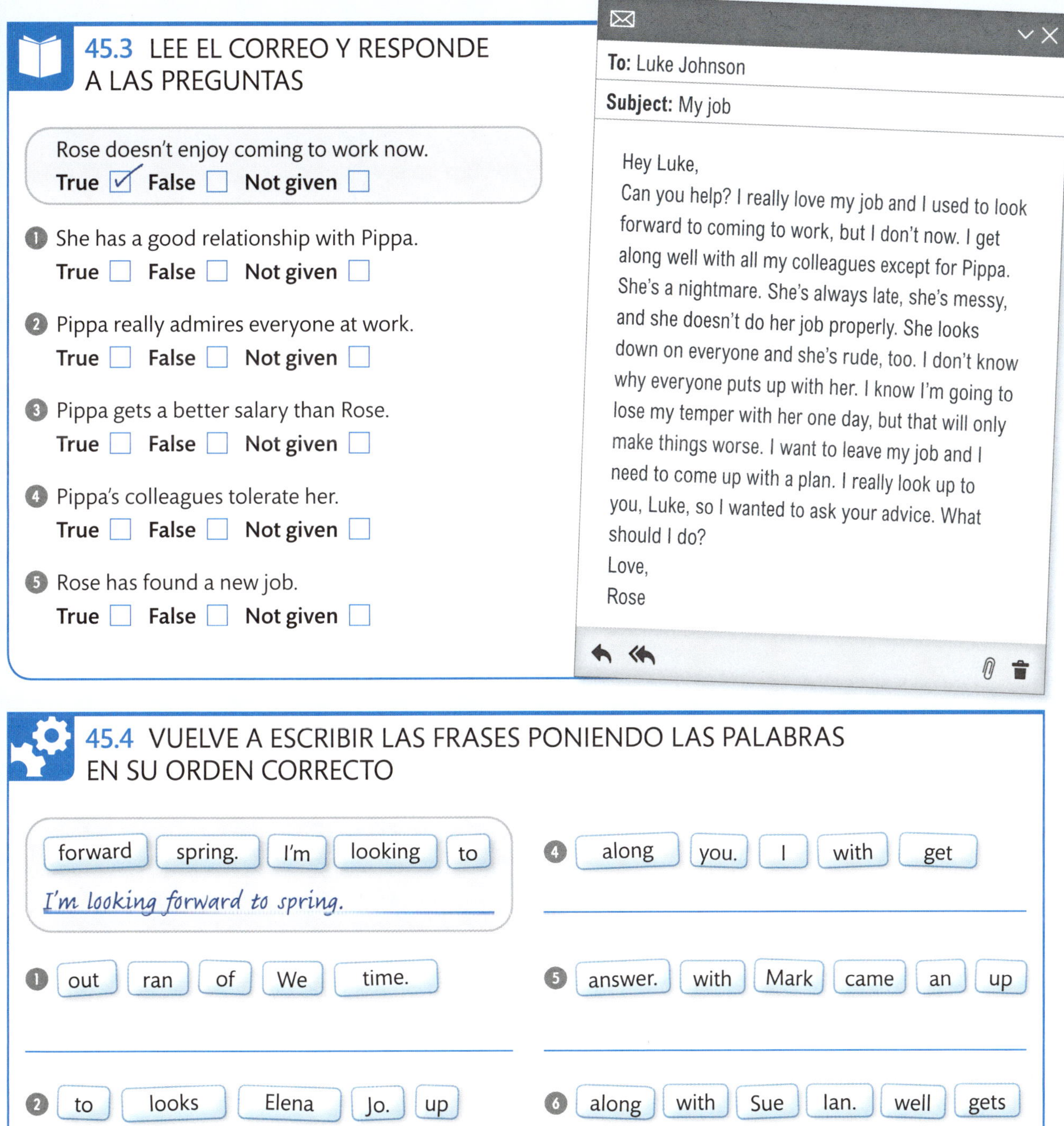

Rose doesn't enjoy coming to work now.
True ☑ **False** ☐ **Not given** ☐

1. She has a good relationship with Pippa.
   True ☐ **False** ☐ **Not given** ☐
2. Pippa really admires everyone at work.
   True ☐ **False** ☐ **Not given** ☐
3. Pippa gets a better salary than Rose.
   True ☐ **False** ☐ **Not given** ☐
4. Pippa's colleagues tolerate her.
   True ☐ **False** ☐ **Not given** ☐
5. Rose has found a new job.
   True ☐ **False** ☐ **Not given** ☐

To: Luke Johnson

Subject: My job

Hey Luke,

Can you help? I really love my job and I used to look forward to coming to work, but I don't now. I get along well with all my colleagues except for Pippa. She's a nightmare. She's always late, she's messy, and she doesn't do her job properly. She looks down on everyone and she's rude, too. I don't know why everyone puts up with her. I know I'm going to lose my temper with her one day, but that will only make things worse. I want to leave my job and I need to come up with a plan. I really look up to you, Luke, so I wanted to ask your advice. What should I do?

Love,

Rose

45.4 VUELVE A ESCRIBIR LAS FRASES PONIENDO LAS PALABRAS EN SU ORDEN CORRECTO

forward | spring. | I'm | looking | to

I'm looking forward to spring.

1. out | ran | of | We | time.
2. to | looks | Elena | Jo. | up
3. puts | his | job. | up | with | Tom
4. along | you. | I | with | get
5. answer. | with | Mark | came | an | up
6. along | with | Sue | Ian. | well | gets
7. down | looks | people. | He | on

46 Buscar el acuerdo

Utiliza question tags (marcadores interrogativos) en inglés hablado para hacer que la otra persona esté de acuerdo contigo, o para asegurarte de que la información es correcta.

Lenguaje Question tags
Aa Vocabulario Viajes y planes de ocio
Habilidad Comprobar información

46.1 MARCA LAS FRASES CORRECTAS

Ellie lives near the coast, isn't it? ☐
Ellie lives near the coast, doesn't she? ☑

1. You haven't made any coffee, have you? ☐
   You haven't made coffee, haven't you? ☐
2. Peter visited his parents, isn't he? ☐
   Peter visited his parents, didn't he? ☐
3. Jane won't wait for us, will she? ☐
   Jane won't wait for us, wait she? ☐
4. They've moved to Boston, didn't they? ☐
   They've moved to Boston, haven't they? ☐
5. He's really handsome, he is? ☐
   He's really handsome, isn't he? ☐
6. He hasn't met your sister, has he? ☐
   He hasn't met your sister, had he? ☐
7. That wasn't your dog, was it? ☐
   That wasn't your dog, isn't it? ☐
8. Oh, no. We're late again, not we? ☐
   Oh, no. We're late again, aren't we? ☐
9. Max lived in New York, didn't he? ☐
   Max lived in New York, lived he? ☐
10. It's beautiful here, doesn't it? ☐
    It's beautiful here, isn't it? ☐

46.2 REESCRIBE LAS FRASES CORRIGIENDO LOS ERRORES

Jack has two older brothers, don't he?
Jack has two older brothers, doesn't he?

1. They didn't buy anything, buy they?
   ______
2. You've seen this film, have you?
   ______
3. We very happy about this, aren't we?
   ______
4. Trish hasn't been here long, be she?
   ______
5. Your friends know Mary, aren't they?
   ______
6. They'll buy something, don't they?
   ______
7. This is a busy street, it is?
   ______
8. You haven't find my purse, have you?
   ______
9. They didn't look happy, look they?
   ______

46.3 AÑADE QUESTION TAGS A LAS FRASES

Tess is learning Spanish, *isn't she* ?

1. They left an hour ago, ______ ?
2. Keith hasn't arrived yet, ______ ?
3. Sally will do the shopping, ______ ?
4. Mark doesn't like cooking, ______ ?
5. It isn't raining today, ______ ?
6. Fred has finished painting, ______ ?
7. Rebecca is in London, ______ ?
8. You weren't listening, ______ ?
9. We didn't see him, ______ ?

46.4 LEE EL CORREO Y RESPONDE A LAS PREGUNTAS

Tom thinks the meeting was difficult.
True ☑ False ☐ Not given ☐

1. Tom didn't like Leo's presentation.
True ☐ False ☐ Not given ☐
2. Geoff agreed to their suggestions.
True ☐ False ☐ Not given ☐
3. Geoff is a quiet man.
True ☐ False ☐ Not given ☐
4. Jean wants to sell products in the US.
True ☐ False ☐ Not given ☐
5. Tom thinks Leo has met Jean before.
True ☐ False ☐ Not given ☐
6. Tom wants to meet up with Leo.
True ☐ False ☐ Not given ☐

To: Leo Johnson

Subject: The sales figures presentation

Hi Leo,

Thanks for coming to the meeting last night. It was difficult, wasn't it? But I thought you made a great presentation of the sales figures. Geoff wasn't going to agree to anything, was he? That's OK. He hasn't been boss for long so he's probably being careful. Jean had some great ideas for selling our products in the United States, didn't she? You haven't met her before, have you? She used to work in production, but now she's in sales. It would be good to meet up after work one day, wouldn't it? Let me know your plans for next week and then maybe we can arrange a day to get together.

See you soon,

Tom

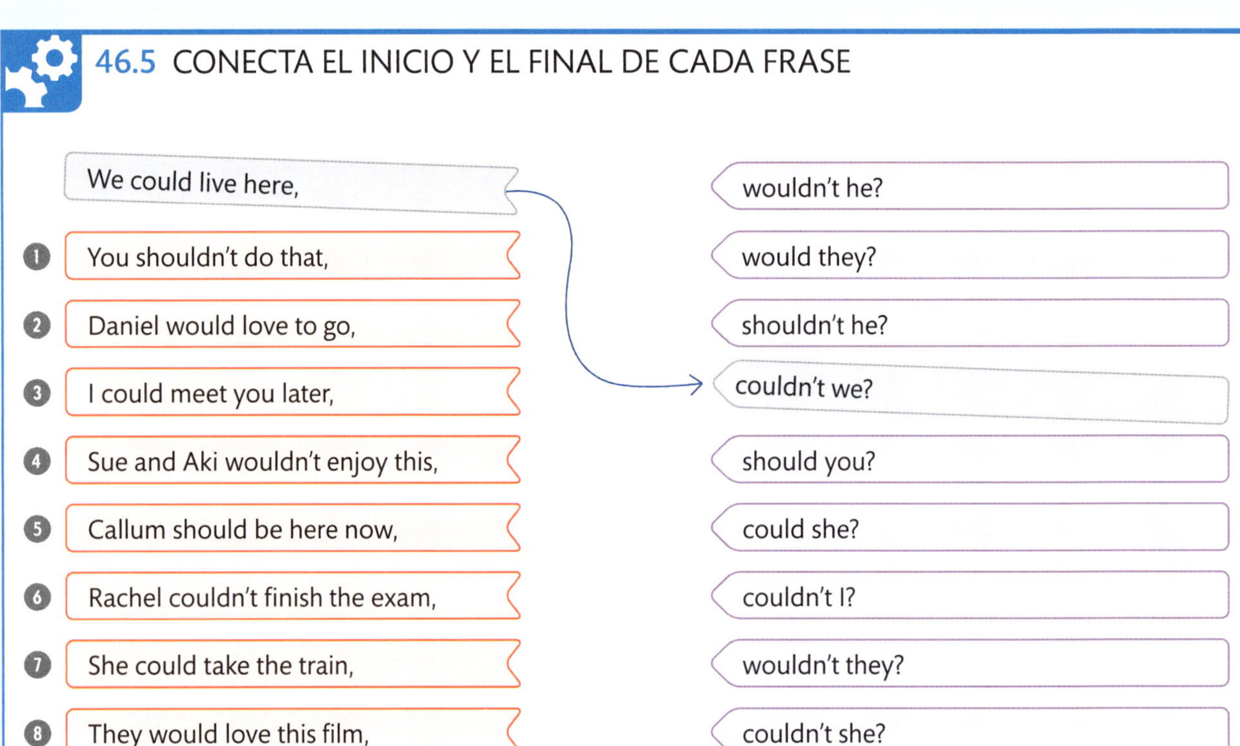

46.6 AÑADE QUESTION TAGS CON VERBOS MODALES A ESTAS FRASES

I should get a new car, *shouldn't I* ?

1. We couldn't go to the party, ________?
2. Ivan would love to meet you, ________?
3. She wouldn't say anything, ________?
4. I could get a taxi, ________?
5. He shouldn't be angry, ________?
6. You wouldn't do that, ________?
7. Katy couldn't make a cake, ________?
8. You should be happy, ________?
9. We could shop there, ________?
10. Rita shouldn't worry, ________?
11. We would help, ________?

46.7 ESCUCHA EL AUDIO Y RESPONDE A LAS PREGUNTAS

Noah, Thomas y Rosie comentan los planes de Thomas para esta noche.

Thomas is going out tonight.
True ☑ **False** ☐ **Not given** ☐

1. Thomas is going to a concert with Elsa.
True ☐ **False** ☐ **Not given** ☐

2. Noah hasn't seen the show.
True ☐ **False** ☐ **Not given** ☐

3. Rosie saw the show with her friends.
True ☐ **False** ☐ **Not given** ☐

4. Thomas hasn't booked tickets.
True ☐ **False** ☐ **Not given** ☐

5. Thomas thinks the tickets are expensive.
True ☐ **False** ☐ **Not given** ☐

6. Thomas won't be able to get tickets now.
True ☐ **False** ☐ **Not given** ☐

7. Elsa will think this is really funny.
True ☐ **False** ☐ **Not given** ☐

8. Rosie thinks Thomas should apologize to Elsa.
True ☐ **False** ☐ **Not given** ☐

9. Thomas will take Elsa to a restaurant instead.
True ☐ **False** ☐ **Not given** ☐

46.8 DI LAS FRASES EN VOZ ALTA, COMPLETANDO LOS ESPACIOS

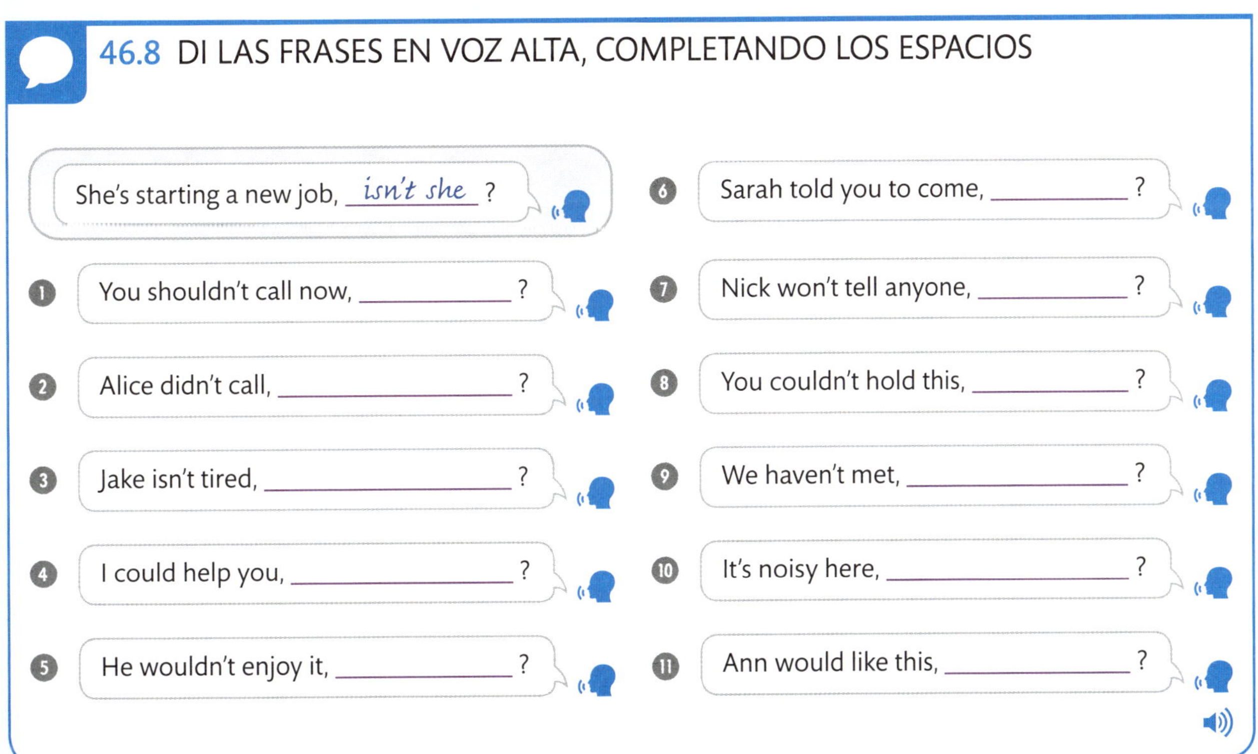

47 Vocabulario

Aa **47.1 CIENCIA** ESCRIBE LAS PALABRAS DEL RECUADRO BAJO SU IMAGEN

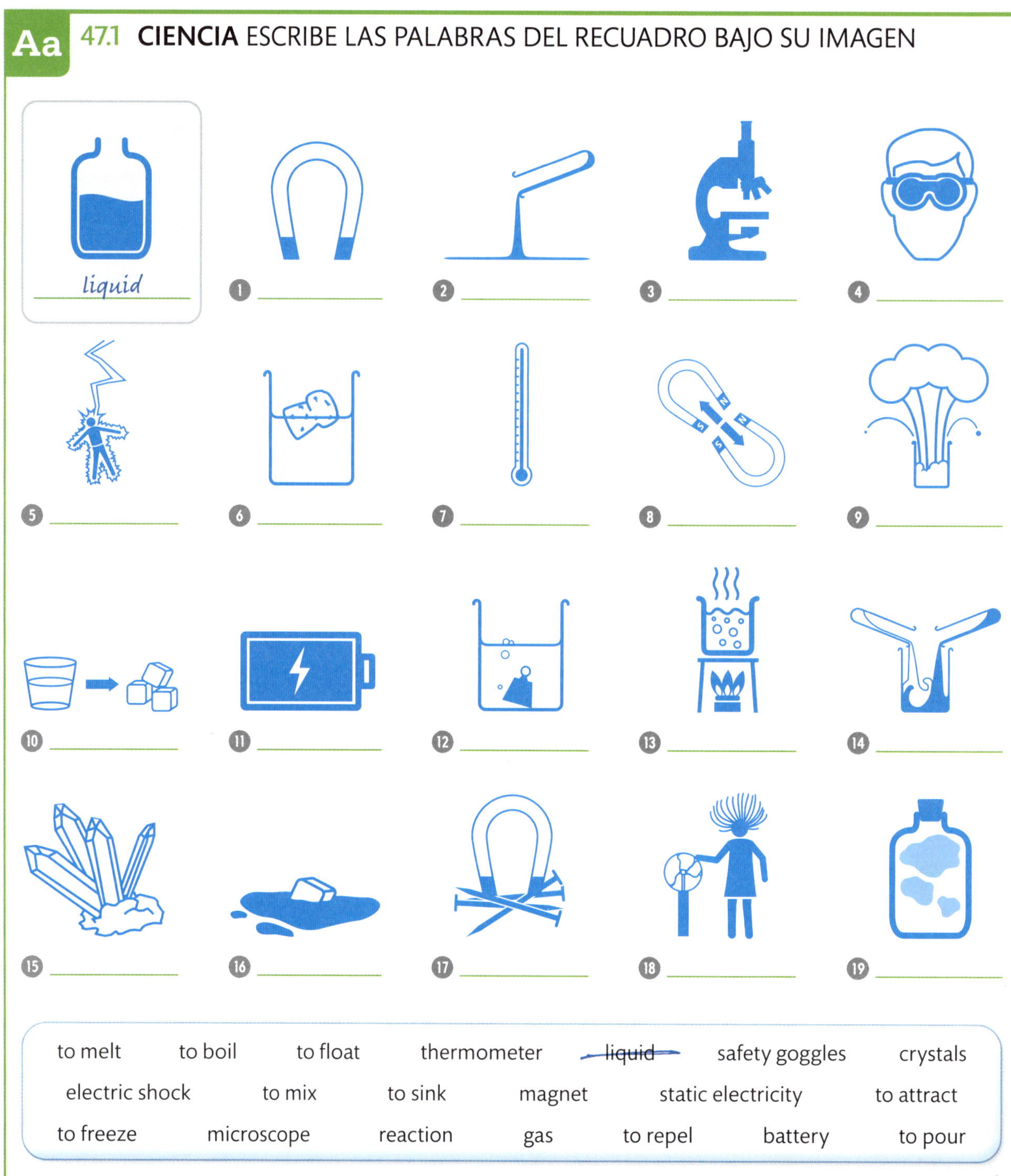

to melt, to boil, to float, thermometer, ~~liquid~~, safety goggles, crystals, electric shock, to mix, to sink, magnet, static electricity, to attract, to freeze, microscope, reaction, gas, to repel, battery, to pour

48 Cosas que son siempre ciertas

En inglés, utilizamos el zero conditional para hablar de acciones que siempre tienen el mismo resultado. Es de gran utilidad para hablar de hechos científicos.

Lenguaje Zero conditional
Vocabulario Hechos científicos
Habilidad Hablar de verdades generales

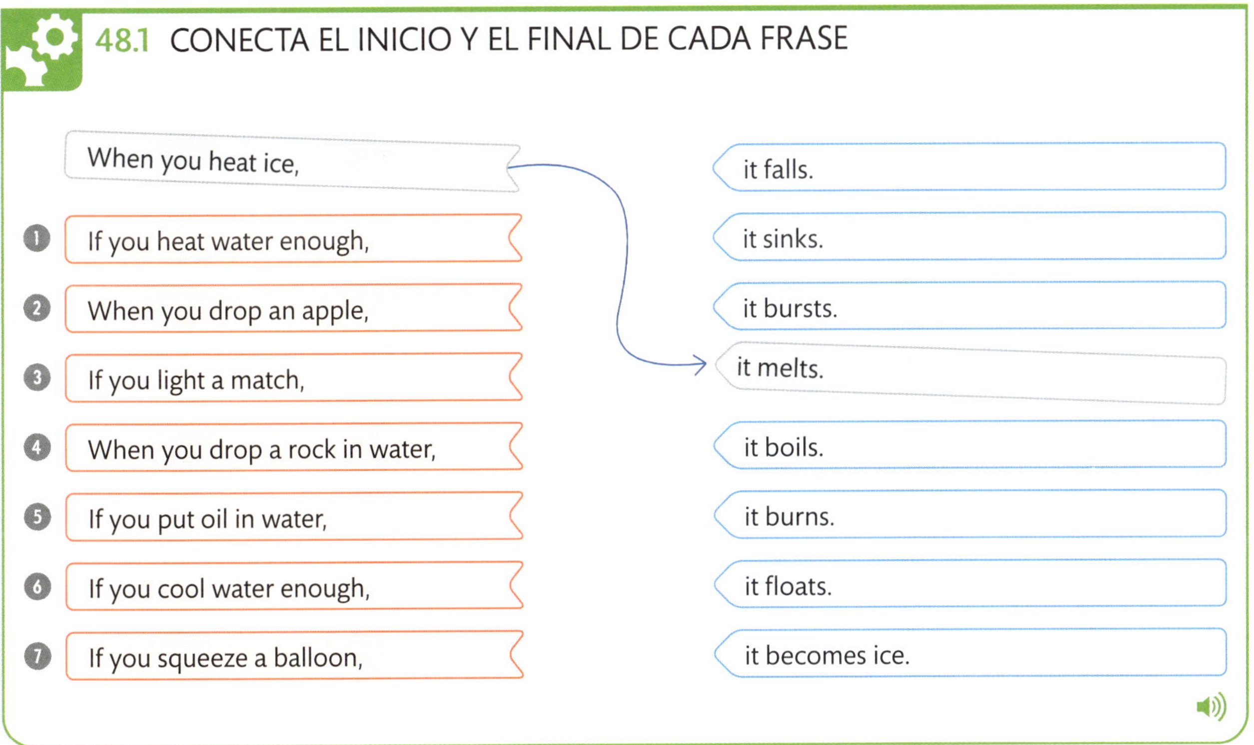

48.1 CONECTA EL INICIO Y EL FINAL DE CADA FRASE

When you heat ice, → it melts.

1. If you heat water enough,
2. When you drop an apple,
3. If you light a match,
4. When you drop a rock in water,
5. If you put oil in water,
6. If you cool water enough,
7. If you squeeze a balloon,

- it falls.
- it sinks.
- it bursts.
- it melts.
- it boils.
- it burns.
- it floats.
- it becomes ice.

48.2 COMPLETA LOS ESPACIOS CON LAS PALABRAS DEL RECUADRO

If you put a coin in water, it *sinks*.

1. When you ______ chocolate, it melts.
2. When you ______ water, it becomes ice.
3. When you add salt to water, it ______ .
4. If you ______ an orange, it falls.
5. When you drop a glass, it ______ .

heat
dissolves
freeze
drop
breaks
~~sinks~~

48.3 DI LAS FRASES EN VOZ ALTA, PONIENDO LOS VERBOS EN SU FORMA CORRECTA

When you *freeze* (freeze) water, it *turns* (turn) to ice.

1. If you ______ (put) a cork in water, it ______ (float).

2. When you ______ (heat) metal, it ______ (expand).

3. When you ______ (drop) a rock, it ______ (fall).

4. When you ______ (light) paper, it ______ (burn).

48.4 REESCRIBE LAS FRASES PARA QUE COMIENCEN CON EL RESULTADO

When you cool steam, you get water.
You get water when you cool steam.

1. If you freeze water, you make ice.
______

2. If there is no sunlight, plants don't grow.
______

3. If you mix yellow and blue paint, you get green.
______

4. When it rains, the grass gets wet.
______

5. When you burn wood, you get smoke.
______

48.5 VUELVE A ESCRIBIR LAS FRASES CORRIGIENDO LOS ERRORES

If you heated milk, it boils.
If you heat milk, it boils.

1. If you lit wood, it burns.

2. When you don't water plants, they are dying.

3. If you boil water, it is making steam.

4. If you rubbed a balloon, it makes static electricity.

5. When you heat ice cream, it melted.

6. If you cooled metal, it contracts.

7. If you drop a basketball, it is falling.

48.6 LEE LA NOTA Y RESPONDE A LAS PREGUNTAS

When you put an apple in water, it floats.
True ☑ **False** ☐ **Not given** ☐

1. If you put an orange in water, it sinks.
True ☐ **False** ☐ **Not given** ☐

2. An orange without peel sinks in water.
True ☐ **False** ☐ **Not given** ☐

3. If you put half an orange without peel in water, it floats.
True ☐ **False** ☐ **Not given** ☐

4. If you put an apple without peel in water, it sinks.
True ☐ **False** ☐ **Not given** ☐

5. An orange is heavier than an apple.
True ☐ **False** ☐ **Not given** ☐

6. Orange peel contains air.
True ☐ **False** ☐ **Not given** ☐

LECTURE NOTES

- If you put an apple in water, it floats.
- When you put an orange in the water, it floats.
- Now, remove the orange peel and see what happens.
- If you put the orange in the water now, it sinks.
- Now try the same with the apple.
- If you put the apple in the water without its peel, it still floats.
- Why does the orange without peel sink? It sinks because the peel is full of tiny air bubbles, which help the orange to float.

49 Describir un proceso

Cuando la cosa que recibe la acción es más importante que la persona o la cosa que la hace, puedes enfatizarlo usando la forma pasiva del presente.

Lenguaje Presente de la voz pasiva
Aa Vocabulario Experimentos científicos
Habilidad Describir un proceso

49.1 MARCA LAS FRASES QUE ESTÁN EN VOZ PASIVA

He pours the water into the tube. ☐
The water is poured into the tube. ☑

1. They heat the water until it boils. ☐
   The water is heated until it boils. ☐
2. The thermometer is hung above the water. ☐
   I hang the thermometer above the water. ☐
3. I record the results on the chart. ☐
   The results are recorded on the chart. ☐
4. After two minutes, the temperature is taken. ☐
   After two minutes, I take the temperature. ☐
5. She freezes water to make ice. ☐
   The water is frozen to make ice. ☐
6. The mixture is allowed to cool. ☐
   He allows the mixture to cool. ☐
7. The reaction releases gases. ☐
   Gases are released by the reaction. ☐

49.2 REESCRIBE LAS FRASES UTILIZANDO EL PRESENTE DE LA VOZ PASIVA

We freeze the water for 30 minutes.
The water is frozen for 30 minutes.

1. They take the temperature after 10 minutes.
   ______
2. He heats the oil until it boils.
   ______
3. They record the results on the chart.
   ______
4. We boil the liquid for 20 seconds.
   ______
5. We compress the solids.
   ______
6. They hang a thermometer above the liquid.
   ______
7. He pours the chemicals into a measuring cup.
   ______
8. We measure the gas three times.
   ______
9. They put a thermometer into the jar.
   ______

49.3 COMPLETA LOS ESPACIOS PONIENDO LOS VERBOS EN EL PRESENTE DE LA VOZ PASIVA

In the experiment, the liquid *is stirred* (stir) for 15 minutes.

1 The results ______________________ **(record)** on the chart.

2 The water ______________________ **(pour)** into the tube.

3 The gas ______________________ **(collect)** in a flask.

4 The temperature ______________________ **(take)** after 30 minutes.

5 The water ______________________ **(heat)** for 10 minutes until it boils.

6 The jars ______________________ **(wash)** in the laboratory.

7 The liquid ______________________ **(boil)** in a flask for 20 minutes.

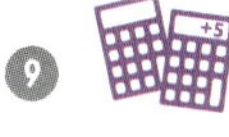

8 Electricity ______________________ **(produce)** during the experiment.

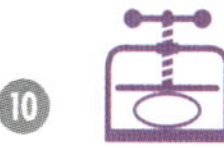

9 Many different calculations ______________________ **(make)** each day.

10 The solids ______________________ **(compress)** for 10 minutes.

11 After the experiment, the data ______________________ **(examine)** carefully.

12 The thermometer ______________________ **(hang)** above the jar for 15 minutes.

13 The cells ______________________ **(observe)** using the latest microscope.

Aa 49.4 RELACIONA LAS IMÁGENES CON LAS FRASES CORRECTAS

The temperature is taken with a thermometer.

The water is poured into the tube.

The results are recorded every 10 minutes.

The water is heated until it boils.

The gas is collected in a gas flask.

The jars are washed and dried.

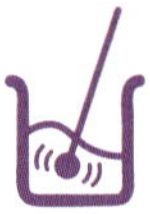

The solids are melted in a jar.

The data is examined on the computer.

The chemicals are poured into a measuring cup.

The liquid is stirred until the salt dissolves.

1

2

3

4

5

6

7

8

9

49.5 ESCUCHA EL AUDIO Y NUMERA LAS FRASES EN EL ORDEN EN QUE LAS OIGAS

Un profesor da las instrucciones de un experimento científico sencillo.

A The temperature at which the acid starts to solidify is recorded. ☐

B The temperature at which the acid melts is recorded. ☐

C Some stearic acid is put into a test tube. 1

D Next, the test tube is put into a beaker of water. ☐

E The results are recorded on a graph. ☐

F A thermometer is put into the test tube. ☐

G The water is heated until it boils. ☐

H Then the mixture is allowed to cool. ☐

49.6 LEE EL ARTÍCULO Y RESPONDE A LAS PREGUNTAS

The experiment uses clear vinegar.
True ☑ False ☐ Not given ☐

1. The experiment uses a teaspoon of baking soda.
True ☐ False ☐ Not given ☐

2. Baking soda is put into the balloon.
True ☐ False ☐ Not given ☐

3. The balloon is not attached to the bottle.
True ☐ False ☐ Not given ☐

4. The baking soda is poured into the vinegar.
True ☐ False ☐ Not given ☐

5. A chemical reaction causes the balloon to inflate.
True ☐ False ☐ Not given ☐

CHEMISTRY TODAY

Fun with chemicals

Inflate a balloon without blowing into it

Put 300ml of clear vinegar into a plastic bottle. Put two tablespoons of baking soda into a small balloon, using a funnel or a teaspoon. Attach the balloon to the top of the bottle. Pour the baking soda from the balloon into the vinegar. A chemical reaction releases gas into the bottle. Watch as the rising gas inflates the balloon!

49.7 DI LAS FRASES EN VOZ ALTA, CORRIGIENDO LOS ERRORES

The liquid is pour into the tube.
The liquid is poured into the tube.

1. The results recorded on the chart.

2. The chemicals are pour into a measuring cup.

3. The water is heat until it boils.

4. The gases released.

5. The liquid is collects in a jar.

6. The solids compress for 5 minutes.

7. The data is examine on the computer.

8. The thermometer puts into the liquid.

9. The temperature taken after 10 minutes.

50 Cosas que podrían pasar

En inglés, utilizamos los verbos condicionales para hablar de resultados futuros de una acción propuesta. Resulta útil para sugerir planes o para dar consejo.

Lenguaje Primer condicional
Aa Vocabulario Herramientas y construir cosas
Habilidad Dar consejos e instrucciones

50.1 COMPLETA LOS ESPACIOS PONIENDO LOS VERBOS EN SUS TIEMPOS CORRECTOS

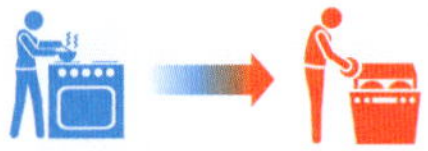

If you __cook__ (cook) dinner, I __will load__ (load) the dishwasher.

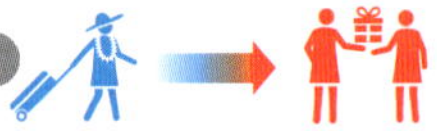

1. If I ________ (go) on vacation, I ________ (bring) you back a present.

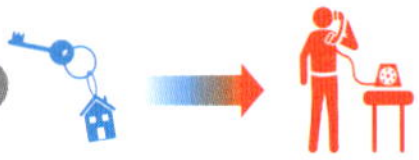

2. If I ________ (find) your keys, I ________ (call) you.

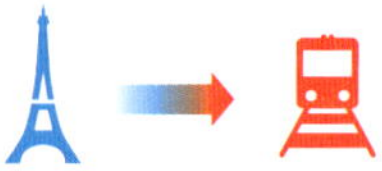

3. If they ________ (visit) Paris, they ________ (travel) on the metro.

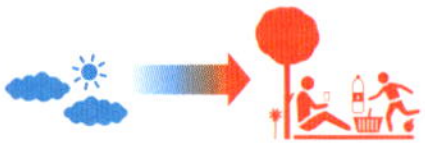

4. If it ________ (not rain), we ________ (have) a picnic.

50.2 CONECTA EL INICIO Y EL FINAL DE CADA FRASE

If it's cold tomorrow, → we'll put on the heating.

1. If I find my screwdriver,
2. If they don't hurry,
3. If we save enough money,
4. If you don't listen to the question,
5. If they work hard,

- I'll fix the cupboard.
- we'll buy a new car.
- they won't fail their exam.
- we'll put on the heating.
- they'll be late for work.
- you won't understand the answer.

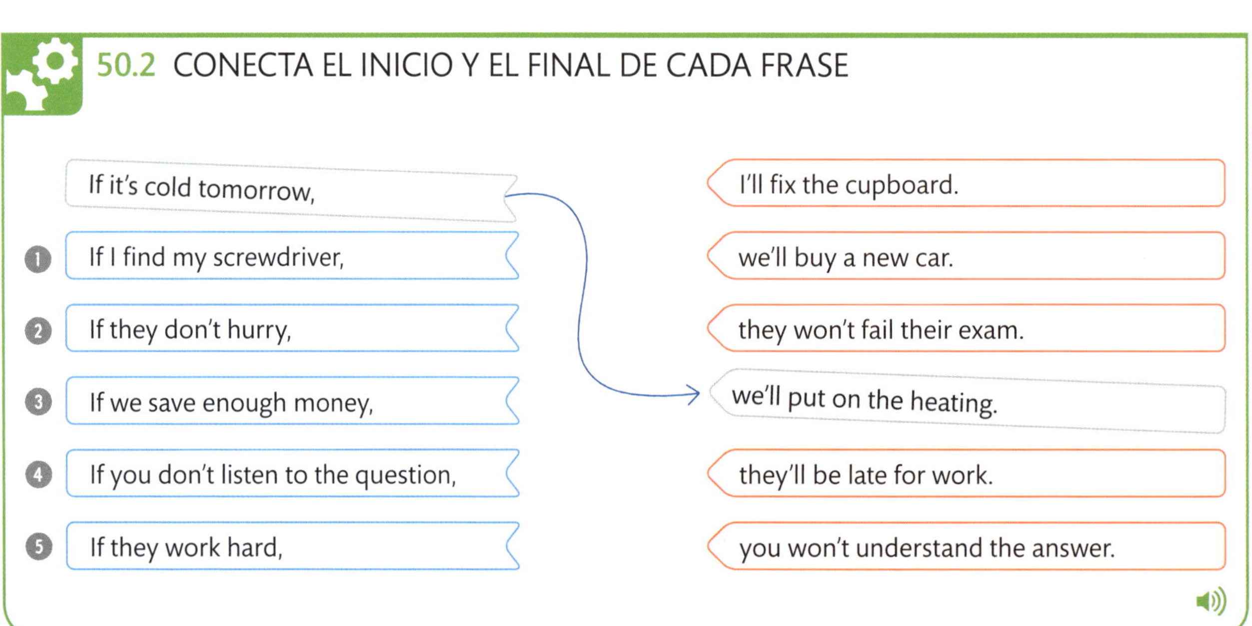

50.3 MARCA LAS FRASES CORRECTAS

If it will snow this weekend, we go skiing. ☐
If it snows this weekend, we'll go skiing. ☑

1. If I will have time, I read the paper. ☐
   If I have time, I'll read the paper. ☐
2. If you don't eat healthily, you'll be ill. ☐
   If you don't eat healthily, you are ill. ☐
3. Will you come with me if I walk the dog? ☐
   Will you come with me if I'll walk the dog? ☐
4. If it rains, we'll stay at home. ☐
   If it will rain, we'll stay at home. ☐
5. If we go to the beach, we'll sunbathe. ☐
   If we'll go to the beach, we'll sunbathe. ☐
6. If I'll see Martha in town, I say hello. ☐
   If I see Martha in town, I'll say hello. ☐
7. If my son will fall over, he doesn't cry. ☐
   If my son falls over, he won't cry. ☐
8. If she loses weight, she'll buy new clothes. ☐
   If she'll lose weight, she'll buy new clothes. ☐
9. If I'll sweep the floor, will you do the dishes? ☐
   If I sweep the floor, will you do the dishes? ☐

50.4 DI LAS FRASES EN VOZ ALTA, INVIRTIENDO SU ORDEN

If you visit, you'll have a great time.
You'll have a great time if you visit.

1. If she gets that job, she'll move to Vancouver.
2. If your wife calls, I'll tell you.
3. If you stop eating bread, you'll lose weight.
4. If he buys a new car, he'll have no money.
5. If she's late for work again, she'll lose her job.
6. If you buy some eggs, I will make a cake.
7. If you tell me the truth, I won't be angry.
8. If he explains, I'll understand.
9. If they fix the oven, I'll be so happy.

50.5 VUELVE A ESCRIBIR LAS FRASES UTILIZANDO "UNLESS"

If we leave now, we won't be late.
Unless we leave now, we'll be late.

1. You won't get promoted if you don't work harder.
2. If it doesn't rain, I'll go for a walk tomorrow.
3. If the traffic doesn't improve, we'll miss our flight.
4. They won't help you if you don't ask them.
5. You'll get wet if you don't bring an umbrella.
6. I won't go to the party if you don't come, too.
7. You'll be hungry later if you don't eat breakfast.
8. If he doesn't slow down, he'll crash the car.
9. I'll see you tomorrow if I don't have to work late.

50.6 COMPLETA LOS ESPACIOS CON "IF" O "UNLESS"

If we save enough money, we'll go on vacation.

1. They won't go sailing ______ there's enough wind.

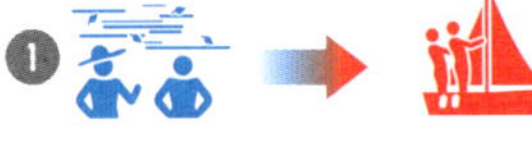

2. ______ Mike goes to New York, he'll see the Statue of Liberty.

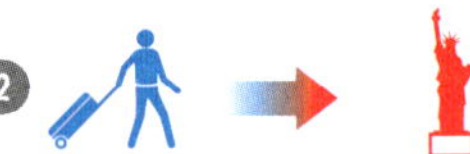

3. Tara won't get home on time ______ the traffic gets better.

4. ______ I go shopping after work, I'll cook us lasagne.

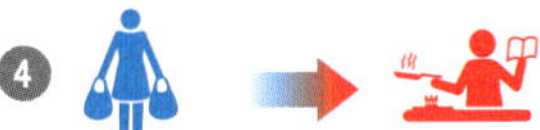

5. ______ it snows next week, we'll go skiing.

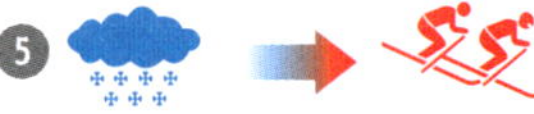

6. Vicky won't be able to make the bed ______ the sheets are clean.

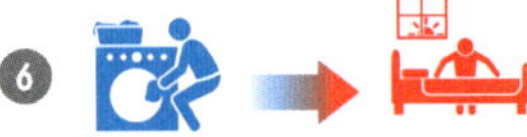

50.7 COMPLETA LOS ESPACIOS CON LAS PALABRAS DEL RECUADRO

If *it rains*, we'll take an umbrella.

1. If ______________, he'll pass his exam.
2. If it's sunny, ______________.
3. If she's hungry, ______________.
4. Unless ______________, he won't wear a coat.
5. If you're sick, ______________.
6. If ______________, he won't stay up late.
7. If the kitchen is dirty, ______________.
8. If ______________, we'll watch TV.
9. If I'm thirsty, ______________.
10. If the cat isn't frightened, ______________.
11. If you listen carefully, ______________.

I'll drink some water · I'll wear sunglasses · I'll call the doctor · we're bored · he works hard · ~~it rains~~ · she'll eat an apple · he's tired · he'll clean it · it won't run away · I'll explain · it's cold

50.8 ESCUCHA EL AUDIO Y NUMERA LAS IMÁGENES EN EL ORDEN EN QUE APARECEN

A ☐

B 1

C ☐

D ☐

E ☐

F ☐

G ☐

H ☐

51 Resolver problemas

Puedes utilizar el primer condicional con un imperativo para dar instrucciones prácticas o consejos a alguien, por ejemplo sobre cómo resolver problemas o mejorar su estilo de vida.

Lenguaje Primer condicional con imperativo
Aa Vocabulario Salud y bienestar
Habilidad Dar consejos e instrucciones

51.1 CONECTA EL INICIO Y EL FINAL DE CADA FRASE

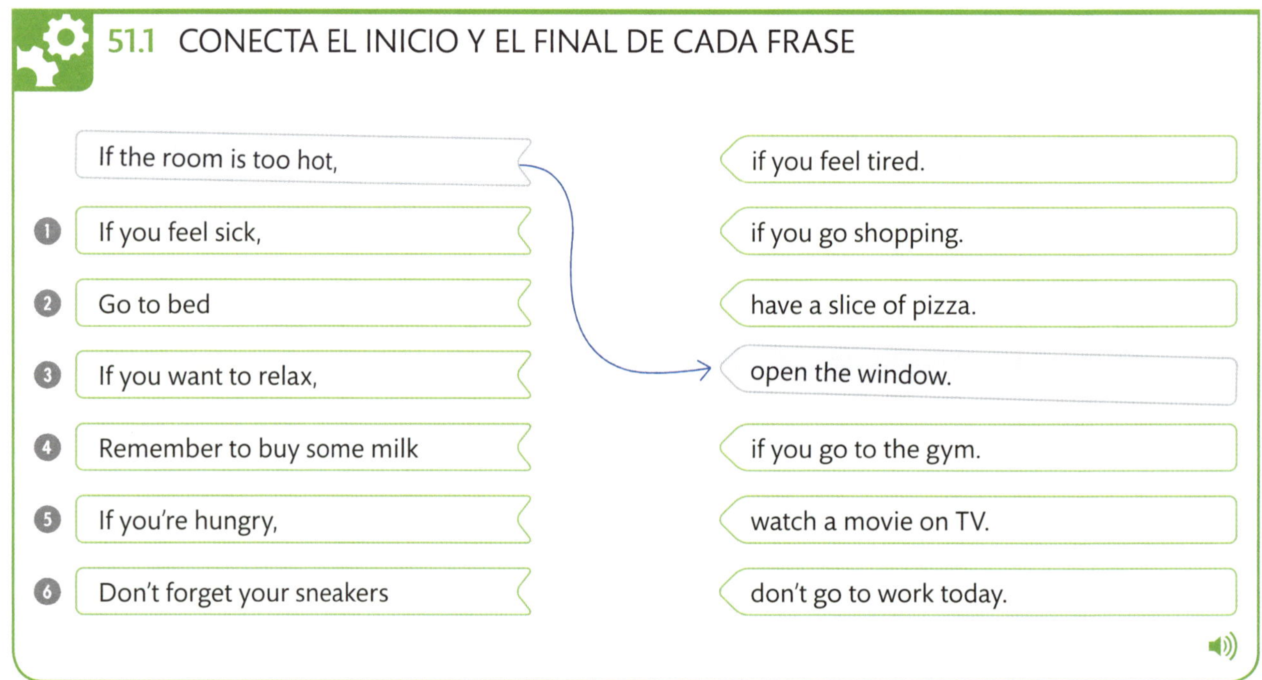

51.2 VUELVE A ESCRIBIR LAS FRASES CORRIGIENDO LOS ERRORES

If you will be thirsty, drink some water.
If you're thirsty, drink some water.

1 If you want a new car, you buy one.

2 Don't stay up late if you tired.

3 If you to see James, tell him to call me.

4 Don't eat junk food if you want lose weight.

5 Remember to shut the door when you left.

6 If you like that jacket, to buy it.

7 If you're hungry, you're making a sandwich.

51.3 VUELVE A ESCRIBIR LAS FRASES PONIENDO LAS PALABRAS EN SU ORDEN CORRECTO

If you are overstressed, ___take___ a lunch break.

1. If you never have any money, don't ______________________ .

2. If you don't like your job, ______________________ for a new one.

3. Learn to relax more if you want to feel ______________________ .

4. ______________________ your phone if you can't sleep at night.

~~take~~ look calmer overspend Turn off

51.4 LEE EL ARTÍCULO Y RESPONDE A LAS PREGUNTAS

Make sure you spend less than you earn.
True ☑ False ☐ Not given ☐

1. Buy new things online.
True ☐ False ☐ Not given ☐

2. Wait for 10 days before you buy something new.
True ☐ False ☐ Not given ☐

3. If you go out to work, don't eat lunch.
True ☐ False ☐ Not given ☐

4. Your friends will love having dinner with you.
True ☐ False ☐ Not given ☐

5. At home, turn off the lights when you leave rooms.
True ☐ False ☐ Not given ☐

43 MANAGING FINANCES

SAVE MONEY

Here are five easy ways to save money

First, make a list of what you earn and your costs. You need to know exactly how much money you can spend, and you need to spend less than you earn! If you want to save money, don't buy everything new. Buy used things online. It's much cheaper and it can be fun. If you really want to buy something new, wait for 10 days. If you still want it at the end of 10 days, then buy it. After 10 days you probably won't remember what it was you wanted. If you go out to work, take your lunch. Don't buy it

in town. It's an easy way to save a lot of money. If you want to see your friends, invite them to your house for dinner. It's cheaper than going to a restaurant and you can ask your friends to bring the dessert. And when you are at home, think about your fuel bills. When you leave a room, turn off the lights!

51.5 DI LAS FRASES EN VOZ ALTA COMPLETANDO LOS ESPACIOS CON LAS PALABRAS DEL RECUADRO

If you want to get in better shape, ___go___ to the gym.

1. If you don't like your job, ______________ a new one.
2. If you like those jeans, ______________ them.
3. If your tooth hurts, ______________ the dentist.
4. If you have too many possessions, ______________ them.
5. If you work too hard, ______________ some time off.

find | buy | ~~go~~ | sell | take | see

51.6 RELACIONA LOS DIBUJOS CON LAS FRASES

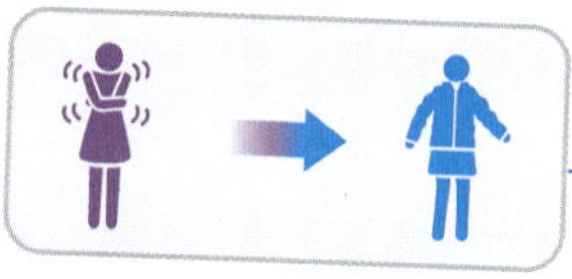

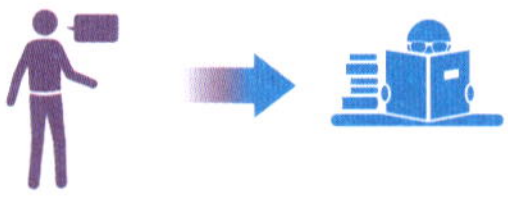

If you feel tired, take a vacation.

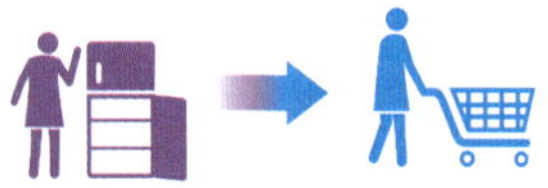

If you want to speak Spanish, start a class.

If you're cold, put on a warm coat.

If you want to get in better shape, do some exercise.

If you need some food, go shopping.

51.7 VUELVE A ESCRIBIR LAS FRASES PONIENDO LAS PALABRAS EN SU ORDEN CORRECTO

home | want | go | If | a | you | taxi. | to | now, | take

If you want to go home now, take a taxi.

1. tired | bed | in | you're | the | If | go | earlier. | morning, | to

2. you | those | leather | buy | them. | boots, | want | If

3. yourself | feel | cheese | If | you | a | sandwich. | make | hungry,

4. don't | money, | have | you | If | never | any | overspend.

5. swim, | learn | to | take | want | some | lessons. | If | you | to

51.8 ESCUCHA EL AUDIO Y MARCA SI LAS IMÁGENES MUESTRAN PROBLEMAS O SOLUCIONES

Problema ☐ Solución ☑

1 Problema ☐ Solución ☐

2 Problema ☐ Solución ☐

3 Problema ☐ Solución ☐

4 Problema ☐ Solución ☐

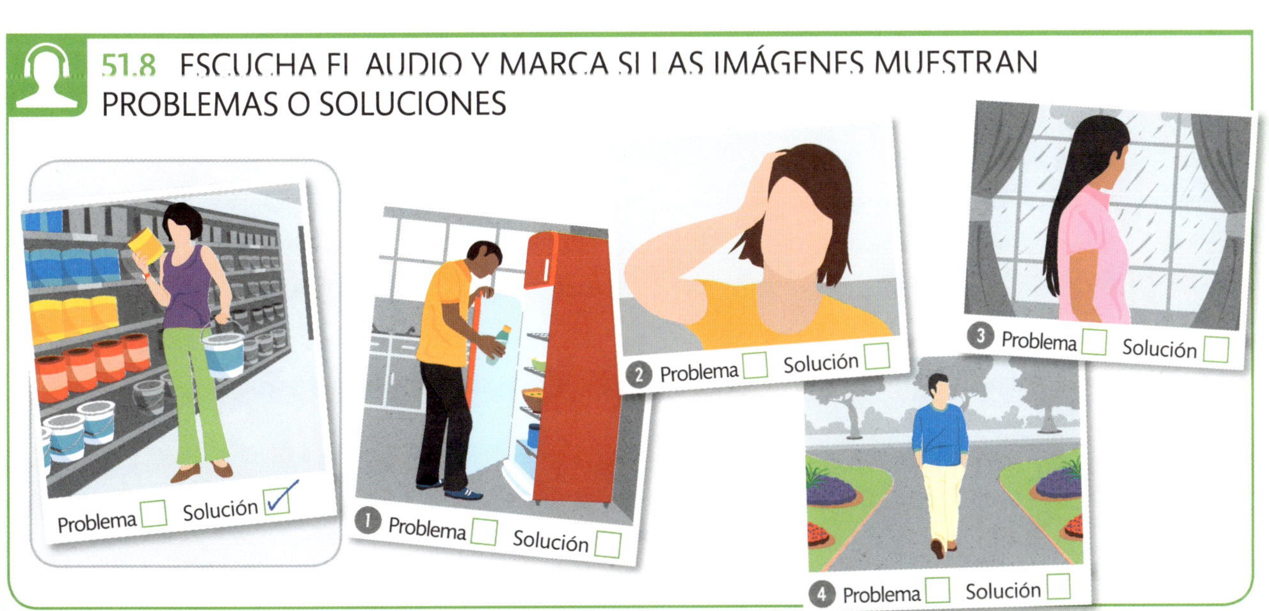

52 Planear actividades

Puedes utilizar cláusulas temporales subordinadas para hablar de una secuencia de hechos, en las que algo tiene que pasar para que la siguiente ocurra.

Lenguaje Cláusulas temporales subordinadas
Vocabulario Trabajos de construcción
Habilidad Describir una secuencia de hechos

52.1 COMPLETA LOS ESPACIOS PONIENDO LOS VERBOS EN PRESENTE O EN FUTURO CON "WILL"

As soon as it _stops_ (stop) raining, I _will do_ (do) some gardening.

1. When they ________ (arrive) at the station, I ________ (get) them.
2. As soon as I ________ (get) your message, I ________ (call) you.
3. When the bus ________ (stop), we ________ (get) off.
4. When the movie ________ (end), I ________ (make) us some coffee.
5. As soon as the paint ________ (dry), I ________ (put) the curtains up.

52.2 MARCA LAS FRASES CORRECTAS

When it will get dark, I'll put the lights on. ☐
When it gets dark, I'll put the lights on. ☑

1. When I finish breakfast, I'll go running. ☐
When I'll finish breakfast, I'll go running. ☐

2. As soon as he'll get home, he has lunch. ☐
As soon as he gets home, he'll have lunch. ☐

3. When we'll get to the theater, I'll buy tickets. ☐
When we get to the theater, I'll buy tickets. ☐

4. When I find a table, I'll order food. ☐
When I'll find a table, I'll order food. ☐

5. As soon as I will have the money, I buy a car. ☐
As soon as I have the money, I'll buy a car. ☐

52.3 LEE EL CORREO Y RESPONDE A LAS PREGUNTAS

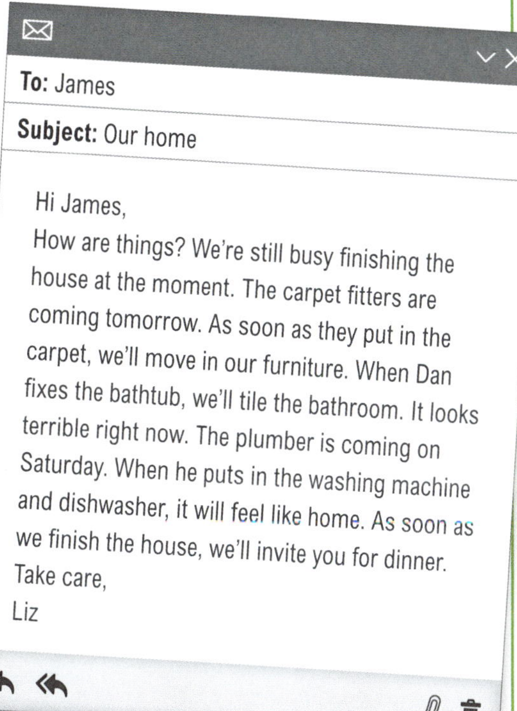
To: James
Subject: Our home

Hi James,
How are things? We're still busy finishing the house at the moment. The carpet fitters are coming tomorrow. As soon as they put in the carpet, we'll move in our furniture. When Dan fixes the bathtub, we'll tile the bathroom. It looks terrible right now. The plumber is coming on Saturday. When he puts in the washing machine and dishwasher, it will feel like home. As soon as we finish the house, we'll invite you for dinner.
Take care,
Liz

The carpet fitters have started putting in the carpet.
True ☐ **False** ☑

1. Liz and Dan will move in the furniture when the carpet is in.
True ☐ **False** ☐

2. Dan hasn't fixed the bathtub yet.
True ☐ **False** ☐

3. The bathroom will be tiled before the bathtub is fixed.
True ☐ **False** ☐

4. Liz will put in the dishwasher.
True ☐ **False** ☐

5. They'll invite James for dinner when they finish the house.
True ☐ **False** ☐

52.4 REESCRIBE LAS FRASES INVIRTIENDO SU ORDEN

As soon as he buys the car, he'll go for a drive.
He'll go for a drive as soon as he buys the car.

1. When she sees this house, she'll want to live here.
____

2. As soon as your cousins arrive, I'll call you.
____

3. You'll laugh a lot when you see this movie.
____

4. When the music starts, we'll get up and dance.
____

5. I'll make a pizza as soon as Tom buys the cheese.
____

6. As soon as you're ready, I'll order a taxi.
____

7. I'll turn off the TV when the news finishes.
____

8. We'll go home as soon as the train arrives.
____

9. When it gets really cold, he'll light the fire.
____

52.5 UTILIZA EL DIAGRAMA PARA CREAR OCHO FRASES CORRECTAS Y DILAS EN VOZ ALTA

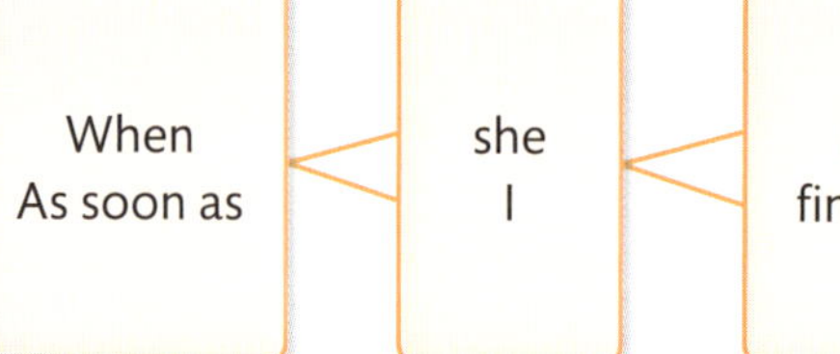

we'll have dinner.
I'll call you.

52.6 VUELVE A ESCRIBIR LAS FRASES UTILIZANDO EL PRESENT PERFECT

As soon as the meeting starts, we'll look at the figures.
As soon as the meeting has started, we'll look at the figures.

1. When they call our flight number, we'll board the plane.

2. As soon as they finish tiling the kitchen, I'll put up some shelves.

3. When the baby goes to sleep, we'll cook a nice meal.

4. As soon as we book our vacation, I'll buy some new clothes.

52.7 ESCUCHA EL AUDIO Y NUMERA LAS IMÁGENES EN EL ORDEN EN QUE APARECEN

A ☐

B ☐

C ☐

D 1

E ☐

52.8 VUELVE A ESCRIBIR LAS FRASES PONIENDO LAS PALABRAS EN SU ORDEN CORRECTO

it | we'll | arrives, | When | mail | read | together. | the

When the mail arrives, we'll read it together.

1 mom. | I'll | soon | as | we | As | get | home, | your | call

2 some | shopping. | When | work, | she'll | do | she's | finished

3 I've | that | dishes, | movie. | When | done | the | we'll | watch

4 soon | the | go | as | beach, | she'll | sees | swimming. | As | she

5 as | you've | As | sent | go | email, | home. | that | soon | we'll

52.9 CONECTA EL INICIO Y EL FINAL DE CADA FRASE

She'll be happy → when she sees her family again.

1 I'll make soup as soon as

2 As soon as we're ready,

3 When he's moved to New York,

4 You'll love James

5 When you turn on the fan,

he'll buy an apartment.

we'll all feel cooler.

when you meet him.

when she sees her family again.

I find the blender.

we'll order our meal.

53 Situaciones improbables

En inglés, utilizamos el segundo condicional para describir el resultado de un hecho improbable o imposible. Puesto que el hecho es improbable, el resultado también lo es.

Lenguaje Segundo condicional
Aa Vocabulario Colocaciones con "make" y "do"
Habilidad Hablar de sueños futuros

53.1 COMPLETA LOS ESPACIOS CON LOS VERBOS ENTRE PARÉNTESIS PARA FORMAR FRASES EN EL SEGUNDO CONDICIONAL

If he ___*got*___ (get) more exercise, he ___*would feel*___ (feel) fitter.

1. If he ________ (be) richer, he ________ (buy) an expensive car.
2. She ________ (leave) her job if she ________ (win) the lottery.
3. If he ________ (do) more training, he ________ (get) a better job.
4. If we ________ (sell) our apartment, we ________ (buy) a house in Athens.
5. They ________ (help) you if you ________ (ask) them.
6. We ________ (increase) our sales figures if we ________ (advertise).
7. If her job ________ (be) easier, she ________ (be) happier.
8. If I ________ (go) traveling, I ________ (go) to Thailand.
9. If we ________ (have) the money, we ________ (start) a business.
10. He ________ (be) very bored if he ________ (sit) at a desk all day.
11. If they ________ (offer) him a raise, he ________ (take) it.

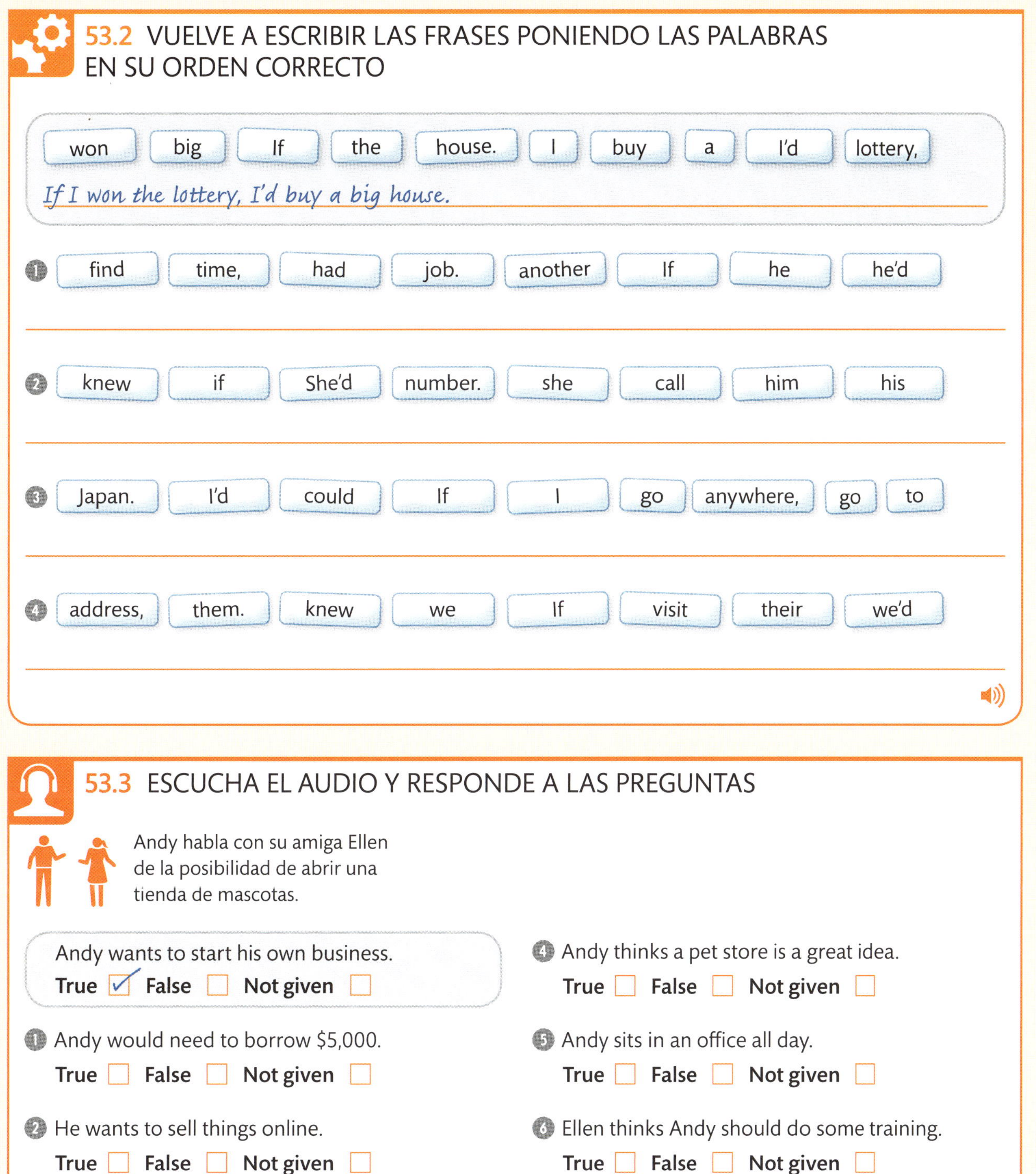

53.2 VUELVE A ESCRIBIR LAS FRASES PONIENDO LAS PALABRAS EN SU ORDEN CORRECTO

won | big | If | the | house. | I | buy | a | I'd | lottery,

If I won the lottery, I'd buy a big house.

1. find | time, | had | job. | another | If | he | he'd

2. knew | if | She'd | number. | she | call | him | his

3. Japan. | I'd | could | If | I | go | anywhere, | go | to

4. address, | them. | knew | we | If | visit | their | we'd

53.3 ESCUCHA EL AUDIO Y RESPONDE A LAS PREGUNTAS

Andy habla con su amiga Ellen de la posibilidad de abrir una tienda de mascotas.

Andy wants to start his own business.
True ☑ **False** ☐ **Not given** ☐

1. Andy would need to borrow $5,000.
True ☐ **False** ☐ **Not given** ☐

2. He wants to sell things online.
True ☐ **False** ☐ **Not given** ☐

3. He wouldn't sell rabbits or goldfish.
True ☐ **False** ☐ **Not given** ☐

4. Andy thinks a pet store is a great idea.
True ☐ **False** ☐ **Not given** ☐

5. Andy sits in an office all day.
True ☐ **False** ☐ **Not given** ☐

6. Ellen thinks Andy should do some training.
True ☐ **False** ☐ **Not given** ☐

7. If Andy had more money, he'd visit Hawaii.
True ☐ **False** ☐ **Not given** ☐

53.4 MARCA LAS FRASES CORRECTAS

She'd feel better if she took a vacation. ☑
She'll feel better if she took a vacation. ☐

1. If I win this prize, I'd be very happy. ☐
   If I won this prize, I'd be very happy. ☐

2. If you got promoted, you'd get a raise. ☐
   If you get promote, you get a raise. ☐

3. He'd miss his job if he'd changed companies. ☐
   He'd miss his job if he changed companies. ☐

4. They'd call us if they had time. ☐
   They'll call us if they'll have time. ☐

5. If she studies harder, she'd pass her exams. ☐
   If she studied harder, she'd pass her exams. ☐

6. If I'll speak Chinese, I'd get that job. ☐
   If I spoke Chinese, I'd get that job. ☐

7. You'd leave your job if you won the lottery. ☐
   You'll leave your job if you'll won the lottery. ☐

53.5 DI LAS FRASES EN VOZ ALTA, COMPLETANDO LOS ESPACIOS CON LA FORMA CORRECTA DE "MAKE" O "DO"

I didn't ___make___ the right decision.

1. Did you ______ the paperwork this morning?
2. They're ______ too many mistakes.
3. Please don't ______ any more suggestions.
4. I think we should ______ business together.
5. Have you ______ the accounts yet?
6. She's just ______ a call to the manager now.
7. We've ______ an exception in your case.
8. He was able to ______ an appointment for 3pm today.

54 Vocabulario

Aa 54.1 **EMOCIONES** ESCRIBE LAS PALABRAS DEL RECUADRO BAJO SU IMAGEN

thrilled

1 ______

2 ______

3 ______

4 ______

5 ______

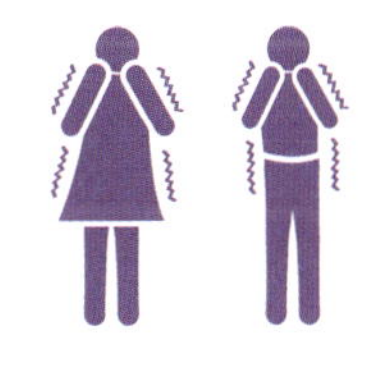
6 ______

7 ______

8 ______

9 ______

10 ______

11 ______

12 ______

13 ______

14 ______

15 ______

16 ______

17 ______

18 ______

19 ______

disappointed		terrified	stressed	~~thrilled~~	lucky	surprised
bored	furious	jealous	pleased	confused	embarrassed	lonely
relaxed	tired	intrigued	distracted	calm	nervous	irritated

55 Dar consejos

La expresión "If I were you" (yo que tú) se usa a menudo para dar consejos. Al usarla, imaginas que tú estás en la misma situación que la persona con la que hablas.

Lenguaje "If I were you"
Vocabulario Expresiones para dar consejos
Habilidad Hacer sugerencias

55.1 MARCA LAS FRASES CORRECTAS

If I am you, I'd accept that job. ☐
If I were you, I'd accept that job. ☑

1. If I were you, I'd go trekking. ☐
   If I were you, I'll go trekking. ☐

2. If I were you, I take that job. ☐
   If I were you, I would take that job. ☐

3. I wouldn't go to that café if I were you. ☐
   I don't go to that café if I were you. ☐

4. I would to go on vacation if I were you. ☐
   I would go on vacation if I were you. ☐

5. I'd invest my money if I'd were you. ☐
   I'd invest my money if I were you. ☐

55.2 VUELVE A ESCRIBIR LAS FRASES PONIENDO LAS PALABRAS EN SU ORDEN CORRECTO

early. | the | get | were | If | I | you, | I'd | to | theater

If I were you, I'd get to the theater early.

1. were | you, | for | job. | better | If | I | I'd | look | a

2. buy | wouldn't | if | I | you. | were | suit | that | I

3. business | city. | own | start | you, | I'd | the | If | in | were | I | my

4. you. | go | were | around | if | I | I'd | the | traveling | world

55.3 COMPLETA LOS ESPACIOS UTILIZANDO LAS PALABRAS DEL RECUADRO PARA DAR CONSEJOS, Y DI LAS FRASES EN VOZ ALTA

I never have time to clean my house.

If I were you, I'd *get a cleaner* .

1. I need some new clothes.

   If I were you, I'd ______________ .

2. It's raining outside.

   If I were you, I'd ______________ .

3. I don't like my boss.

   If I were you, I'd ______________ .

4. I want to get my hair cut.

   If I were you, I'd ______________ .

5. It's my father's birthday on Saturday.

   If I were you, I'd ______________ .

6. I feel sick.

   If I were you, I'd ______________ .

7. My laptop is old and slow.

   If I were you, I'd ______________ .

take an umbrella	go shopping	cut my hair myself	look for another job
buy him a present	~~get a cleaner~~	buy a new one	go to the doctor

55.4 ESCUCHA EL AUDIO Y MARCA SI QUIEN HABLA EN CADA IMAGEN DA O PIDE CONSEJO

Da ☑ Pide ☐

1 Da ☐ Pide ☐

2 Da ☐ Pide ☐

3 Da ☐ Pide ☐

4 Da ☐ Pide ☐

5 Da ☐ Pide ☐

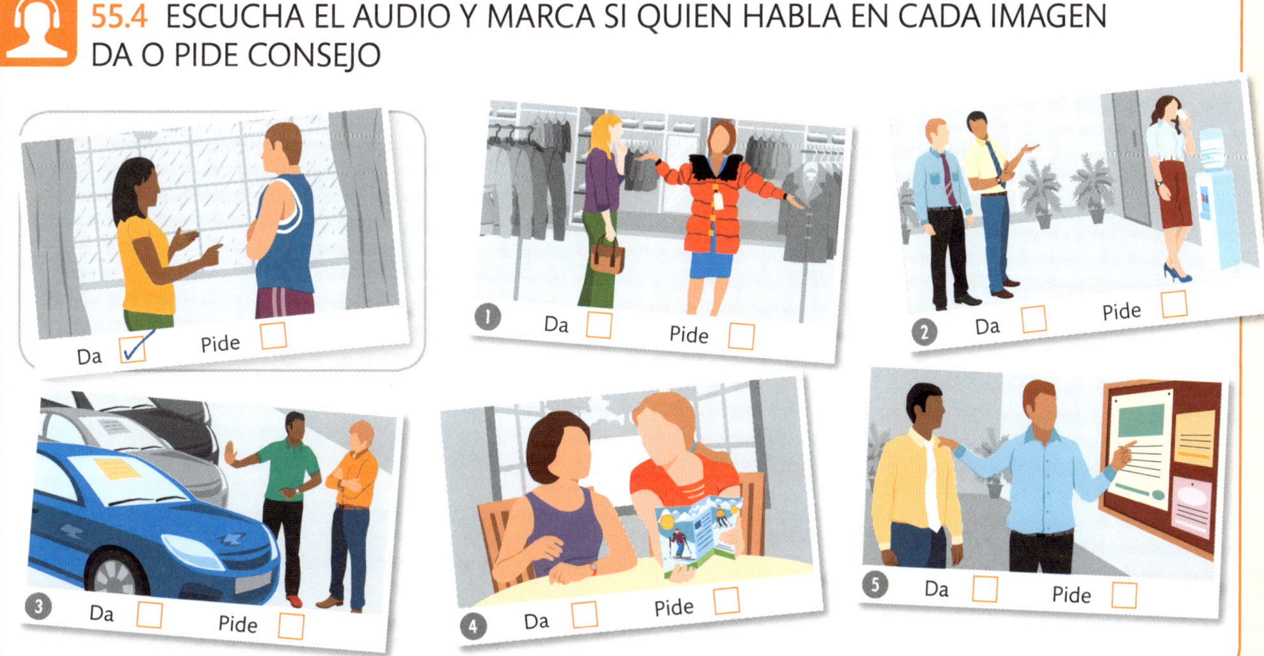

55.5 REESCRIBE LAS FRASES COMO SUGERENCIAS UTILIZANDO EXPRESIONES INTERROGATIVAS CON GERUNDIOS

Have a chat over dinner with close friends.
How about *having a chat over dinner with close friends?*

1. Buy a new laptop and printer for our son's birthday.
   What about ______
2. Learn how to cook healthy Indian food.
   Have you tried ______
3. Take a vacation on the Italian Riviera this summer.
   What about ______
4. Discuss the sales figures with the team after the meeting.
   How about ______
5. Get a new desk and chair for the office.
   Have you thought of ______
6. Apply for a new job in sales and marketing.
   Have you tried ______
7. Try the new Italian restaurant for dinner tonight.
   What about ______

55.6 COMPLETA LOS ESPACIOS CON LAS PALABRAS DEL RECUADRO

Have you thought of *learning* Arabic?

1. What about ______ home early?
2. How about ______ a new car?
3. What about ______ us later?
4. Have you tried ______ about it?
5. How about ______ a meeting?
6. Have you thought of ______ your money?
7. Have you tried ______ less coffee?

investing · talking · ~~learning~~ · buying · going · drinking · visiting · organizing

55.7 RELACIONA LOS PARES DE FRASES

	The traffic is terrible.	How about buying her a card?
1	My car is 10 years old.	If I were you, I'd take an umbrella.
2	I want to leave my job.	Have you tried calling him?
3	It's cold and wet outside.	If I were you, I wouldn't drive to work.
4	My home looks old-fashioned.	If I were you, I'd dress up.
5	It's my boss's birthday.	If I were you, I wouldn't eat it.
6	I'm meeting an important client.	Have you thought of buying a new one?
7	I never have enough money.	If I were you, I'd redecorate it.
8	My boyfriend and I had an argument.	If I were you, I'd look for a new one.
9	This fish tastes bad.	If I were you, I wouldn't overspend.

55.8 REESCRIBE Y CORRIGE LAS EXPRESIONES MARCADAS

I'd apply

1 ______

2 ______

3 ______

4 ______

5 ______

6 ______

7 ______

To: Jake

Subject: New job

Hi Jake,

What a great opportunity! If I were you, I'll apply for the job immediately. You'll need to update your résumé. I won't worry if I were you. You have great qualifications. If you were me, I'd get a professional to look at it. And you must prepare for your interview. Have you thought practicing with a friend? If I were you, I think of some questions to ask about the company. And you'll need a new suit. If I was you, I'll buy something classic. You'll need references! How about ask Gillian to write you one?

Emily

56 Situaciones reales e irreales

En inglés, utilizamos frases en condicional para hablar de posibilidades. Utiliza el primer o el segundo condicional dependiendo de lo probable que sea la situación.

Lenguaje Primer y segundo condicional
Aa Vocabulario Colocaciones para reuniones
Habilidad Hablar de posibilidades

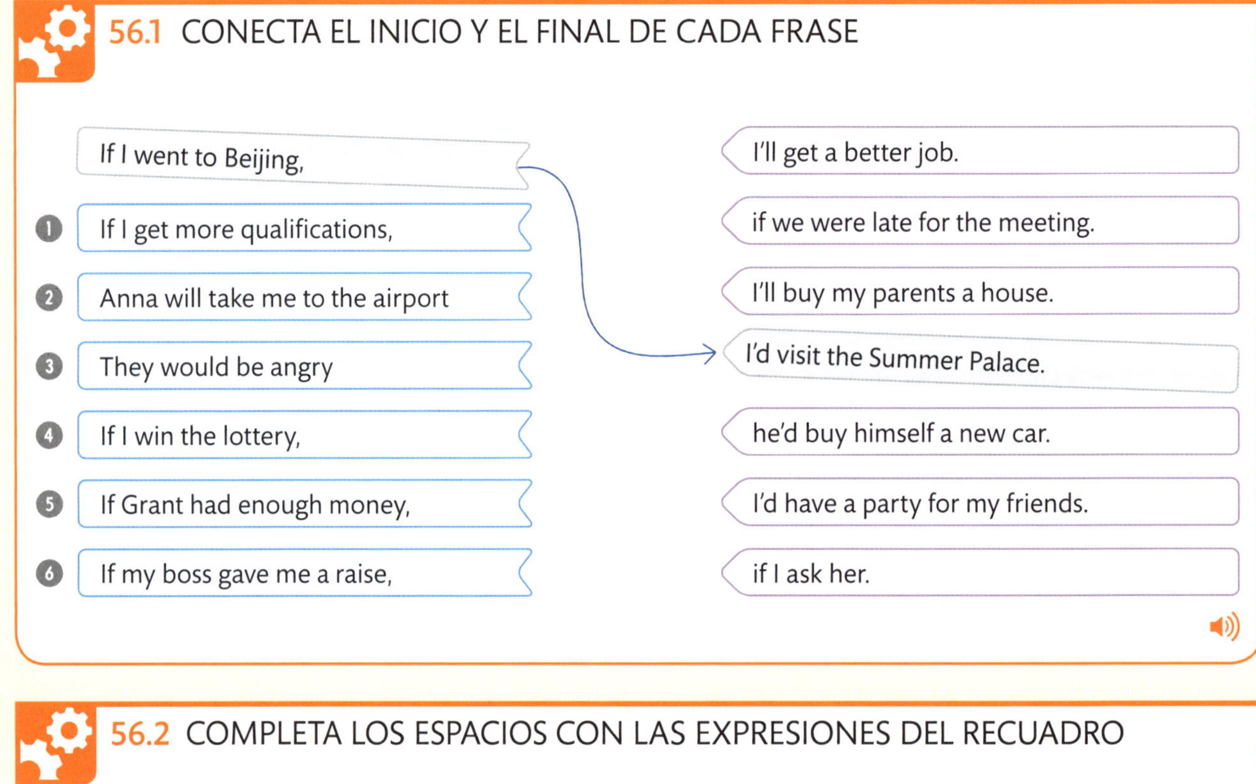

56.2 COMPLETA LOS ESPACIOS CON LAS EXPRESIONES DEL RECUADRO

If ___I saw___ a robbery, I'd call the police immediately.

1. I ______ it if I became a famous celebrity.
2. If ______ the next train, we'll get there in time.
3. You would remember her if ______ her again.
4. Henry ______ so happy if he got that promotion.
5. If we arrive there first, ______ you a seat.

we catch | we'll save | wouldn't like | ~~I saw~~ | you met | would be

56.3 MARCA LAS FRASES CORRECTAS

If I miss this train, I'd get the next one. ☐
If I miss this train, I'll get the next one. ☑

1. It would be amazing if I could play the guitar. ☐
   It will be amazing if I could play the guitar. ☐

2. If I have my phone with me, I'd take a photo of that. ☐
   If I had my phone with me, I'd take a photo of that. ☐

3. If you wear a coat today, you won't feel cold. ☐
   If you wore a coat today, you won't feel cold. ☐

4. If you vacuum the living room, I'll do the dishes. ☐
   If you vacuum the living room, I'd do the dishes. ☐

5. I'd build more hospitals if I were the President. ☐
   I'd build more hospitals if I am the President. ☐

6. If we will have more time, we could have lunch together. ☐
   If we had more time, we could have lunch together. ☐

7. If the baby stops crying, I'll watch some TV. ☐
   If the baby would stop crying, I'll watch some TV. ☐

8. If you will say anything, she won't listen. ☐
   If you say anything, she won't listen. ☐

9. I'll text you if you give me your number. ☐
   I'd text you if you give me your number. ☐

10. If that company will win an award, I will be surprised. ☐
    If that company won an award, I'd be surprised. ☐

11. Chris will make dinner if you buy the food. ☐
    Chris will make dinner if you would buy the food. ☐

12. If you asked the sales assistant, she'll help you. ☐
    If you ask the sales assistant, she'll help you. ☐

13. If she will see a snake, she wouldn't be afraid. ☐
    If she saw a snake, she wouldn't be afraid. ☐

56.4 ESCUCHA EL AUDIO Y RESPONDE A LAS PREGUNTAS

Carol y Alex comentan cómo reducir los residuos en la oficina con el reciclaje.

Alex thinks people need to recycle more.
True ☑ **False** ☐ **Not given** ☐

1. Alex wants to recycle paper and coffee cups.
True ☐ **False** ☐ **Not given** ☐

2. Carol doesn't want to recycle plastic.
True ☐ **False** ☐ **Not given** ☐

3. Plastic is more difficult to recycle than paper.
True ☐ **False** ☐ **Not given** ☐

4. Alex would take bottles to the recycling center.
True ☐ **False** ☐ **Not given** ☐

5. Carol wants to ask her boss to help.
True ☐ **False** ☐ **Not given** ☐

56.5 LEE EL CORREO Y RESPONDE A LAS PREGUNTAS CON FRASES COMPLETAS

What sales target has Helena set?
She has set a target of a 15 percent rise in profits.

1. What do they need to give priority to?
____

2. What is Jackson going to do?
____

3. How often will the sales team hold meetings?
____

4. What will they do at these meetings?
____

5. Who will George hold talks with?
____

6. What does he want his team to do?
____

To: Sales Team

Subject: Synopsis of sales meeting

Hi all,

At this month's meeting, Helena, the Sales Director, set us a target of a 15 percent increase in profits by the end of the year. So now we need to give priority to online sales. Jackson is going to give some thought to this. I've asked him to submit a report at the next meeting. From next month, the sales team will hold weekly meetings to review figures and set new goals if necessary. I'll hold talks with my senior staff members on a regular basis so that they can update me. I know that my team can set a precedent for the rest of the company. It's going to be a great year. Great job, everyone!

George

Sales Manager

56.6 TACHA LAS PALABRAS INCORRECTAS DE CADA FRASE

Lawrence ~~gave~~ / held / ~~set~~ discussions with his senior staff.

1. She sets / gives / holds a limit on the time we can take off.
2. Can you hold / give / set off on sending that report until I've checked it?
3. Melanie has just set / held / given some great advice to her staff.
4. Do we need to give / hold / set a meeting after lunch today?
5. Would you set / hold / give me some help with this report?
6. They decided to give / set / hold an easier target this month.
7. I haven't set / given / held much thought to that proposal yet.
8. The company has gave / held / set limits on staff expenses.
9. Do you know when they're going to set / hold / give talks?
10. Our company has set / given / held a precedent for excellence.
11. Rohit always gives / sets / holds weekly goals to motivate his team.
12. My boss is happy to set / give / hold help to anyone who asks him.
13. The company gave / set / held discussions to decide plans for the year.
14. Not enough companies give / hold / set priority to training.

56.7 UTILIZA EL DIAGRAMA PARA CREAR OCHO FRASES CORRECTAS Y DILAS EN VOZ ALTA

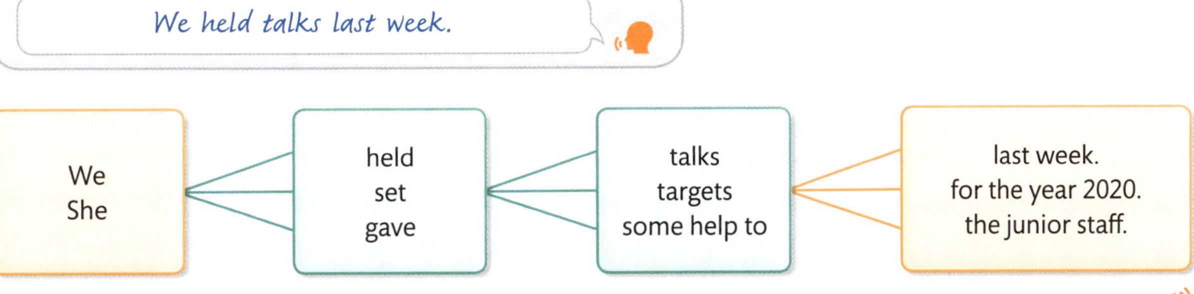

57 Ser concreto

Una cláusula relativa es una parte de la frase que proporciona más información sobre el sujeto. Una cláusula relativa definida identifica el sujeto del que hablamos.

Lenguaje Cláusulas relativas definidas
Aa Vocabulario Características personales
Habilidad Describir personas y trabajos

57.1 VUELVE A ESCRIBIR LAS FRASES UTILIZANDO CLÁUSULAS RELATIVAS DEFINIDAS

Is that your cousin? Does he live in Los Angeles?
Is that your cousin who lives in Los Angeles?

1. That's the woman. She got a good promotion.

2. Is that the store? Does it sell computer software?

3. Jamie has met a woman. She is cheerful and kind.

4. He's the teacher. He teaches Spanish.

5. A butcher is someone. He sells meat.

6. You should go on a diet. It should be healthy.

7. That's the apple tree. We planted it last year.

8. I'd like a job. It should be exciting and well paid.

9. We want to buy a house. The house must be near the coast.

57.2 COMPLETA LOS ESPACIOS CON LAS EXPRESIONES DEL RECUADRO

Matthew has a great job ___that he loves___.

1. I like the woman ______________ at reception.
2. We bought some furniture ______________ expensive.
3. They went to a restaurant ______________.
4. Jenny is going out with a man ______________ you.
5. Mr. Jason has a son ______________ a lawyer since 2009.
6. Lance is my friend ______________ for six months.
7. It's important to have a diet ______________.
8. I'd like to meet someone ______________ Italian.
9. Is that the sports channel ______________ baseball?

that I recommended
that is healthy
who has been
who can speak
~~that he loves~~
who works
that shows
who knows
that was too
who lived in Tokyo

57.3 ESCUCHA EL AUDIO Y NUMERA LAS FRASES EN EL ORDEN EN QUE LAS OIGAS

A. He works in a city that is cosmopolitan and busy. ☐
B. She'd like to meet someone who is funny and self-confident. ☐
C. I'm looking for an interesting job that I'll enjoy. [1]
D. The candidate must be a person who is reliable. ☐
E. We met a person who works with you. ☐
F. I knew someone who had a similar job to yours. ☐
G. There are a lot of interesting places that you can visit. ☐
H. It's important to have co-workers who you get along with. ☐
I. That's the position that I'd really like to have. ☐
J. Our firm needs someone who can make decisions. ☐

Aa 57.4 LEE ESTE PÁRRAFO Y ESCRIBE LAS EXPRESIONES DESTACADAS JUNTO A SUS DEFINICIONES

48 JOBS

VACANCIES

Preschool Teacher: Full-time Parklands Preschool

We are looking for a teacher who is caring, good-humored, and reliable to work in our busy preschool. The successful candidate will be conscientious and self-confident, and must have two years of experience. We are a happy team at Parklands Preschool and we're looking for someone who is fun-loving as well as reliable and calm.

cheerful and positive = *good-humored*

1. someone who wants to do their job well = ____
2. someone you can trust = ____
3. not excited or nervous = ____
4. someone who likes having fun = ____
5. someone who believes in him/herself = ____

Aa 57.5 LEE LAS PISTAS Y ESCRIBE LAS RESPUESTAS EN SU LUGAR CORRECTO

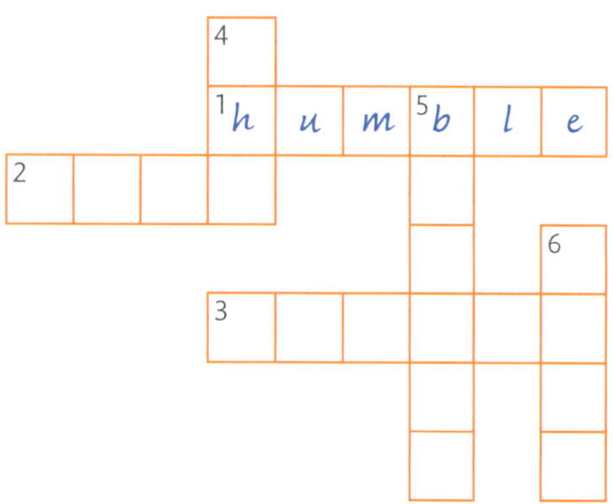

1. not arrogant
2. the opposite of hard-working
3. well-mannered
4. not self-confident
5. the opposite of interesting
6. the opposite of generous

shy
mean
~~humble~~
boring
lazy
polite

57.6 VUELVE A ESCRIBIR LAS FRASES UTILIZANDO CLÁUSULAS RELATIVAS DEFINIDAS, Y DILAS EN VOZ ALTA

Sarah is a teacher. She wants a promotion.

Sarah is a teacher who wants a promotion.

1. I know an interesting man. He plays the saxophone.

2. Eva bought a new dress. It cost a fortune!

3. We have a Chinese manager. She comes from Shanghai.

4. I have a new boss. He's good-humored and cheerful.

5. Melanie didn't like the shoes. They were on sale.

6. Joe is a student. He's studying for his accountancy exams.

7. She often goes to a café. It's near the river.

8. He's a famous author. He has sold millions of books.

9. He wants a new job. The job should be well paid and interesting.

10. I'm working on a project. It's really exciting.

58 Añadir información

Igual que con las cláusulas relativas definidas, las indefinidas añaden información adicional acerca de algo. Sin embargo, la información no es esencial y solo sirve para dar más detalles.

Lenguaje Cláusulas relativas indefinidas
Aa Vocabulario Características personales
Habilidad Describir personas, lugares y cosas

58.1 COMPLETA LOS ESPACIOS CON LAS PALABRAS DEL RECUADRO

Our library, *which is next to the museum*, is closing down.

1. My colleagues, ______________________, are very funny.
2. My sister's dog, ______________________, doesn't have a tail.
3. His cousin Bastian, ______________________, is a great performer.
4. Her Italian teacher, ______________________, is really outgoing.
5. My friend Ed, ______________________, has a new job in a restaurant.
6. Their summer house, ______________________, is really expensive.
7. The weather today, ______________________, should improve later.
8. The office chair, ______________________, is really uncomfortable.

who sings	~~which is next to the museum~~	which is terrible
which is small and black	who comes from Naples	who's a chef
who are good friends	which is new	which is on the coast

58.2 MARCA LAS FRASES CORRECTAS

Your brother Bob who is very funny, which loves playing jokes on people. ☐
Your brother Bob, who is very funny, loves playing jokes on people. ☑

1. My house keys, which I lost somewhere, have been found by the police. ☐
   My house keys I lost somewhere, that have been found by the police. ☐

2. Alexia's grandmother who is 84 this year plays tennis twice a week. ☐
   Alexia's grandmother, who is 84 this year, plays tennis twice a week. ☐

3. The new art gallery, who will open next year is such a beautiful building. ☐
   The new art gallery, which will open next year, is such a beautiful building. ☐

4. A friend of Dad's, which told me about this job is the CEO. ☐
   A friend of Dad's, who told me about this job, is the CEO. ☐

5. Our neighbor Giles, who you met once, is coming for dinner on Friday. ☐
   Our neighbor Giles, who you met once, that is coming for dinner on Friday. ☐

58.3 VUELVE A ESCRIBIR LAS FRASES CORRIGIENDO LOS ERRORES

This novel, what I bought at the station is totally fascinating.
This novel, which I bought at the station, is totally fascinating.

1. The evening classes, what I'm starting next week, are now completely full.

2. Sunita, which works in marketing, is very good at her job.

3. My car what is 10 years old, is always breaking down.

4. The mail, who is usually here by 8:30am, was late this morning.

5. The blizzards in Canada, started three days ago, are now over.

58.4 TACHA LA PALABRA INCORRECTA DE CADA FRASE

My new blender, ~~who~~ / which I bought last week, has broken already.

1. My friend Peter, what / who lives in Norway, is coming to stay.
2. The new sales assistant, who / which starts next week, is called Ivan.
3. Is the beautiful house, which / who is across from the park, for sale?
4. Linda's colleague Eva, who / what moved to Brazil, has sent us an email.
5. Alex, what / who always plays the lottery, has won it at last!
6. The gallery, who / which we visited last year, has a wonderful collection of paintings.
7. Calum, who / which went to school with me, is my oldest friend.
8. The Black Friday sales, what / which I can't stand, are starting next week.
9. Georgina, who / which works at the bank, is getting married to Tom.

58.5 ESCUCHA EL AUDIO Y NUMERA LAS IMÁGENES EN EL ORDEN EN QUE APARECEN

A ☐

B ☐

C 1

D ☐

E ☐

F ☐

58.6 LEE EL CORREO Y RESPONDE A LAS PREGUNTAS

Sandy has just moved into a new apartment.
True ☑ False ☐ Not given ☐

1. Mr. Ramirez is a Spanish teacher.
True ☐ False ☐ Not given ☐

2. The man who lives across from Sandy is very rude.
True ☐ False ☐ Not given ☐

3. Shannon and Eddie are a young couple.
True ☐ False ☐ Not given ☐

4. The Australian neighbors are outgoing and funny.
True ☐ False ☐ Not given ☐

5. The park, which is across the road, is full of trees.
True ☐ False ☐ Not given ☐

6. It takes Sandy 20 minutes to walk to the library.
True ☐ False ☐ Not given ☐

7. The library has lots of great children's books.
True ☐ False ☐ Not given ☐

8. The apartment, which Sandy loves, is expensive.
True ☐ False ☐ Not given ☐

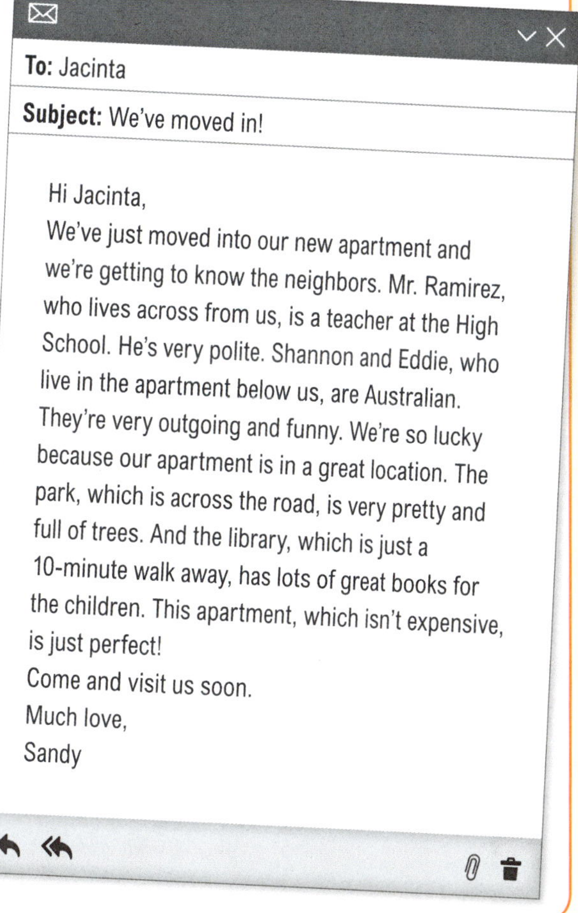

To: Jacinta

Subject: We've moved in!

Hi Jacinta,

We've just moved into our new apartment and we're getting to know the neighbors. Mr. Ramirez, who lives across from us, is a teacher at the High School. He's very polite. Shannon and Eddie, who live in the apartment below us, are Australian. They're very outgoing and funny. We're so lucky because our apartment is in a great location. The park, which is across the road, is very pretty and full of trees. And the library, which is just a 10-minute walk away, has lots of great books for the children. This apartment, which isn't expensive, is just perfect!

Come and visit us soon.

Much love,

Sandy

58.7 UTILIZA EL DIAGRAMA PARA CREAR CUATRO FRASES CORRECTAS Y DILAS EN VOZ ALTA

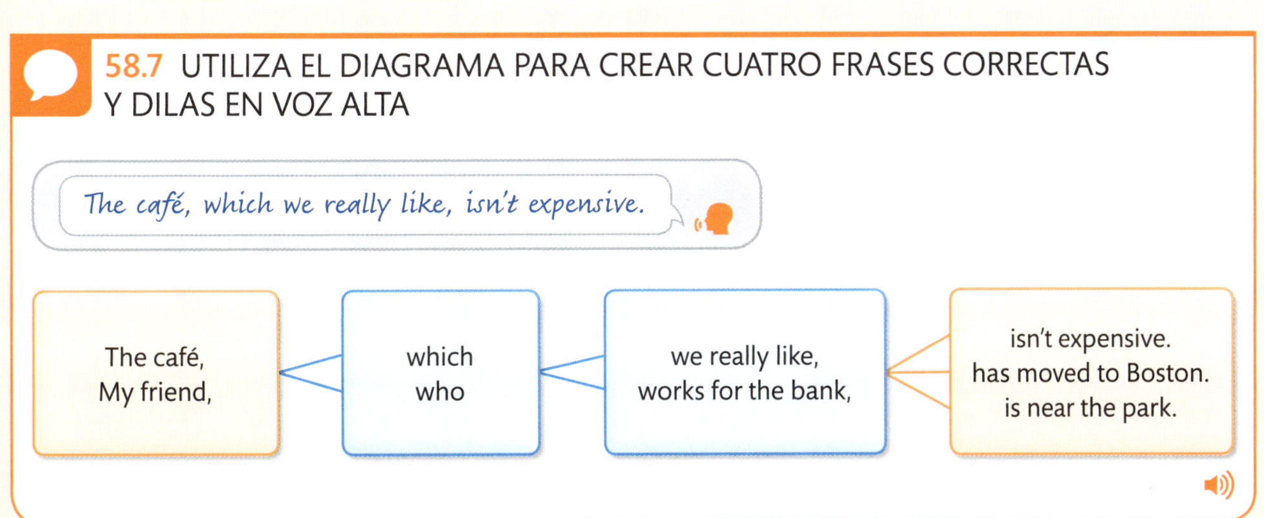

59 ¿Qué ocurría cuando...?

Para dar información sobre hechos del pasado, como un delito o un accidente, a menudo hay que explicar qué ocurría en aquel momento. Para ello, usa el past continuous.

Lenguaje Past continuous
Aa Vocabulario Colocaciones verbo/sustantivo
Habilidad Hablar de un momento concreto

59.1 COMPLETA LOS ESPACIOS CON LOS VERBOS EN PAST CONTINUOUS

The children *were watching* (watch) the TV program in the living room.

1. Elliot ______ (have) lunch with his friends from college.
2. This time last week we ______ (sing) in the local choir.
3. Olivia ______ (do) her homework when I called at her house.
4. They ______ (play) in the front yard yesterday morning.

Aa 59.2 MARCA LAS FRASES CORRECTAS

I've just had an interesting discovery. ☐
I've just made an interesting discovery. ☑

1. You shouldn't make advantage of people. ☐
   You shouldn't take advantage of people. ☐
2. It has time to learn something new. ☐
   It takes time to learn something new. ☐
3. They were having a discussion outside. ☐
   They were making a discussion outside. ☐
4. I didn't make a view one way or another. ☐
   I didn't take a view one way or another. ☐
5. Scientists make new discoveries every day. ☐
   Scientists take new discoveries every day. ☐
6. I've never made the chance to travel. ☐
   I've never had the chance to travel. ☐
7. Will you make a discussion about it? ☐
   Will you have a discussion about it? ☐
8. She had the chance of a lifetime. ☐
   She made the chance of a lifetime. ☐
9. I tried to take sense of the argument. ☐
   I tried to make sense of the argument. ☐

59.3 DI LAS FRASES EN VOZ ALTA, UTILIZANDO EL PAST CONTINUOUS

I *was having* (have) dinner with my family.

1. Your father ______ (drive) to work.
2. We ______ (pick) apples in the back yard.
3. Daniela ______ (talk) to her friends.
4. You ______ (wait) at the train station.
5. The bus ______ (stop) outside the post office.
6. Terry and Ian ______ (work) late on Tuesday.
7. She ______ (walk) across the street.
8. It ______ (rain) yesterday afternoon.
9. They ______ (wash) the dishes in the kitchen.

59.4 COMPLETA LOS ESPACIOS CON LAS PALABRAS DEL RECUADRO PARA CREAR OCHO NUEVAS COLOCACIONES

1. make: *an effort* / ______ / ______
2. take: ______ / ______ / ______
3. have: ______ / ______ / ______

advantage ~~an effort~~ time sense a plan
a discovery a chance a view a discussion

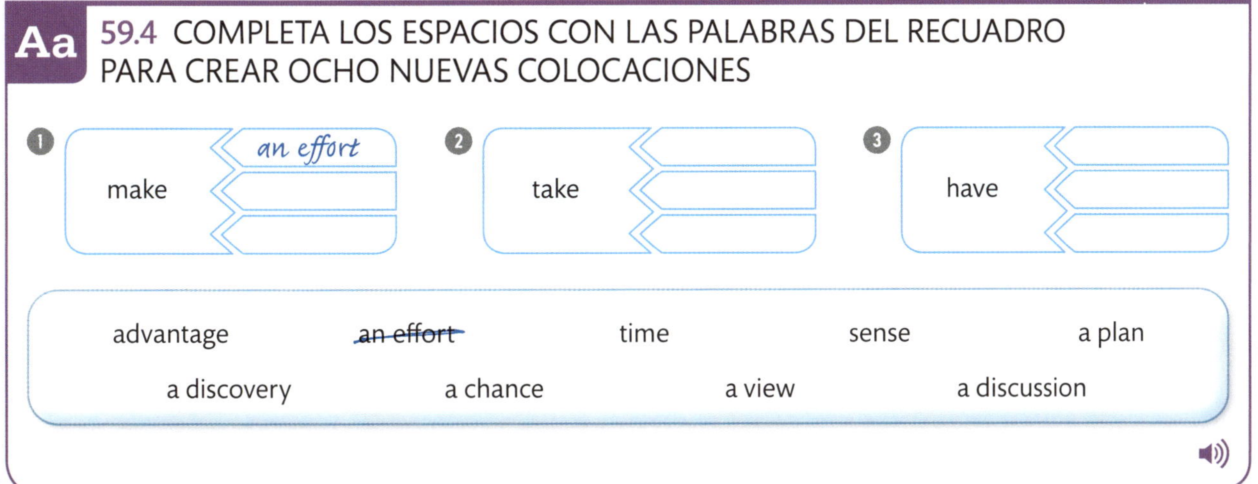

59.5 LEE EL INFORME Y RESPONDE A LAS PREGUNTAS

Mr. Robins was doing the laundry.
True ☐ False ☑

1. Two people were standing outside his house.
True ☐ False ☐

2. They were looking at a front yard across the street.
True ☐ False ☐

3. The woman was wearing a black skirt.
True ☐ False ☐

4. The man was wearing a leather jacket.
True ☐ False ☐

5. Mr. Robins heard breaking glass at 12:20pm.
True ☐ False ☐

6. The robbers were carrying two heavy bags.
True ☐ False ☐

7. The woman was shouting at the man.
True ☐ False ☐

YOUR CITY

DAYLIGHT ROBBERY

Robbers break into a home in broad daylight

Mr. Robins was washing the dishes in his kitchen when he saw two people outside his house.

It was about noon. The two people were looking at the house across the street. The woman was wearing a black skirt and a leather jacket. The man was wearing jeans and a blue shirt. At about 12:20 he heard the sound of breaking glass. He looked out of the window and he saw the same two people.

They were quickly getting into a car and they were carrying two heavy bags. The woman was talking angrily on her phone. The man was shouting at her to get into the car. As they drove away, Mr. Robins noticed the broken window of the house across the street.

59.6 COMPLETA LOS ESPACIOS CON LAS COLOCACIONES DEL RECUADRO

He couldn't *make sense* of the document.

1. You have to ______ if you want to succeed.
2. It ______ to learn the truth.
3. Did the police ______ at the house?
4. They ______ about the problem.
5. She often ______ of people.
6. Did you ______ to see the movie?
7. He ______ that it was a bad decision.

make an effort · ~~make sense~~ · took time · takes advantage · took the view · make a discovery · have a chance · had a discussion

60 Vocabulario

Aa 60.1 **LA NATURALEZA** ESCRIBE LAS PALABRAS DEL RECUADRO BAJO SU IMAGEN

Earth

1 ________ 2 ________ 3 ________ 4 ________

5 ________ 6 ________ 7 ________ 8 ________ 9 ________

10 ________ 11 ________ 12 ________ 13 ________ 14 ________

15 ________ 16 ________ 17 ________ 18 ________ 19 ________

rhino leaf turtle grass Sun tiger Moon
bear spider whale planet owl lizard parrot
~~Earth~~ elephant tree monkey star mosquito

61 Describir la situación

Para describir una situación, usamos el past continuous para hablar del contexto, y adjetivos descriptivos para dar detalles sobre cómo era el lugar en el que ocurrieron los hechos.

Lenguaje Past continuous
Aa Vocabulario Adjetivos para describir lugares
Habilidad Describir la situación de una historia

61.1 COMPLETA LOS ESPACIOS PONIENDO LOS VERBOS EN PAST CONTINUOUS

It was a beautiful day and the sun *was shining* (shine) brightly.

1. The birds ______________ (sing) in the trees in the beautiful, open countryside.
2. Children ______________ (play) soccer in the park.
3. The young man ______________ (sit) on the beach under a starry sky.
4. It was a stormy night and the wind ______________ (blow) through the trees.
5. Bees ______________ (buzz) around the garden on this hot summer afternoon.

61.2 ESCUCHA EL AUDIO Y NUMERA LAS IMÁGENES EN EL ORDEN EN QUE APARECEN

¡El Sr. Coulter se salva con suerte!

61.3 LEE LA HISTORIA Y RESPONDE A LAS PREGUNTAS CON FRASES COMPLETAS

What were people doing in the town?
People were shopping in the stores.

1 Where were the children running?

2 What was the weather like?

3 What did the air smell of?

4 Where was Alice Goodson sitting?

5 Who was she waiting for?

6 What was walking toward her?

7 What was Tom Hudson doing?

Unexpected Encounter

CHAPTER 1

It was a typical day in the little Canadian town. People were shopping in the stores and children were laughing and running up and down the sidewalk. The sun was shining brightly and the air was heavy with the smell of wild flowers. There wasn't a cloud in the sky. Alice Goodson was sitting on a bench across from the supermarket. She was waiting for her mother to come out of the store.

Suddenly the sound of laughter changed to screams. People started running in all directions. "It's a bear! It's a bear!" cried a little boy. And sure enough, a large black bear was slowly walking across the sidewalk toward Alice. Luckily, at that very moment, police officer Tom Hudson was driving into town...

Aa 61.4 RELACIONA LAS DEFINICIONES CON LOS ADJETIVOS CORRECTOS

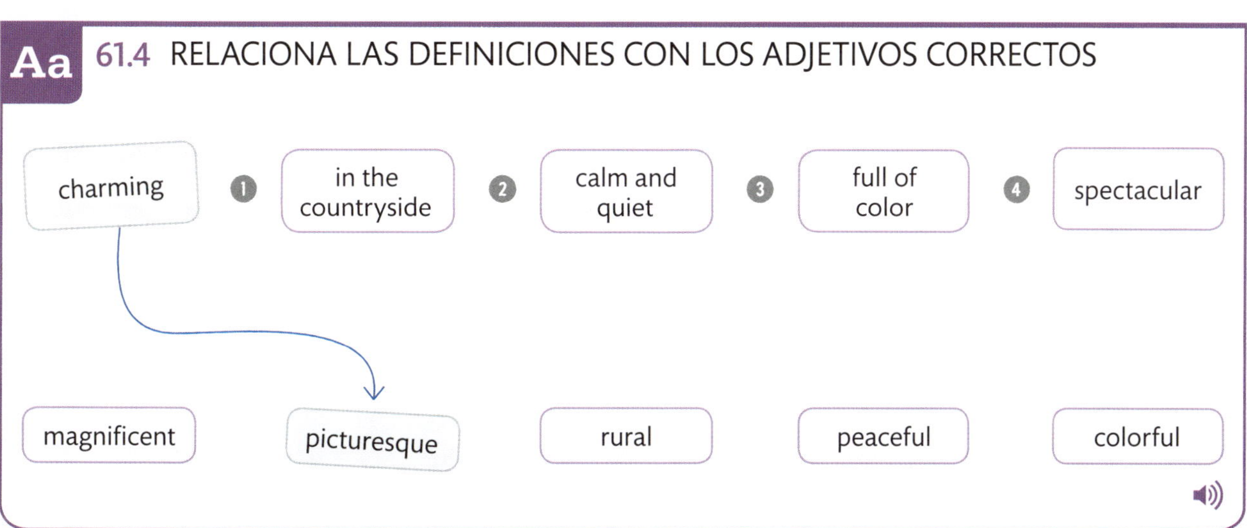

62 Acciones interrumpidas

En inglés, a menudo utilizamos el past continuous y el past simple conjuntamente para contar una historia, especialmente cuando un hecho interrumpe otro.

Lenguaje Past continuous y past simple
Vocabulario Viajes y ocio
Habilidad Describir acciones interrumpidas

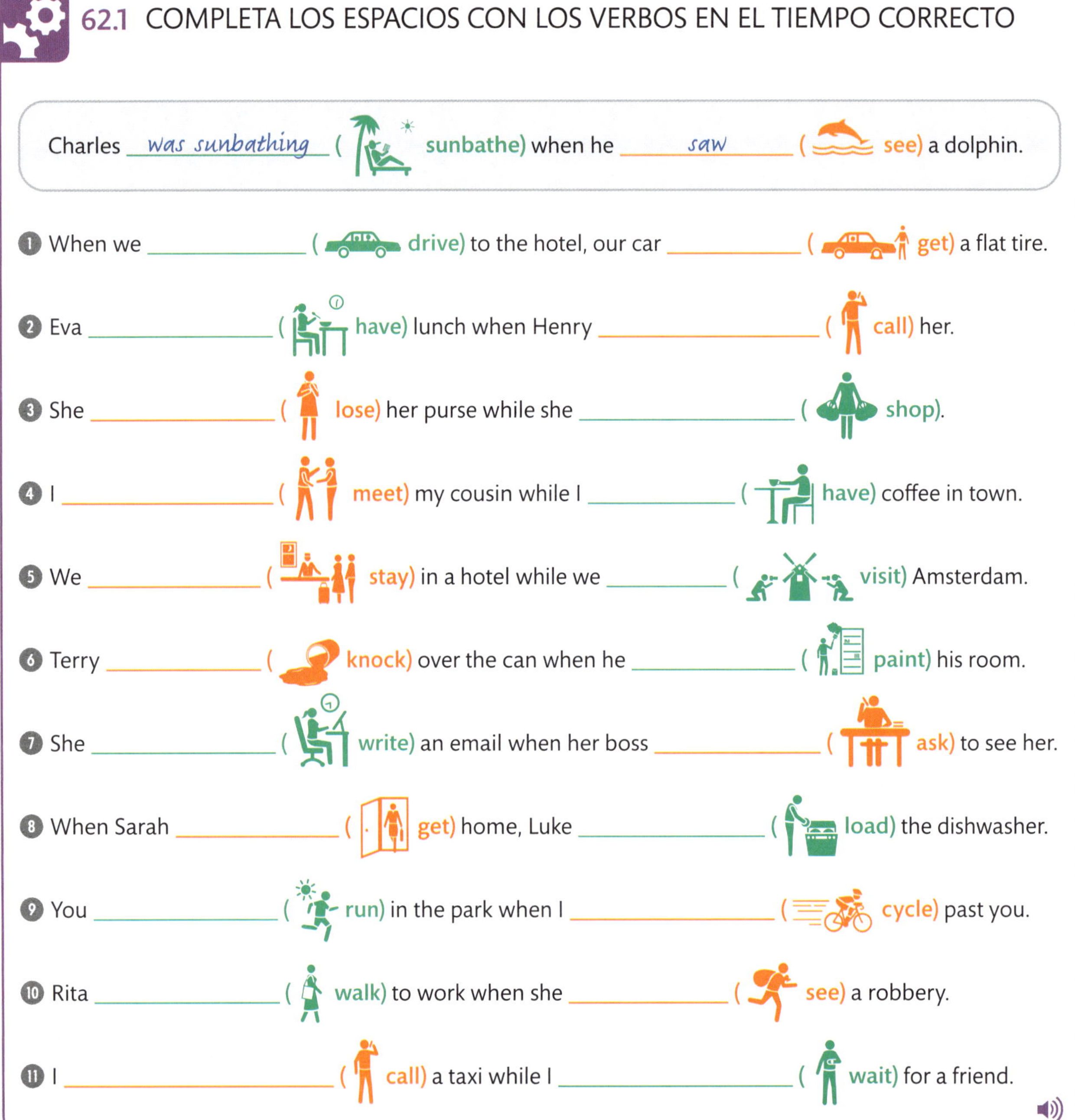

62.1 COMPLETA LOS ESPACIOS CON LOS VERBOS EN EL TIEMPO CORRECTO

Charles *was sunbathing* (sunbathe) when he *saw* (see) a dolphin.

1. When we ______ (drive) to the hotel, our car ______ (get) a flat tire.
2. Eva ______ (have) lunch when Henry ______ (call) her.
3. She ______ (lose) her purse while she ______ (shop).
4. I ______ (meet) my cousin while I ______ (have) coffee in town.
5. We ______ (stay) in a hotel while we ______ (visit) Amsterdam.
6. Terry ______ (knock) over the can when he ______ (paint) his room.
7. She ______ (write) an email when her boss ______ (ask) to see her.
8. When Sarah ______ (get) home, Luke ______ (load) the dishwasher.
9. You ______ (run) in the park when I ______ (cycle) past you.
10. Rita ______ (walk) to work when she ______ (see) a robbery.
11. I ______ (call) a taxi while I ______ (wait) for a friend.

62.2 TACHA LAS PALABRAS INCORRECTAS DE CADA FRASE

You ~~made~~ / were making dinner when the TV program started / ~~was starting~~.

1. Oscar watched / was watching TV when we arrived / were arriving from the airport.
2. Rose was drying / dried the dishes when she was dropping / dropped a plate.
3. I fell / was falling off my chair when I fixed / was fixing the light in the kitchen.
4. Lloyd hurt / was hurting his ankle while he was skiing / skied down the mountain.
5. They were listening / listened to the radio as they drove / were driving home.
6. Shelley played / was playing the piano when the phone rang / was ringing.
7. Lucy was falling / fell and hurt her arm when they were hiking / hiked near the hills.
8. The cat chased / was chasing a mouse when it ran / was running across the road.
9. Alex met / was meeting Sam when he walked / was walking down the street.

62.3 CONECTA EL INICIO Y EL FINAL DE CADA FRASE

I was drinking a soda	when I was walking around Paris.
1 Ben saw Rachel in the post office	when she burned her hand.
2 They were reading the menu	when I spilled it on the table.
3 We saw a turtle	when the waiter came to their table.
4 I was leaving the party	when it started to rain.
5 Brad was eating a hot dog	when we were swimming in the ocean.
6 They were playing outside	when everyone started to dance.
7 Maria was cooking dinner	when he was mailing a package.
8 I saw the Eiffel Tower	when he spilled ketchup on his shirt.

62.4 ESCUCHA EL AUDIO Y RESPONDE A LAS PREGUNTAS

Karl sat down while he was waiting for the bus.
True ☐ False ☑

1. Louisa bought some ice cream at the beach.
True ☐ False ☐

2. Rex crashed his skateboard into a truck.
True ☐ False ☐

3. Luke saw a bird while he was skiing.
True ☐ False ☐

4. Misaki ate a cookie while she was reading.
True ☐ False ☐

5. Jake was talking to Emma when he fell down.
True ☐ False ☐

62.5 DI LAS FRASES EN VOZ ALTA, COMPLETANDO LOS ESPACIOS

Anita *was baking* **(bake)** a cake when her children *got* **(get)** home.

1. While we ________ **(shop)**, we ________ **(meet)** Janey at the mall.
2. I ________ **(write)** an email when you ________ **(text)** me.
3. Francis ________ **(tile)** the bathroom while he ________ **(stay)** with us.
4. Tom ________ **(look)** for his phone when he ________ **(find)** his wallet.
5. The train ________ **(arrive)** while you ________ **(buy)** a newspaper.
6. Rita ________ **(walk)** in the park when she ________ **(see)** a squirrel.
7. We ________ **(learn)** Spanish while we ________ **(live)** in Madrid.
8. They ________ **(wait)** under a tree while it ________ **(rain)**.
9. They ________ **(sweep)** the floor when he ________ **(knock)** on the door.

62.6 LEE EL BLOG Y RESPONDE A LAS PREGUNTAS

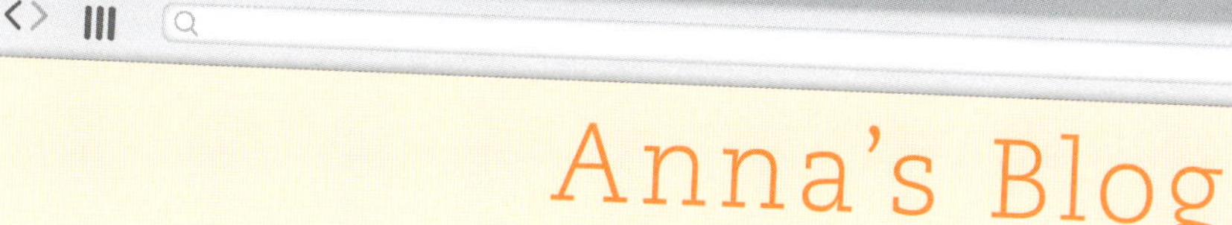

Anna's Blog

HOME | ENTRIES | ABOUT | CONTACT

POSTED MONDAY, APRIL 3

COLORFUL LUXOR

Luxor is an ancient city, full of color and astonishing sites. While I was staying there, I visited the ancient temple of Karnak. What a fascinating place! Much of the temple is still intact.

On day two, I stayed in a small hotel near the Valley of the Kings. While I was staying there, I visited the tomb of Rameses IX. While I was traveling back to my hotel, I saw a group of children. They were playing soccer next to one of the tombs. It was a bizarre sight to see this mix of ancient and modern.

On my last day, I visited the exotic "souk" in Luxor. This is the Egyptian market. It wasn't as touristy as I expected. And while I was shopping, I stopped at a small café. I drank hibiscus tea and ate dates. It was absolutely delicious! I had a fabulous time, and would love to visit Luxor again.

Luxor is a modern city.
True ☐ **False** ☑

1. Anna thinks the temple of Karnak is interesting.
True ☐ **False** ☐

2. The temple of Karnak is completely ruined.
True ☐ **False** ☐

3. Anna visited the tomb of Rameses IX.
True ☐ **False** ☐

4. Anna saw some children inside a tomb.
True ☐ **False** ☐

5. The "souk" is an Egyptian temple.
True ☐ **False** ☐

6. Anna thought the "souk" was very touristy.
True ☐ **False** ☐

7. While Anna was shopping, she went to a café.
True ☐ **False** ☐

8. She ate dates in the hotel.
True ☐ **False** ☐

9. She drank jasmine tea in the café.
True ☐ **False** ☐

63 Acontecimientos del pasado

En inglés, utilizamos la forma pasiva del past simple para hablar de hechos del pasado en el que el efecto de la acción tiene más importancia que la causa de la acción.

Lenguaje Forma pasiva del past simple
Aa Vocabulario Desastres medioambientales
Habilidad Hablar de hechos importantes

63.1 COMPLETA LOS ESPACIOS PONIENDO LOS VERBOS EN LA FORMA PASIVA DEL PAST SIMPLE

The steel factory *was damaged* (**damage)** in the fire.

1. Many people ______ (**injure)** in the train accident last night.
2. A man and two children ______ (**rescue)** after the boat capsized in the lake.
3. Too many trees ______ (**cut down)** last year.
4. Thankfully, people's homes ______ (**not flood)** during the storms last week.
5. The country's most beautiful river ______ (**pollute)** by industrial chemicals.
6. The old office building ______ (**not demolish)**. It was restored instead.
7. The beaches ______ (**cover)** in oil when the oil tanker sank off the coast.
8. The animals ______ (**not hurt)** when there was a fire at the zoo.
9. The hotel ______ (**destroy)** by a hurricane last summer.
10. Toxic chemicals ______ (**spill)** onto the road when a truck crashed into the barrier.
11. Three men ______ (**question)** by the police after the incident.

63.2 VUELVE A ESCRIBIR LAS FRASES CORRIGIENDO LOS ERRORES

This building weren't build in 2002.
This building wasn't built in 2002.

1. Chemicals were release into the air.
2. The factory was destroy yesterday.
3. The lake wasn't pollute with oil.
4. The drinking water were contaminate.
5. Some of the animals were kill.
6. The trees was all cut down.
7. The animals and birds was rescued.
8. Many fish was find dead.
9. All the passengers were rescue.
10. The train line wasn't damage.
11. Some people was injure.
12. The café wasn't destroy in a fire.
13. All the fields were flood.
14. Our train was delay for an hour.
15. Many dolphins were save.

63.3 ESCUCHA EL AUDIO Y MARCA SI LOS ACONTECIMIENTOS SE DESCRIBEN UTILIZANDO LAS VOCES ACTIVA O PASIVA

Activa ☑ Pasiva ☐

1 Activa ☐ Pasiva ☐

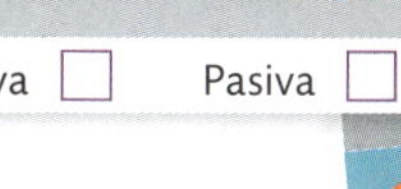
2 Activa ☐ Pasiva ☐

3 Activa ☐ Pasiva ☐

4 Activa ☐ Pasiva ☐

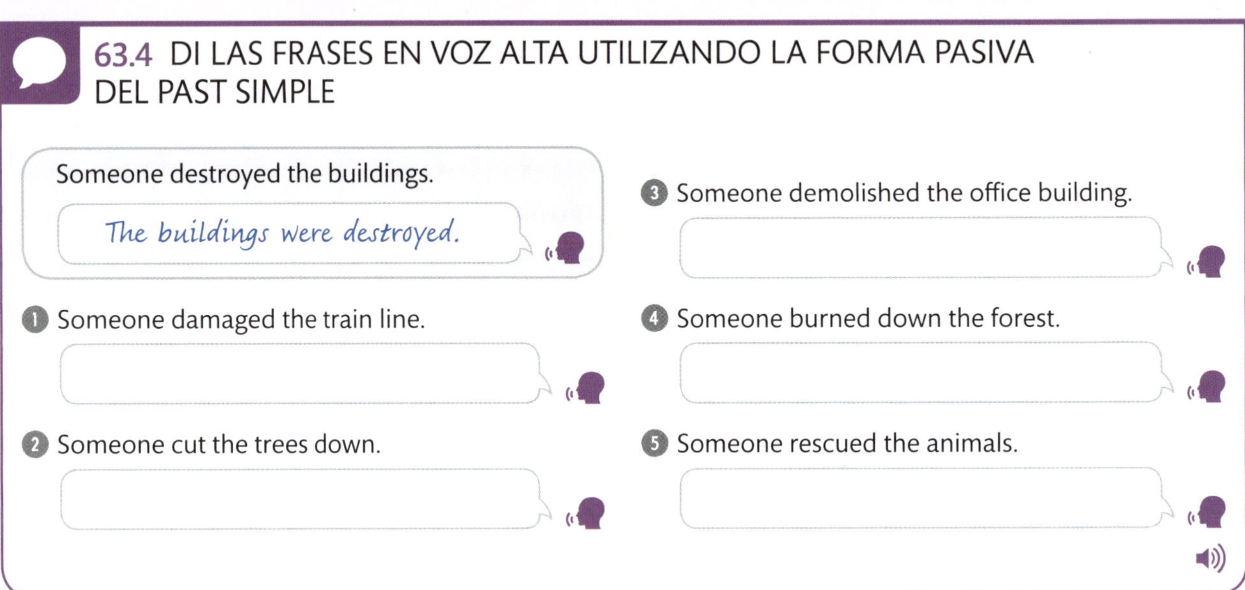

63.4 DI LAS FRASES EN VOZ ALTA UTILIZANDO LA FORMA PASIVA DEL PAST SIMPLE

Someone destroyed the buildings.

The buildings were destroyed.

1. Someone damaged the train line.
2. Someone cut the trees down.
3. Someone demolished the office building.
4. Someone burned down the forest.
5. Someone rescued the animals.

63.5 VUELVE A ESCRIBIR LAS FRASES PONIENDO LAS PALABRAS EN SU ORDEN CORRECTO

forest | The | fire. | destroyed | in | was | the

The forest was destroyed in the fire.

1. oil | beaches | were | in | covered | yesterday. | The
2. weekend. | on | were | the | delayed | trains | All | the
3. buildings | storm. | weren't | The | the | during | flooded
4. were | fire. | people | Some | the | injured | in
5. storm. | the | damaged | line | The | train | was | during

Aa 63.6 COMPLETA LOS ESPACIOS CON LAS PALABRAS DEL RECUADRO

Scientists say extreme weather is caused by *global climate change.*

1. The ______________ happened when the oil tanker sank.
2. The explosion was caused by a ______________ in the factory.
3. ______________ is caused when polluted air mixes with fog.
4. Droughts in some parts of the world may lead to ______________.
5. Soil erosion is sometimes caused by ______________.
6. Twelve people were rescued from the sea after the ______________.
7. The ______________ happened when the river burst its banks.

shipwreck
~~global climate change~~
gas leak
famine
flood
smog
oil spill
deforestation

63.7 LEE EL ARTÍCULO Y RESPONDE A LAS PREGUNTAS CON FRASES COMPLETAS

What happened to the oil tanker?
It was thrown onto its side.

1. How many crew were rescued?
____
2. Where were they taken?
____
3. What was spilled into the ocean?
____
4. What happened to the sea birds?
____
5. What was found on the beach?
____

18 AROUND THE WORLD

OIL SPILL

Leakage from oil tanker wreaks havoc on marine life

An oil tanker was caught in a violent storm off the Florida coast last weekend. The oil tanker was on its way to Mexico when it was thrown onto its side by huge waves and powerful winds. Eighteen crew were rescued by the emergency services late on Saturday night and they were taken to the hospital to be checked. During the weekend thousands of gallons of oil were spilled into the ocean. On Monday morning, hundreds of birds were rescued from the beach by volunteers. The birds were covered in oil and many of them were dying. Thousands of dead fish were found in the sea and on the beach. This is an environmental disaster on a huge scale.

64 Antes y después

En inglés, utilizamos el past perfect y el past simple para hablar de dos o más hechos que ocurrieron en diferentes momentos del pasado.

Lenguaje Past perfect y past simple
Aa Vocabulario Artes
Habilidad Describir una secuencia de hechos

64.1 COMPLETA LOS ESPACIOS PONIENDO LOS VERBOS EN PAST SIMPLE Y PAST PERFECT

She *loved* (love) the present I *had given* (give) her for Christmas.

1. The movie ________ (start) by the time we ________ (arrive) at the movie theater.
2. It ________ (be) the most impressive sculpture I ________ (see) for a long time.
3. They ________ (close) the road because there ________ (be) an accident.
4. Mary ________ (do) the shopping before I ________ (can) offer to help.
5. Gregory ________ (travel) around Asia before he ________ (go) to college.
6. She ________ (not see) him for years, but it ________ (be) just like old times.

64.2 VUELVE A ESCRIBIR LAS FRASES CORRIGIENDO LOS ERRORES

I went to Paul's house in the morning, but he already went to work.
I went to Paul's house in the morning, but he had already gone to work.

1. The gallery call for my painting before I finish it.
2. She had known she had met Peter and Sarah somewhere before.
3. When I get home, I realized I forget my car key at my friend's house.
4. Some people have already left when we arrived at my friend's birthday party.

64.3 CONECTA EL INICIO Y EL FINAL DE CADA FRASE

I called my sister, → but she had already gone to bed.

1. The thieves broke into the house
2. He hadn't seen the hole in the road
3. She put on a warm coat
4. He didn't cook dinner until
5. They really enjoyed the meal
6. You didn't ask me
7. I couldn't remember

- so he drove into it.
- he had taken the dog for a walk.
- where they had been on vacation.
- but she had already gone to bed.
- how my interview had gone.
- because he had forgotten to lock the door.
- we had cooked for them.
- because it had started to snow.

64.4 ESCUCHA EL AUDIO Y NUMERA LAS IMÁGENES EN EL ORDEN EN QUE SE DESCRIBEN

A ☐

B ☐

C ☐

D ☐

E 1

F ☐

64.5 COMPLETA LOS ESPACIOS CON LAS PALABRAS DEL RECUADRO

We offered to help, but he *had already fixed* it.

1. I called the office, but everyone ______________________ .
2. Finn ______________ again even though he had already seen it.
3. Helen was sorry that she ______________________ kinder.
4. Paul ______________ bed after he had loaded the dishwasher.
5. He ________________ before anyone else had finished theirs.
6. Liz called Jill but she ______________________ her phone.
7. I couldn't remember where we __________________ before.
8. I'm sorry you ________________ that we had already gone out.
9. He ______________________ after he had tried on three pairs.
10. The waiter left after he ______________________ our orders.

didn't know
had taken
had turned off
bought some jeans
had already left
hadn't been
finished his meal
~~had already fixed~~
watched the movie
had met
went to

64.6 DI LAS FRASES EN VOZ ALTA, COMPLETANDO LOS ESPACIOS

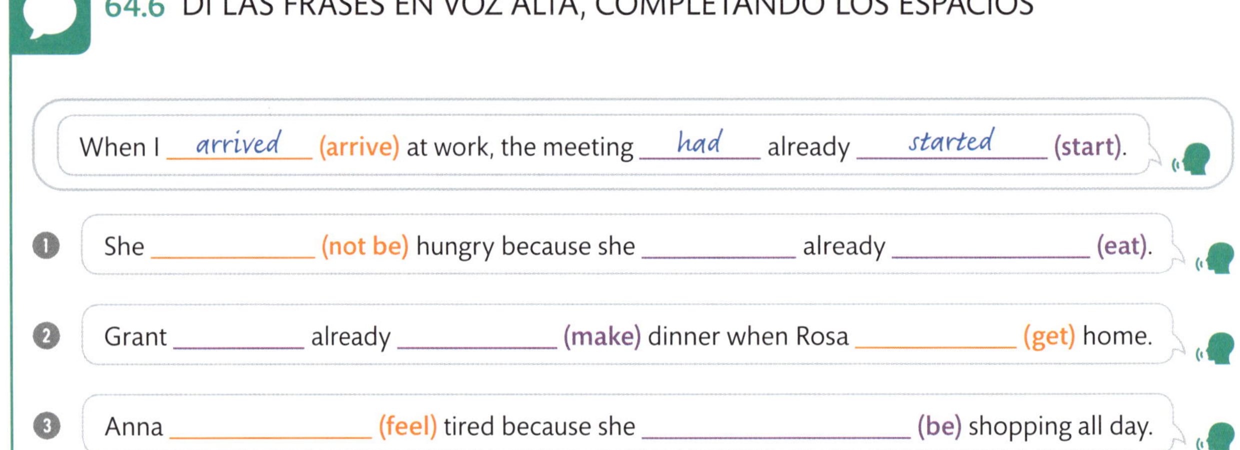

When I *arrived* (arrive) at work, the meeting *had* already *started* (start).

1. She ____________ (not be) hungry because she ___________ already ______________ (eat).
2. Grant _________ already ____________ (make) dinner when Rosa ____________ (get) home.
3. Anna ______________ (feel) tired because she ____________________ (be) shopping all day.
4. He ______________ (pass) his driving test because he _____________ (have) a lot of lessons.
5. Eric ___________ (send) the report to his boss after he ______________________ (check) it.

64.7 LEE EL ARTÍCULO Y RESPONDE A LAS PREGUNTAS CON FRASES COMPLETAS

30 HEALTH HISTORY

CURE FOR SMALLPOX

How Edward Jenner accidentally discovered the world's first vaccine

In the late 18th century, an English doctor called Edward Jenner wanted to find a cure for smallpox. Smallpox was a serious disease that killed a lot of people every year. Jenner noticed that if you had had cowpox, which was a similar but less serious disease, you didn't catch smallpox. In 1796, he did an experiment to prove his theory. He gave cowpox to a little boy by infecting a small cut on his arm. After the little boy had recovered, Jenner infected him again with smallpox. The little boy never became ill with smallpox and Jenner decided it was because the cowpox had protected him. The little boy's name was James Phipps and he had received the first vaccination in the world.

STATUE OF BRITISH PHYSICIAN EDWARD JENNER

What disease did Jenner want to find a cure for in the late 18th century?

Jenner wanted to find a cure for smallpox.

1. What did Jenner notice about people who had had cowpox?

2. What method did Jenner use to give the little boy cowpox?

3. What happened after Jenner had infected the little boy with cowpox?

4. When did Jenner infect the little boy with smallpox?

5. What happened after Jenner had infected the little boy with smallpox?

6. Why didn't the little boy get smallpox even though he was infected by Jenner?

65 Primeras veces

Cuando hablamos de la primera vez que ocurrió algo, como la primera vez que visitamos un lugar, solemos utilizar "never" o "ever" con el past perfect o el present perfect.

Lenguaje "Never" / "ever" con verbos en pasado
Aa Vocabulario Adjetivos sobre viajes
Habilidad Describir nuevas experiencias

65.1 TACHA LA PALABRA INCORRECTA DE CADA FRASE

That was a fantastic vacation. We had ~~ever~~/ **never** been to Bali before.

1  It was the first time we had **ever** / **never** eaten sushi. We loved it.

2  We stayed in Seville. I had **ever** / **never** seen flamenco dancing before.

3  It was the first time he had **ever** / **never** ridden a horse. He fell off twice!

4  She had **ever** / **never** been scuba diving before. She saw a beautiful turtle.

5  It was the first time she had **ever** / **never** visited Paris. She saw the Eiffel Tower.

6  He was so happy. He had **ever** / **never** had so many birthday presents.

7  We had **ever** / **never** run a marathon before. It was totally exhausting.

8  It was the first time I had **ever** / **never** seen the Great Pyramids. They were amazing.

9  He didn't know what to do. He had **ever** / **never** had a flat tire before.

10  They weren't happy. They had **ever** / **never** had such bad service before.

11  It was awesome! It was the first time I had **ever** / **never** flown in a helicopter.

65.2 MARCA LAS FRASES CORRECTAS

I don't like sports. I had never played basketball or volleyball. ☐
I don't like sports. I've never played basketball or volleyball. ☑

1. Eva is very excited. She had ever seen a play at the theater before. ☐
   Eva is very excited. She has never seen a play at the theater before. ☐

2. He loves it. It was the first time he had ever driven a sports car. ☐
   He loved it. It was the first time he had ever driven a sports car. ☐

3. Robin has broken his leg. It is the first time he has ever been to a hospital. ☐
   Robin has broken his leg. It is the first time he had ever been to a hospital. ☐

4. They had never visited Rio de Janeiro before. It was amazing. ☐
   They have ever visited Rio de Janeiro before. It was amazing. ☐

65.3 ESCUCHA EL AUDIO Y RESPONDE A LAS PREGUNTAS

Mike y Rachel hablan de los lugares de Asia en los que han estado.

Where did Rachel go for the first time last year?
Thailand ☐
India ☑
Vietnam ☐

1. Which city did Rachel visit in Rajasthan?
   Kolkata ☐
   Delhi ☐
   Jaipur ☐

2. The most beautiful thing she had ever seen was...
   the elephant festival ☐
   the city ☐
   the colorful markets ☐

3. Has Mike ever been to India?
   Yes, he has been once. ☐
   Yes, he has been several times. ☐
   No, he hasn't. ☐

4. Which country has Rachel never been to?
   Thailand ☐
   Vietnam ☐
   Cambodia ☐

5. What did Mike see for the first time in Bangkok?
   An ancient palace ☐
   A Buddhist temple ☐
   A castle ☐

Aa 65.4 COMPLETA LOS ESPACIOS CON LAS PALABRAS DEL RECUADRO

Hi Phil,

This is the first time we have *ever been* to Spain. We've just spent the morning in the Barrio Santa Cruz in Seville. It has been ________ with tourists for years and the streets are lined with ________ old flats. It's a long way from the modern ________ apartment buildings. Then, we walked to the Alcázar, an ________ palace. We ________ seen anything so beautiful.

See you soon! Lily

charming
~~ever been~~
ancient
high-rise
popular
had never

65.5 DI LAS FRASES EN VOZ ALTA, COMPLETANDO LOS ESPACIOS CON FRASES CON "EVER" O "NEVER"

I hadn't skied before. I skied for the first time last year.

Last year was *the first time I had ever skied.*

1. Before I learned to sail and windsurf, I hadn't tried water sports.

   I ________

2. I've never ridden a camel in the desert before.

   It's the ________

3. They hadn't been on a safari in Africa before.

   It was ________

4. We have never visited the Metropolitan Museum in New York before.

   It's the ________

66 Vocabulario

Aa 66.1 **MODISMOS COMUNES** ESCRIBE LOS MODISMOS DEL RECUADRO BAJO SUS DEFINICIONES

Excessive or lacking restraint

over the top

❶ Feel unwell

____

❷ Tease or fool somebody

____

❸ Be a nuisance

____

❹ Confront the consequences of your actions

____

❺ Be unwilling to commit or make a decision

____

❻ Be completely and utterly in love with someone

____

❼ Look after or watch carefully

____

❽ Hear information or news via gossip or rumor

____

❾ Help

____

❿ Be under time pressure to get something done

____

⓫ Have a sudden loss of confidence

____

⓬ Let yourself go or relax

____

⓭ To be kind and good-natured

____

be head over heels	be against the clock	be a pain in the neck	~~over the top~~	get cold feet
have a heart of gold	keep an eye on	sit on the fence	let your hair down	face the music
feel under the weather	lend a hand	hear something on the grapevine		pull someone's leg

67 Contar una historia

El past continuous, el past simple y el past perfect se utilizan a menudo juntos para describir acontecimientos del pasado con detalle. Esto es especialmente útil para contar historias.

Lenguaje Tiempos narrativos
Aa Vocabulario Modismos para contar historias
Habilidad Usar tiempos verbales en pasado

67.1 COMPLETA LOS ESPACIOS CON LOS VERBOS EN EL TIEMPO CORRECTO

It *was snowing* (snow) heavily, so we *booked* (book) a vacation in the mountains.

1. We ______ (drive) home when a rabbit ______ (run) across the road.
2. She ______ (go) to Japan last year because she ______ (want) to go for years.
3. He ______ (buy) a house in the Caribbean after he ______ (win) the lottery.
4. Marianne ______ (live) in Lisbon when she ______ (meet) her husband.
5. I ______ (sunbathe) by the pool when a huge insect ______ (land) on my arm.
6. We ______ (walk) home one night when we ______ (see) a strange light in the sky.
7. I ______ (be) nervous because I ______ (never be) skiing before.
8. I ______ (offer) them some lunch, but they ______ (already eat).
9. When we ______ (return), someone ______ (steal) all our luggage.
10. They ______ (climb) in the Rockies when they ______ (hear) an avalanche.
11. The party ______ (already begin) by the time we ______ (arrive).

67.2 MARCA LAS FRASES CORRECTAS

People were singing and dancing when suddenly they were hearing a noise. ☐
People were singing and dancing when suddenly they heard a noise. ☑

1. The old lady had just arrived home when the doorbell rang loudly. ☐
   The old lady had just arrived home when the doorbell was ringing loudly. ☐
2. Elliot was having enough of her bad behavior and he decided to leave. ☐
   Elliot had had enough of her bad behavior and he decided to leave. ☐
3. Milly was waiting for her interview when her father sent her a text. ☐
   Milly waiting for her interview when her father sent her a text. ☐
4. I had just gone to bed when I realized I have forgotten to lock the door. ☐
   I had just gone to bed when I realized I had forgotten to lock the door. ☐
5. You couldn't read the message because you weren't putting on your glasses. ☐
   You couldn't read the message because you hadn't put on your glasses. ☐

67.3 COMPLETA LOS ESPACIOS CON LAS PALABRAS DEL RECUADRO

It ___was___ a bright summer's day and a young man ___was playing___ his guitar.

1. A small crowd of people ______________ around him to listen.
2. He stopped playing and the people ______________ politely and started to walk away.
3. The man quickly put down his guitar and ______________ his violin case.
4. He looked down at his small gray dog that ______________ at his feet.
5. As soon as the young man ______________ to play, the little dog ______________.
6. It began to bark and jump around enthusiastically. The crowd ______________ to watch the spectacle.

opened	had gathered	was sleeping	woke up	~~was~~
clapped	started	~~was playing~~	returned	

67.4 CONECTA EL INICIO Y EL FINAL DE CADA FRASE

The weather had been fine all day	because she had lost her teddy bear.
1 The little girl was crying	when he found a wallet on the ground.
2 I had just opened my front door	and the wind was howling in the trees.
3 Luke was walking across the street	but by the afternoon it had turned cold.
4 She had just fallen asleep	when they saw the lightning strike.
5 They were watching the storm	when a noise outside woke her up.
6 Ellie hadn't expected to marry Tim	when she broke one of her teeth.
7 Mary was eating an apple	until he proposed to her on the beach.
8 It was a cold, dark night	when I saw a large package in the hall.

67.5 TACHA LAS PALABRAS INCORRECTAS DE CADA FRASE

The car had broken down and she was / ~~had been~~ / ~~was being~~ in the middle of nowhere.

1 They were scuba diving in the Indian Ocean when they had seen / saw / were seeing a pod of dolphins.

2 When Sue arrived at the party she realized that she forgets / forgot / had forgotten Jo's present.

3 It was the first time she was ever / had ever been / has ever been on vacation alone.

4 Ronnie waited / had waited / was waiting for his bus when he saw a young man steal a car.

5 They had just started / were starting / started eating their meal when the waiter fainted.

6 As he watched / watches / had watched the car drive away he knew he would never see her again.

7 A small group of people stood / were standing / had stood on the platform when they heard a scream.

8 She had run / was running / ran for the train when she tripped and her bag burst open.

9 Harry was looking through his telescope when he thought he was seeing / saw / had seen a UFO.

67.6 DI LAS FRASES EN VOZ ALTA UTILIZANDO LOS MODISMOS DEL RECUADRO

I said I'd help you.

I said I'd lend a hand.

1. Mr. Foster delayed making a decision.

2. The sales team is always alert and efficient.

3. Linda had to accept the consequences.

4. Robert's reply was absolutely correct.

5. Your little brother can be really annoying.

face the music

~~lend a hand~~

hit the nail on the head

a pain in the neck

on the ball

sat on the fence

67.7 RELACIONA CADA DIBUJO CON LA FRASE CORRECTA

Mrs. Salter is keeping an eye on the twins this afternoon.

Lizzie has always been the teacher's pet.

Maxine heard about Jill's wedding on the grapevine.

Oliver is feeling under the weather so he's staying in bed.

Anna is very kind. She's got a heart of gold.

Jane and Calum are head over heels in love.

Dev's reaction to the news was over the top.

68 ¿Qué pasó cuando...?

Para indicar el orden en que ocurrieron los hechos en el pasado, podemos usar adverbios y locuciones adverbiales temporales. Son útiles si queremos contar una historia.

Lenguaje Adverbios y expresiones temporales
Aa Vocabulario Maneras de contar una historia
Habilidad Ordenar hechos

68.1 COMPLETA LOS ESPACIOS CON LAS PALABRAS DEL RECUADRO

Just as we were getting on the train, we saw her getting off.

1. She was always late for work, and ______________ lost her job.
2. We got to the station at 8:50pm and left ______________ .
3. Call me ______________ you get home tonight.
4. ______________ we got to the bar, it started to snow.
5. Sue was leaving the store ______________ that we got there.

shortly afterward
at the very moment
~~just as~~
consequently
not long before
as soon as

68.2 TACHA LAS PALABRAS INCORRECTAS DE CADA FRASE

~~Consequently~~ / Just as we were leaving the house, Sharon arrived.

1. Not long before / Shortly afterward I called him, he sent me an email.
2. He worked hard, and as soon as / consequently was promoted.
3. Just as / Consequently he was leaving, a parcel arrived.
4. Jack called shortly afterward / just as I got home from work.
5. I got on the Number 8 bus and saw the Number 10 bus shortly afterward / just as.
6. Just as / As soon as I heard the news, I told Phil.
7. She ate too much, and not long before / consequently felt sick.
8. Just as / Shortly afterward I was finishing my lunch, Dan walked in.

68.3 DI LAS FRASES EN VOZ ALTA, COMPLETANDO LOS ESPACIOS CON LAS PALABRAS DEL RECUADRO

I saw Lou coming out of the store *just as* I was going in.

1. He drove too fast, and ______________________ was fined by the police.
2. I got to the party at 8pm, and Anne arrived ______________________ .
3. We decided to go inside ______________________ it started raining.
4. They had had a baby ______________________ they moved.

not long before ~~just as~~ consequently shortly afterward as soon as

68.4 VUELVE A ESCRIBIR LAS FRASES CORRIGIENDO LOS ERRORES

As just as we were driving past the station, we saw her getting on the bus.
Just as we were driving past the station, we saw her getting on the bus.

1. She bought an expensive car shortly afters getting an exciting new job.

2. I called my parents as soon I got the results of my exams.

3. The woman slipped on the ice and subsequent fell into the water.

4. Pippa had dropped her phone in a puddle not before long it stopped working.

68.5 LEE EL CORREO Y RESPONDE A LAS PREGUNTAS CON FRASES COMPLETAS

To: Lilah S.

Subject: Henry's hiking adventure

Hi Lilah,

Did you hear about Henry's adventure last weekend? He'd arranged to go hiking in the mountains with his friend Joe. Just as he was leaving, his phone rang. It was Joe saying he couldn't come, because someone had crashed into his car not long before. As soon as they heard the news, Henry's friends said he shouldn't go. But Henry decided to go anyway.

Shortly after setting off, Henry realized he had lost his compass. He stopped at a store to buy a new one. Not long after he set off, it started to get cloudy and rain. By the time Henry had walked for two hours, he could hardly see in front of him. A few moments earlier he had been sure of the way, but now his new compass wasn't working and he was lost. Consequently, he called the mountain rescue. By the time they arrived, he was soaked and cold. They told him he'd had a lucky escape.

See you soon.

Becky x

What happened just as Henry was leaving?

His phone rang just as he was leaving.

1. Why couldn't Joe come hiking?

2. What did Henry's friends say as soon as they heard the news?

3. When did Henry realize that he had lost his compass?

4. What happened not long after Henry set off?

5. What happened by the time Henry had walked for two hours?

68.6 CONECTA LAS IMÁGENES CON LAS FRASES CORRECTAS

He was late getting to the station. Consequently, he missed the train.

3 

She got home late and fell asleep shortly afterward.

1 

As soon as the babysitter had arrived, they put on their coats.

4 

Just as she blew out the candles, everyone started clapping.

2 

Not long before she got home, her phone rang.

5 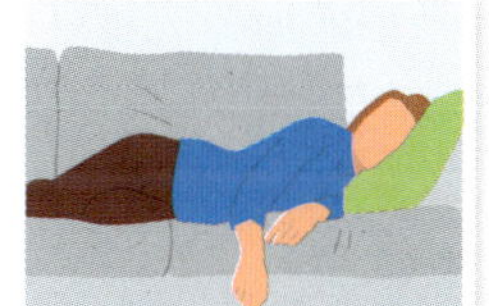

Just as Tom was leaving, I realized he'd left his phone on the table.

68.7 ESCUCHA EL AUDIO Y RESPONDE A LAS PREGUNTAS

Blake habla de la experiencia de mudarse a una nueva casa.

Blake's phone started ringing when he was signing the papers.
True ☑ False ☐

1. Blake called the realtor as soon as he heard the news.
True ☐ False ☐

2. The buyer wanted to move later because he had gone into the hospital.
True ☐ False ☐

3. The movers arrived at Blake's house at the same time as Blake did.
True ☐ False ☐

4. Shortly after moving into his new house, Blake received flowers from the lawyer.
True ☐ False ☐

69 Lo que han dicho otros

En inglés, llamamos a las palabras que dice alguien "direct speech". Pero si quieres decirle a alguien lo que otra persona ha dicho, se conoce como "reported speech".

Lenguaje Reported speech
Aa Vocabulario Trabajo y educación
Habilidad Hablar de la vida de las personas

69.1 VUELVE A ESCRIBIR LAS FRASES UTILIZANDO REPORTED SPEECH

I live in New York City with my wife and two children.
He *said that he lived in New York City with his wife and two children.*

1. I'm a police officer, and I wear a uniform to work every day.
   He ______
2. I go swimming every Tuesday evening at the sports center.
   She ______
3. I work in a travel agency in the southern part of a busy town.
   She ______
4. Sarah and her sister like listening to jazz music and playing the piano.
   You ______
5. They want to go to Mexico on vacation with their friends.
   She ______
6. We usually eat sandwiches for lunch and have a hot meal in the evening.
   They ______
7. Tom runs really fast, and he takes part in lots of competitions.
   She ______
8. I don't like getting up in the morning, and I'm always tired at work.
   He ______
9. He doesn't watch TV in the evenings because he's too busy at work.
   She ______

69.2 VUELVE A ESCRIBIR LAS FRASES PONIENDO LAS PALABRAS EN SU ORDEN CORRECTO

said | was | She | that | beautiful. | house | our

She said that our house was beautiful.

1. liked | he | color | said | blue. | He | that | the

2. camping | They | year. | said | went | that | they | every

3. car. | bought | had | She | that | said | she | a

4. liked | Vancouver. | I | that | said | I | visiting

5. he | that | eat | didn't | said | meat. | He | red

69.3 RELACIONA LOS PARES DE FRASES

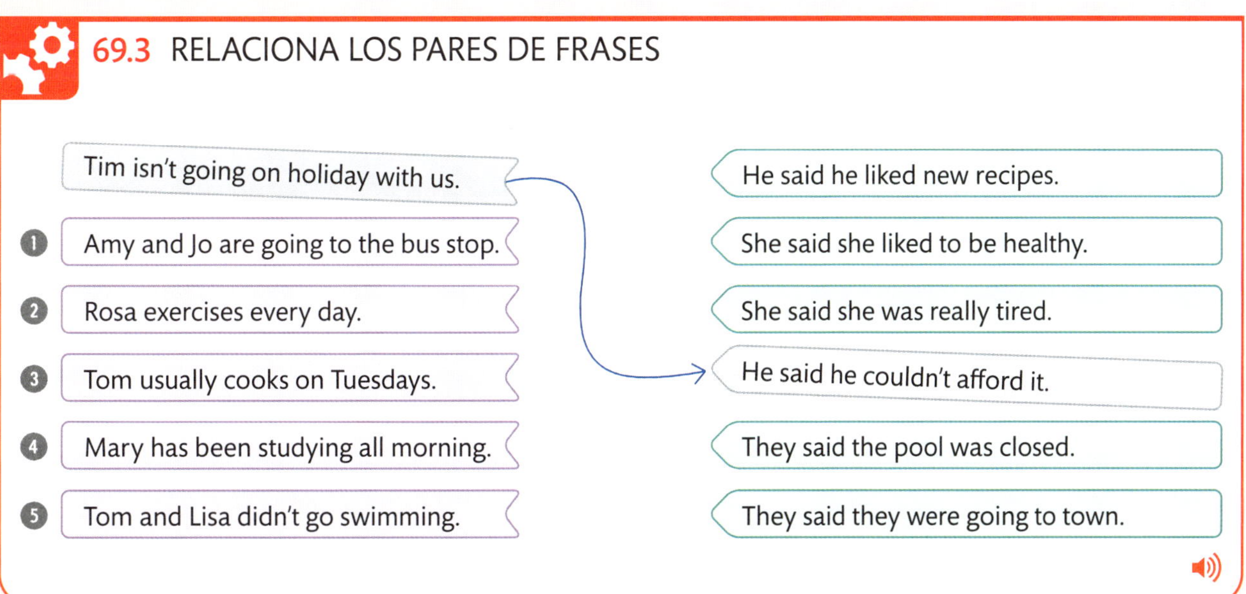

Tim isn't going on holiday with us. → He said he couldn't afford it.

1. Amy and Jo are going to the bus stop.
2. Rosa exercises every day.
3. Tom usually cooks on Tuesdays.
4. Mary has been studying all morning.
5. Tom and Lisa didn't go swimming.

He said he liked new recipes.

She said she liked to be healthy.

She said she was really tired.

He said he couldn't afford it.

They said the pool was closed.

They said they were going to town.

69.4 DI LAS FRASES EN VOZ ALTA, UTILIZANDO REPORTED SPEECH

I go to school in the northern part of Thailand.

He *said that he went to school in the northern part of Thailand.*

1. I work in a bookshop in a small village located near the lake.

   She ______________________________

2. We usually eat salad at lunchtimes during the week.

   They ______________________________

3. I don't like cycling downtown as it is very crowded.

   He ______________________________

4. We will probably visit our aunt in Italy to celebrate her birthday.

   They ______________________________

5. We're going to the theater on Tuesday.

   She ______________________________

6. Jane is working abroad as a teacher.

   He ______________________________

7. He's learning to play the guitar.

   She ______________________________

8. They've lived in that house for a year.

   She ______________________________

9. She's studying Japanese at the local college.

   He ______________________________

69.5 LEE EL CORREO Y RESPONDE A LAS PREGUNTAS CON FRASES COMPLETAS

To: Ben

Subject: Life in New Zealand

Hi Ben,

I'm having fun in New Zealand. It's a really amazing country. I've spent the past three weeks here in Queenstown. I'm working as a waiter in a busy restaurant. It's hard work, but the pay is good. When it's really busy, I have to help out in the kitchen.

I've made some great friends and I've been able to save some money. Queenstown is a really lively, fun city. People come here to do adventure sports, so the bars and restaurants are always full of young people. I'm going to stay here for a few more weeks, and then I'll head over to Australia to see my cousins.

Hope things are good with you.

Pete

Where did Pete say he was having fun?
Pete said he was having fun in New Zealand.

1. What did he say about New Zealand?

2. How long did he say he had spent in Queenstown?

3. Where did he say he was working?

4. What did he say about the pay?

5. What did he say he had to do when it was busy?

6. What did he say he had been able to do?

7. Why did he say people came to Queenstown?

8. How long did he say he was going to stay there?

9. Who did he say he would see in Australia?

70 Decir algo a alguien

Puedes utilizar tanto "say" como "tell" cuando uses el reported speech. El significado es el mismo, pero al usar "tell" indicamos la persona con quien hablamos.

Lenguaje Reported speech con "tell"
Aa Vocabulario Colocaciones con "say" y "tell"
Habilidad Hablar de verdades y mentiras

70.1 COMPLETA LOS ESPACIOS CON "SAID" O "TOLD"

She *said* that she loved music.

1. We ________ him that we could help.
2. He ________ me that he had a sister.
3. Tina ______ that she lived in the suburbs.
4. You ______ that you would do the dishes.
5. I ________ him that I had to work late.
6. Rob ________ that he loved his job.
7. You ________ us it was your birthday.

70.2 MARCA LAS FRASES CORRECTAS

She said she would come to the party. ☑
She said me she would come to the party. ☐

1. Henry said us that he had a new car. ☐
   Henry told us that he had a new car. ☐
2. We said him that the film was boring. ☐
   We told him that the film was boring. ☐
3. I told Jim to call you in the evening. ☐
   I said Jim to call you in the evening. ☐
4. Maria said me that it was her bike. ☐
   Maria said that it was her bike. ☐
5. They told us it would start in 10 minutes. ☐
   They told it would start in 10 minutes. ☐
6. We said them the food was bad. ☐
   We told them the food was bad. ☐
7. I told I wanted to leave early. ☐
   I said that I wanted to leave early. ☐
8. Gina told me it was her anniversary. ☐
   Gina told it was her anniversary. ☐
9. Leo said that he enjoyed dancing. ☐
   Leo told that he enjoyed dancing. ☐

70.3 VUELVE A ESCRIBIR LAS FRASES EN REPORTED SPEECH

I'll meet you at the restaurant. = He said *that he'd meet me at the restaurant.*

1. I want to buy a car. = She told him ______
2. I'm going to Buenos Aires on vacation. = I told them ______
3. We've really enjoyed the party. = We said ______
4. I'm going to redecorate the house. = He told her ______
5. I bought a new skirt this morning. = She said ______
6. The weather is looking bad. = He told them ______
7. We'll look after your cat. = We told you ______
8. It's your turn to make dinner. = I said ______
9. We need to buy a present for Mom. = She told us ______
10. We're going to do some gardening. = We said ______
11. We'll wait for you outside. = They told me ______
12. You can make yourselves some coffee. = She said ______

70.4 ESCUCHA EL AUDIO Y RESPONDE A LAS PREGUNTAS

Finn le cuenta a su amigo Pete su desastroso fin de semana.

Finn met his girlfriend for dinner on Saturday.
True ☐ **False** ☑ **Not given** ☐

1. Finn's girlfriend Esme arrived late for lunch.
True ☐ **False** ☐ **Not given** ☐

2. Esme said she had missed the bus.
True ☐ **False** ☐ **Not given** ☐

3. Finn thought Esme was lying.
True ☐ **False** ☐ **Not given** ☐

4. Esme got a taxi home.
True ☐ **False** ☐ **Not given** ☐

5. Finn told her not to call him.
True ☐ **False** ☐ **Not given** ☐

70.5 LEE EL CORREO Y COMPLETA LOS ESPACIOS EN EL RESUMEN EN REPORTED SPEECH

To: Mark
Subject: Working late

Hi Mark,
I'm writing from the office. I'm still here. I'm going to be late home from work tonight. My boss has just given me a report to write up for tomorrow. I don't know why he didn't give it to me earlier. I made pizza for dinner yesterday and it's in the fridge, so we'll have that when I get home. I'm afraid I have to work early tomorrow, too.
Love, Janet

Janet said she *was* writing from the office.

1. She told Mark she ______________ still in the office.
2. She said she ______________ late getting home.
3. She said her boss ______________ her a report to write.
4. She said she ______________ why he hadn't given it earlier.
5. She told Mark she ______________ pizza the day before.
6. She said they ______________ the pizza when she got home.
7. She said she ______________ to work early the next day.

70.6 TACHA LA PALABRA INCORRECTA DE CADA FRASE

Katy wouldn't tell / ~~say~~ me her secret yesterday.

1. I can't tell / say the difference between the twin brothers. They look the same!
2. When I saw them at the market I said / told hello and had a chat.
3. He said he wanted to tell / say something to me about my sister.
4. I knew John wasn't saying / telling the truth. He's such a liar!
5. You should tell / say someone if you're stressed at work.
6. Pete told / said me he had a fantastic vacation in Bali this summer.

70.7 UTILIZA EL DIAGRAMA PARA CREAR OCHO FRASES CORRECTAS Y DILAS EN VOZ ALTA

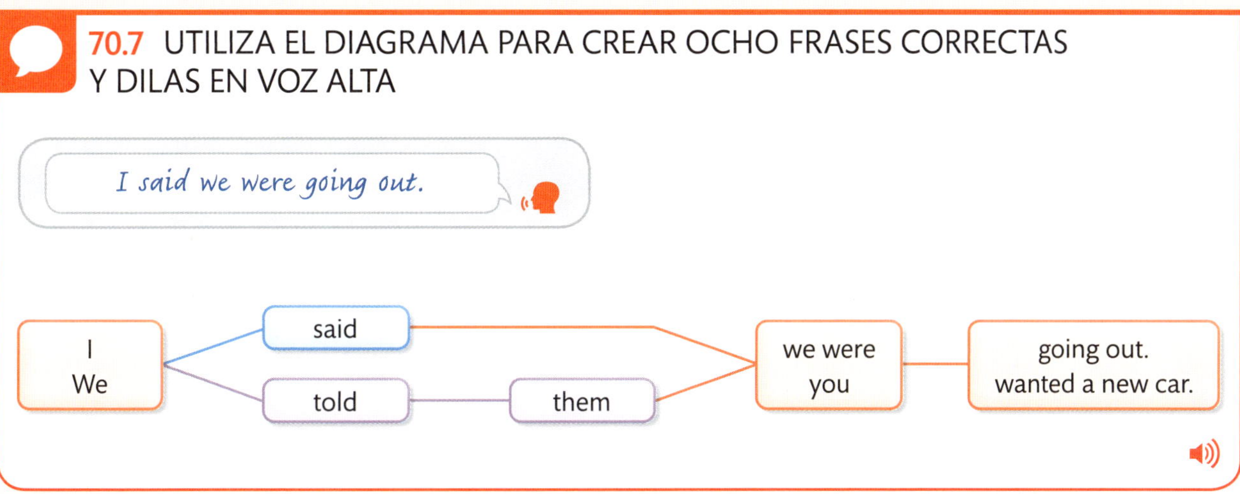

70.8 COMPLETA LOS ESPACIOS PONIENDO "SAY" O "TELL" EN SU FORMA CORRECTA

When they left the house we thanked them and *said* goodbye.

1. People won't believe you if you always ________ lies.
2. I ________ a "white lie" because I didn't want to hurt his feelings.
3. We were told that we should always ________ the truth.
4. You should ________ no if they ask you for help again. You're too busy.
5. The witness wouldn't ________ anything about the court case.
6. Let me ________ you a story about my childhood.
7. Don't believe that he's being honest just because he ________ so.
8. I asked my girlfriend to marry me, and she ________ yes.
9. Can you ________ the difference between African and Asian elephants?
10. He spoke so quietly we didn't hear him ________ hello to us.
11. It's so dark today that I can't ________ the difference between day and night.
12. Grandpa ________ us stories all the time when we were little.
13. My mother ________ me to always be polite to adults, no matter what.
14. She ________ she preferred apples to oranges any day.

71 Sugerencias y explicaciones

En reported speech, puedes sustituir "said" con una gran variedad de verbos que dan más información sobre cómo alguien dijo algo.

Lenguaje Verbos de reported speech y "that"
Aa Vocabulario Más verbos de reported speech
Habilidad Referir explicaciones

Aa 71.1 LEE LAS PISTAS Y ESCRIBE EN SU LUGAR LOS VERBOS DE REPORTED SPEECH DEL RECUADRO

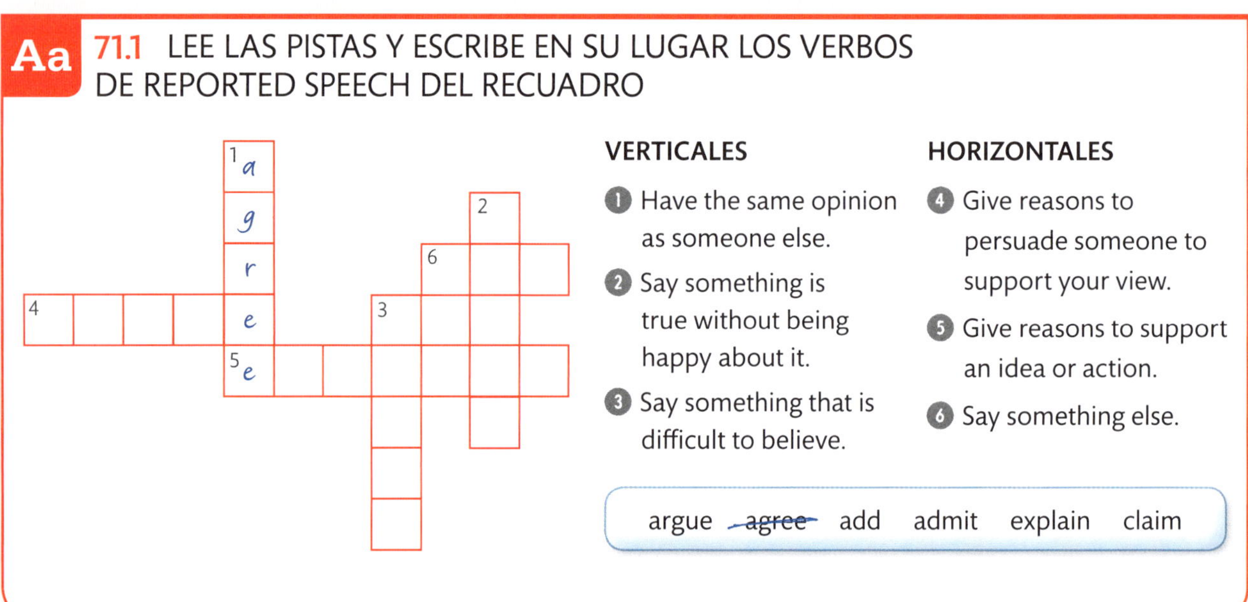

VERTICALES

1. Have the same opinion as someone else.
2. Say something is true without being happy about it.
3. Say something that is difficult to believe.

HORIZONTALES

4. Give reasons to persuade someone to support your view.
5. Give reasons to support an idea or action.
6. Say something else.

argue ~~agree~~ add admit explain claim

71.2 VUELVE A ESCRIBIR LAS FRASES PONIENDO LAS PALABRAS EN SU ORDEN CORRECTO

explained | the | She | that | delayed. | flight | was

She explained that the flight was delayed.

1. change | was | climate | He | that | a | agreed | problem. | serious

2. claimed | diet | work. | You | this | would | that

3. he | that | brother | couldn't | admitted | swim. | Her

71.3 REESCRIBE LAS FRASES CORRIGIENDO LOS ERRORES

She claimed that she can drive a bus.
She claimed that she could drive a bus.

1. He admitted that she is right.

2. I explained him that I had lost my passport.

3. We argue that the office was too hot.

4. Katy agreed that his car is fantastic.

5. He claimed me that he knew Alan David.

6. I added that we can all have coffee.

7. He admitted me that the apartment was too small.

8. She claimed me that she never ate chocolate.

9. I argued we that needed more vacations.

10. They explained that there is a sale.

11. Liz adds that it was also cheaper.

12. She admitted that she doesn't know.

Aa 71.4 RELACIONA LOS DIBUJOS CON LA FRASE CORRECTA

He argued that dogs were nicer than cats.

Mia agreed that they were ready to order their meal.

1 

The assistant added that the shoes were in the sale.

2 

The director admitted that the profits were down.

3 

Alex claimed that he had won the lottery.

4 

Peter admitted that he hated rock music.

5 

She explained that the movie had already started.

6 

71.5 DI LAS FRASES EN VOZ ALTA, COMPLETANDO LOS ESPACIOS CON FORMAS DE REPORTED SPEECH

You might not believe me, but I have lived in 15 different countries.

He claimed that he had lived (claim) in 15 different countries.

1. I was wrong. We don't have enough money to buy two flight tickets.

   He ______________________ (admit) enough money to buy two flight tickets.

2. I know you don't think so, but I think the house is too small for a birthday party.

   He ______________________ (argue) too small for a birthday party.

3. Let's get a taxi. It's late and we don't have time to wait for a bus.

   She ______________________ (argue) time to wait for a bus.

4. You're right. This is the best Chinese restaurant in the city.

   She ______________________ (agree) the best Chinese restaurant in the city.

5. I invested in gold, and I was rich when I was 20.

   You ______________________ (claim) in gold and you were rich when you were 20.

6. It was a great hotel and the service was absolutely amazing.

   They ______________________ (add) absolutely amazing.

7. We've bought new machinery, but the profits are down by 10 percent.

   They ______________________ (admit) down by 10 percent.

8. Excuse me, but I have a terrible headache, so I have to leave early.

   He ______________________ (explain) a terrible headache and he had to leave early.

9. I made my first million dollars before I left college.

   She ______________________ (claim) her first million dollars before she had left college.

71.6 ESCUCHA EL AUDIO Y RESPONDE A LAS PREGUNTAS

Mr. White y Roger comentan las malas cifras de ventas de la empresa.

Roger works for an oil company.	True ☐	False ☐	Not given ☑
1 Roger agrees that profits were up by five percent this quarter.	True ☐	False ☐	Not given ☐
2 Mr. White admits that he is disappointed.	True ☐	False ☐	Not given ☐
3 The firm invested $80,000 in new machinery.	True ☐	False ☐	Not given ☐
4 The firm bought the machinery from Germany.	True ☐	False ☐	Not given ☐
5 Mr. White agrees that the investment will reduce costs.	True ☐	False ☐	Not given ☐
6 Roger has not prepared an annual forecast for Mr. White.	True ☐	False ☐	Not given ☐
7 Roger claims that profits would increase by 50 percent.	True ☐	False ☐	Not given ☐
8 Mr. White suggests that Roger go home.	True ☐	False ☐	Not given ☐

71.7 CONECTA EL INICIO Y EL FINAL DE CADA FRASE

She said	that we had already eaten dinner.
1 Edward admitted	that they didn't like the hotel.
2 I said	that he had forgotten the tickets.
3 They agreed	that she would see us later.
4 Elsa added	that it wasn't his turn to do the dishes.
5 You suggested	that I would meet them at the café.
6 He argued	that she also knew how to cook.
7 We explained	that we go out for dinner.

72 Decir a alguien qué hacer

Muchos verbos de reported speech necesitan un objeto. En inglés a menudo utilizamos estos verbos para indicar que el interlocutor dio algún tipo de orden o consejo.

Lenguaje Verbos con objeto e infinitivo
Aa Vocabulario Verbos de reported speech
Habilidad Referir consejos e instrucciones

72.1 MARCA LAS FRASES CORRECTAS

He encouraged me apply for the job. ☐
He encouraged me to apply for the job. ☑

1. She reminded me to buy some pizzas. ☐
   She remind me to buy some pizzas. ☐

2. I asked him helped me with my project. ☐
   I asked him to help me with my project. ☐

3. They encourage me to bought tickets. ☐
   They encouraged me to buy tickets. ☐

4. I ordered him to drive more slowly. ☐
   I ordered him drive more slowly. ☐

5. She asked me to walk the dog. ☐
   She asked me walking the dog. ☐

72.2 VUELVE A ESCRIBIR LAS FRASES PONIENDO LAS PALABRAS EN SU ORDEN CORRECTO

She | him | some | groceries. | to | buy | reminded

She reminded him to buy some groceries.

1. encouraged | us | He | try | restaurant. | to | new | the

____

2. give | They | presentation. | asked | to | important | an | me

____

3. driving. | police | to | The | ordered | him | stop

____

4. meet | 8:30pm. | I | her | reminded | at | me | to

____

72.3 VUELVE A ESCRIBIR LAS FRASES CORRIGIENDO LOS ERRORES

Joan ask Melanie to come over.
Joan asked Melanie to come over.

1. I reminded my daughter to doing her homework.

2. Lucy asked me to booking the tickets online.

3. Mary encouraged to me to take some time off.

4. My boss order me to complete the report.

5. Joe asking me to do the dishes.

6. Annie reminded me buy some bread and milk.

7. I encouraged everyone try their best.

72.4 LEE EL ARTÍCULO Y COLOCA LAS FRASES DE RESUMEN EN SU ORDEN CORRECTO

BUSINESS TODAY

Carla's Story

Carla worked as a secretary in a large company for two years. Then her boss, Misako, encouraged her to look at business management jobs.

"I was nervous," said Carla. "But Misako reminded me that I was good at my job, and I knew the company well."

The company asked Carla to go for an interview for a senior position, and she did really well. They offered her more training in business management, so now she has a better job and qualifications. "I'm so glad Misako encouraged me to try," said Carla.

A. Misako persuaded Carla to look at business management jobs. ☐

B. Carla worked as a secretary in a large company. *1*

C. Carla did really well at the interview for a senior position. ☐

D. The company offered Carla more training in business management. ☐

E. The company asked Carla to go for an interview for a senior position. ☐

F. Carla was nervous, but Misako reminded her that she was good at her job. ☐

72.5 ESCUCHA EL AUDIO Y RESPONDE A LAS PREGUNTAS

Derek le cuenta a Raj lo infeliz que es en su trabajo.

Why is Derek unhappy?
He doesn't like his lunch ☐
He doesn't like his job ☑
He hasn't got a job ☐

1 What does Derek's boss do?
Orders him to go to meetings ☐
Orders him to miss lunch ☐
Orders him to buy his lunch ☐

2 Why is Derek not happy shopping for his boss?
It's not part of his job ☐
He doesn't like shopping ☐
He doesn't have the money ☐

3 What does Raj think should Derek do?
Remind his boss that he doesn't have time ☐
Ask his boss to buy lunch ☐
Remind his boss to go shopping ☐

4 What does Raj suggest next?
Derek should look for a new job ☐
Derek should be nicer to his boss ☐
Derek should try harder at work ☐

5 What does Derek think of Raj's suggestion?
He'll probably ignore it ☐
It's a good idea ☐
It's a bad idea ☐

72.6 CONECTA EL INICIO Y EL FINAL DE CADA FRASE

I didn't want the job at first → but the career adviser persuaded me to take it.

1 Jack warned me not to be
2 Chris persuaded her
3 My lawyer advised me to think
4 I didn't want to buy a pet dog,
5 It was a very windy day,
6 I warned them to cycle carefully,
7 My boss advised me

not to be late for the meeting.
but the children persuaded me.
late for my interview.
but the career adviser persuaded me to take it.
so the police warned people not to travel.
to fly, even though she was nervous.
carefully about the contract.
because it was very dark outside.

72.7 COMPLETA LOS ESPACIOS PONIENDO LOS VERBOS EN SU FORMA CORRECTA

He *warned* (warn) me *not to drive* (not drive) too fast on the inner city roads.

1. She ______ (order) them ______ (get out) of her office.
2. They ______ (ask) her ______ (give) a presentation.
3. My teacher ______ (encourage) me ______ (try) my best all the time.
4. Her boss ______ (advise) her ______ (not forget) about the meeting.
5. I ______ (warn) them ______ (not cycle) downtown.
6. She ______ (remind) them ______ (take) time out for lunch.
7. I ______ (ask) her ______ (not be) late for dinner.
8. She ______ (ask) him ______ (clean) the kitchen.
9. My friends ______ (advise) me ______ (look) for a new job.
10. I ______ (encourage) Anna ______ (wear) her new jacket for the interview.
11. They ______ (order) everyone ______ (be) quiet.
12. He ______ (warn) us ______ (be) careful downtown at night.
13. I ______ (remind) Lucy ______ (get) new passport photos.
14. He ______ (ask) me ______ (not use) the computer because he needed it.
15. They ______ (persuade) me ______ (invest) in the company.

72.8 UTILIZA EL DIAGRAMA PARA CREAR 12 FRASES CORRECTAS Y DILAS EN VOZ ALTA

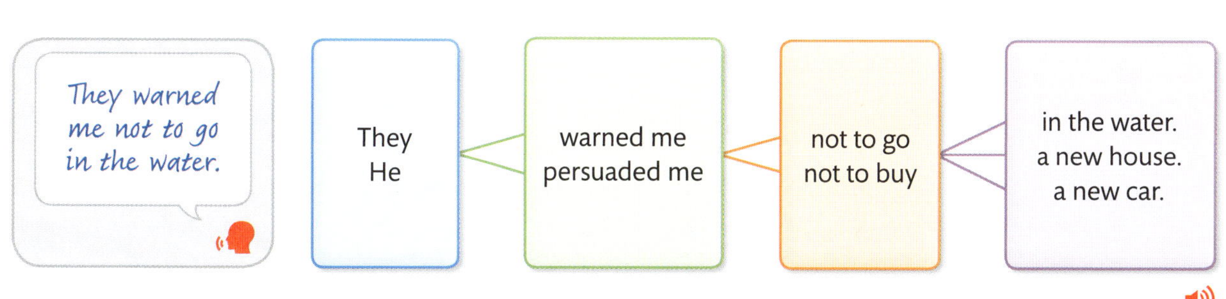

73 Lo que han preguntado otros

Usa el reported speech interrogativo para decirle a alguien lo que otra persona ha preguntado. Las preguntas directas y las preguntas en reported speech tienen un orden diferente.

Lenguaje Reported speech interrogativo
Aa Vocabulario Colocaciones con "raise"
Habilidad Referir preguntas directas

73.1 MARCA LAS FRASES CORRECTAS

He asked me what my name was. ☑
He asked me what was my name. ☐

1. She asked me what was I doing. ☐
   She asked me what I was doing. ☐
2. He asked her what he could to help. ☐
   He asked her what he could do to help. ☐
3. We asked her what time it was. ☐
   We asked her what it time was. ☐
4. They asked him where was he going. ☐
   They asked him where he was going. ☐
5. I asked her who was at the meeting. ☐
   I asked her was who at the meeting. ☐
6. She asked me when would I worked. ☐
   She asked me when I would work. ☐
7. He asked him where he could sit. ☐
   He asked him where he could sat. ☐
8. I asked you what you are doing. ☐
   I asked you what you were doing. ☐
9. She asked me where should she to park. ☐
   She asked me where she should park. ☐
10. They asked him when he would arrive. ☐
    They asked him when he will arrive. ☐
11. We asked them why are they leaving. ☐
    We asked them why they were leaving. ☐

73.2 VUELVE A ESCRIBIR LAS FRASES COMO REPORTED SPEECH INTERROGATIVO

What can I do to help?
He asked me *what he could do to help*.

1. Where will they have lunch?
   She asked me ______________________.
2. What time is the conference?
   I asked them ______________________.
3. Why can't he come to the office?
   She asked him ______________________.
4. Why are you leaving early?
   We asked them ______________________.
5. When will we start the meeting?
   I asked you ______________________.

73.3 VUELVE A ESCRIBIR LAS FRASES PONIENDO LAS PALABRAS EN SU ORDEN CORRECTO

eat. | me | we | asked | She | when | would | to | like

She asked me when we would like to eat.

1. were | I | you | you | late. | asked | why

2. they | live. | asked | She | him | would | where

3. were | to | we | you | going | We | discuss. | asked | what

4. chairing | who | meeting. | I | was | asked | the | her

5. me | they | help. | asked | They | to | what | do | could

73.4 ESCUCHA EL AUDIO Y MARCA SI CADA FRASE ES UNA PREGUNTA DIRECTA O REPORTED SPEECH INTERROGATIVO

Directa ☐ Reported ☑

1 Directa ☐ Reported ☐

3 Directa ☐ Reported ☐

2 Directa ☐ Reported ☐

4 Directa ☐ Reported ☐

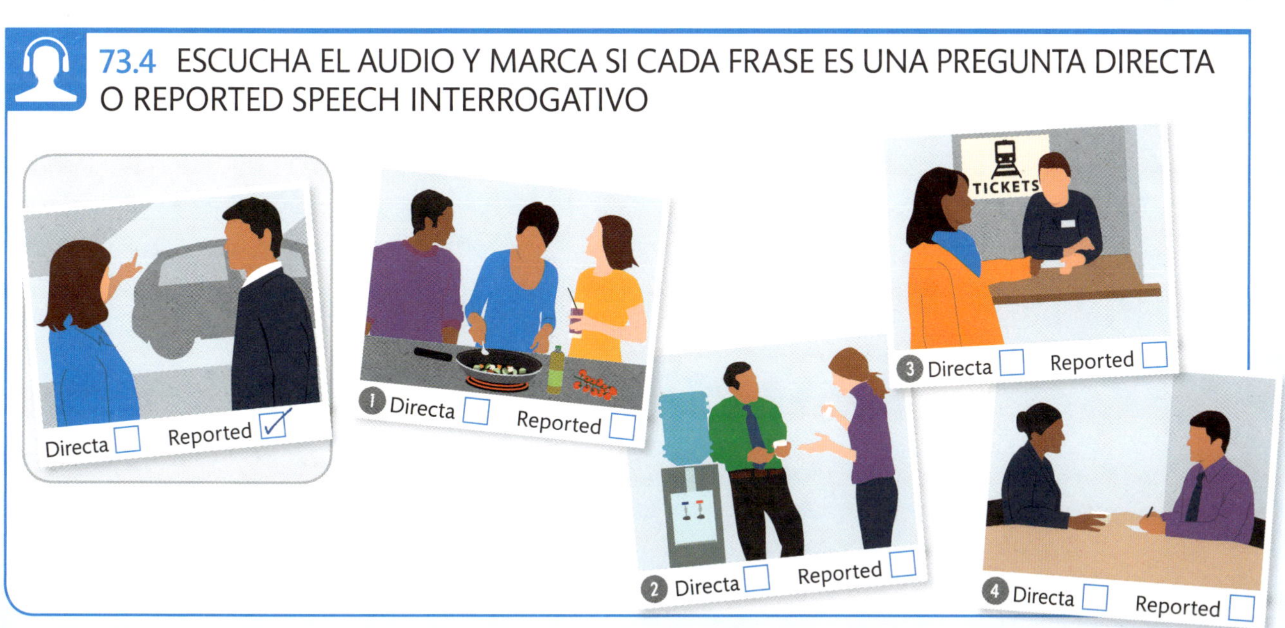

73.5 VUELVE A ESCRIBIR LAS FRASES PONIENDO LAS PALABRAS EN SU ORDEN CORRECTO

left. | her | asked | He | when | train | the

He asked her when the train left.

1. him | he | I | knew. | who | asked

2. where | She | me | lived. | asked | I

3. asked | we | did. | They | us | what

4. she | We | what | wanted. | her | asked

5. me | liked. | I | asked | who | He

6. he | where | I | worked. | asked | him

7. arrived. | She | we | us | when | asked

73.6 LEE EL PASAJE Y VUELVE A ESCRIBIR LAS PREGUNTAS DESTACADAS UTILIZANDO REPORTED SPEECH INTERROGATIVO

Ed asked Elsa who would be at the Conference.

1.

2.

3.

4.

YOUR CITY

Environment talks

Ed Knox interviews Elsa Martinez about the Conference on Environmental Change

So, Elsa, who will be at the Conference?
There will be a number of world famous specialists.

When will the speakers give their speeches?
They will give speeches in the morning and there will be an open forum for questions after lunch.

What kind of topics will the speeches be about?
There will be speeches about renewable energies, conservation issues, and deforestation, to name a few.

When do tickets go on sale?
You can buy tickets now. They're already on sale.

Great. And where can people get tickets?
Please go to the website and order tickets online.

73.7 VUELVE A ESCRIBIR LAS PREGUNTAS DIRECTAS COMO REPORTED SPEECH INTERROGATIVO

Who do you know here in your new neighborhood?
He asked me *who I knew in my new neighborhood.*

1. Where do you go on vacation every year?
   He asked me ______
2. What time are we having lunch with Jamie tomorrow?
   She asked me ______
3. Why can't we get a taxi to work instead of waiting for the bus?
   She asked me ______
4. What kind of music do you usually like to listen to?
   He asked me ______
5. When does the rock concert by the famous Swedish rock band finish?
   She asked me ______
6. What company do you work for in southern Buenos Aires?
   He asked me ______

73.8 COMPLETA LOS ESPACIOS CON LAS PALABRAS DEL RECUADRO PARA FORMAR COLOCACIONES CON "RAISE"

We need to raise *money* for this environmental campaign.

1. At the meeting, Mr. Thomas raised ______ of funding.
2. We need to raise ______ about the dangers of climate change.
3. When asked to vote, nearly everyone raised their ______ .
4. The cheering was so loud, it nearly raised ______ .
5. Falling interest rates are raising ______ among investors.

fears ~~money~~ the roof the question hands awareness

74 Referir preguntas simples

Las preguntas simples son las que pueden responderse con "yes" o "no". En inglés, utilizamos "if" o "whether" para pasar preguntas simples a reported speech.

Lenguaje "If" y "whether"
Aa Vocabulario Verbo + colocaciones
Habilidad Referir preguntas simples

74.1 REESCRIBE LAS PREGUNTAS CON REPORTED SPEECH INTERROGATIVO Y COMPLETA LOS ESPACIOS

Will you be at the meeting?
I asked him if *he would be at the meeting.*

1. Are we going to be on time?
   He asked me ________________
2. Is that woman your boss?
   He asked her ________________
3. Do you have the sales figures?
   She asked me ________________
4. Have you brought the files?
   We asked him ________________
5. Would you like some coffee?
   I asked her ________________
6. Have you met the sales team?
   I asked them ________________
7. Was the train on time?
   She asked me ________________
8. Is Helen working late?
   He asked her ________________
9. Have you written the report?
   You asked me ________________

74.2 UTILIZA EL DIAGRAMA PARA CREAR 16 FRASES CORRECTAS Y DILAS EN VOZ ALTA

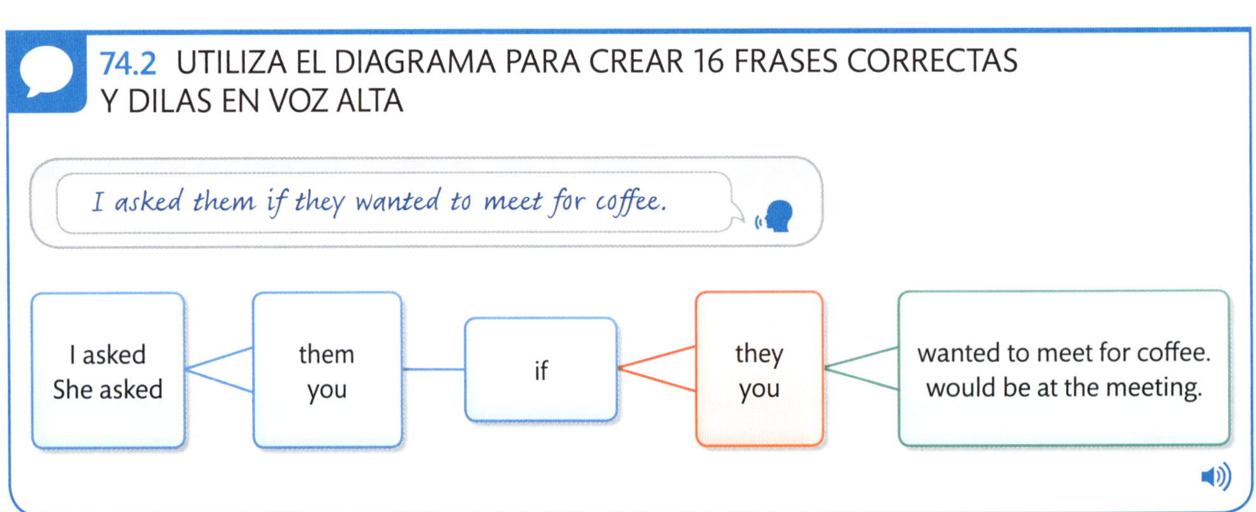

74.3 ESCUCHA EL AUDIO Y RESPONDE A LAS PREGUNTAS

Nadia le pregunta a David cómo le ha ido su reciente entrevista de trabajo.

Nadia asked David if his interview had been today.
True ☐ **False** ☑

1. She asked him if he had given a presentation.
True ☐ **False** ☐

2. She asked him if they had been pleased.
True ☐ **False** ☐

3. She asked him if the manager was her ex-boss.
True ☐ **False** ☐

4. Nadia asked David if he liked Mr. Carter.
True ☐ **False** ☐

5. She asked him if he would accept the job.
True ☐ **False** ☐

74.4 COMPLETA LOS ESPACIOS CON LAS PALABRAS DEL RECUADRO

Our manager asked us *whether* we needed more support.

1. She asked him if he had ______________ the new sales figures.
2. I asked ______________ if she wanted another glass of water.
3. Mr. Salter asked them ______________ they had met their targets.
4. We asked the secretary if she ______________ order us a taxi.
5. He asked us if we ______________ waiting for a long time.
6. Janet asked ______________ if they knew when the meeting would start.

~~whether~~ would had been whether them her seen

74.5 RELACIONA LOS DIBUJOS CON LAS FRASES CORRECTAS

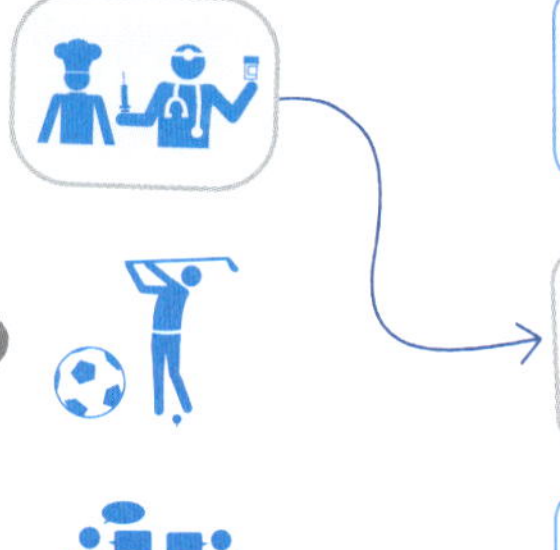

He asked me if I spoke Italian or French.

You asked me if I wanted to be a chef or a doctor.

1

2 

She asked him if he played soccer or golf.

3

4

5   

I asked her whether she preferred music or art.

She asked me if I wanted water or fruit juice.

He asked whether they should go by bus or taxi.

74.6 REESCRIBE LAS PREGUNTAS CON REPORTED SPEECH INTERROGATIVO Y COMPLETA LOS ESPACIOS

Do you want to leave?

He asked me if *I wanted to leave.*

1. Do you like Eva or Liz?

   She asked him if ____________________ .

2. Do you play tennis or chess?

   I asked them whether ____________________ .

3. Do you speak Arabic or Chinese?

   They asked me if ____________________ .

4. Would you like tea or coffee?

   We asked her if ____________________ .

5. Do you want milk or cream?

   You asked us if ____________________ .

6. Do you prefer books or magazines?

   She asked her if ____________________ .

7. Should I call or text her?

   He asked me if ____________________ .

8. Would you like cookies or cake?

   They asked us if ____________________ .

9. Do you prefer TV or movies?

   She asked me whether ____________________ .

10. Would you prefer to be famous or rich?

    We asked them whether ____________________ .

11. Do you like dogs or cats?

    He asked him if ____________________ .

Aa 74.7 VUELVE A ESCRIBIR LAS FRASES CORRIGIENDO LOS ERRORES EN LAS PREPOSICIONES

Her company became a great success after a big fund invested money on it.
Her company became a great success after a big fund invested money in it.

1. I can always count in my family to support me in difficult times.

2. Sheila works very hard because she wants to provide to her children.

3. I work in a bank, but I dream at becoming a famous soccer star.

4. The flood was terrible! Water poured onto all the houses on the street.

5. The driver was accused in causing the accident by driving too quickly.

6. The campaigners promised to fight with the government's decision.

74.8 REESCRIBE LAS EXPRESIONES MARCADAS CORRIGIÉNDOLAS

he would come to the meeting

1.
2.
3.
4.
5.

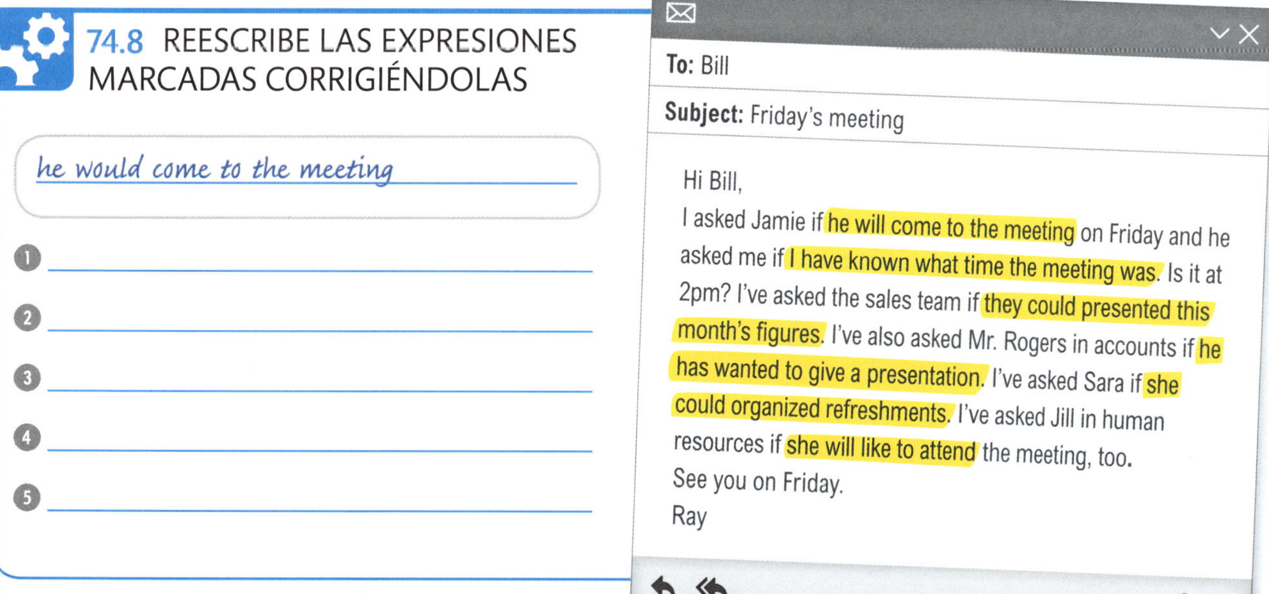
To: Bill
Subject: Friday's meeting

Hi Bill,
I asked Jamie if he will come to the meeting on Friday and he asked me if I have known what time the meeting was. Is it at 2pm? I've asked the sales team if they could presented this month's figures. I've also asked Mr. Rogers in accounts if he has wanted to give a presentation. I've asked Sara if she could organized refreshments. I've asked Jill in human resources if she will like to attend the meeting, too.
See you on Friday.
Ray

75 Preguntas educadas

Las preguntas indirectas son más educadas que las directas. En inglés hablado, puedes usarlas para preguntar a alguien que no conoces demasiado bien sobre cuestiones prácticas.

Lenguaje Preguntas indirectas
Aa Vocabulario Cuestiones prácticas
Habilidad Hacer preguntas educadas

75.1 VUELVE A ESCRIBIR LAS PREGUNTAS INDIRECTAS CORRIGIENDO LOS ERRORES

Do you know where can I buy a ticket for the evening show?
Do you know where I can buy a ticket for the evening show?

1. Could you tell me what time is it in the United Arab Emirates?
2. Do you know where can I buy interesting illustrated books for my children?
3. Do you know where is the new science museum for children?
4. Could you tell me how far is the station from my new neighborhood?
5. Could you tell me when leaves the next train for London?
6. Do you know why were Tom and Andrea late for the meeting yesterday?
7. Do you know how long will it take to travel from Los Angeles to Washington?
8. Do you know when starts the sales presentation for the new product?
9. Could you tell me when starts the meeting for the new members in the team?
10. Could you tell me how much will the flight to Edinburgh cost?

75.2 ESCUCHA EL AUDIO Y MARCA QUÉ TIPO DE PREGUNTA SE HACE EN CADA IMAGEN

Directa ☐ Indirecta ☑

1 Directa ☐ Indirecta ☐

2 Directa ☐ Indirecta ☐

3 Directa ☐ Indirecta ☐

4 Directa ☐ Indirecta ☐

5 Directa ☐ Indirecta ☐

75.3 DI LAS FRASES EN VOZ ALTA COMO PREGUNTAS INDIRECTAS

When do the stores open?

Do you know when the stores open?

1. Where is the museum?

2. How much is a pizza and salad?

3. How do I get to Newmarket?

4. What time should we leave?

5. Why is the train delayed?

6. How much are those shoes?

7. How far is it to the hotel?

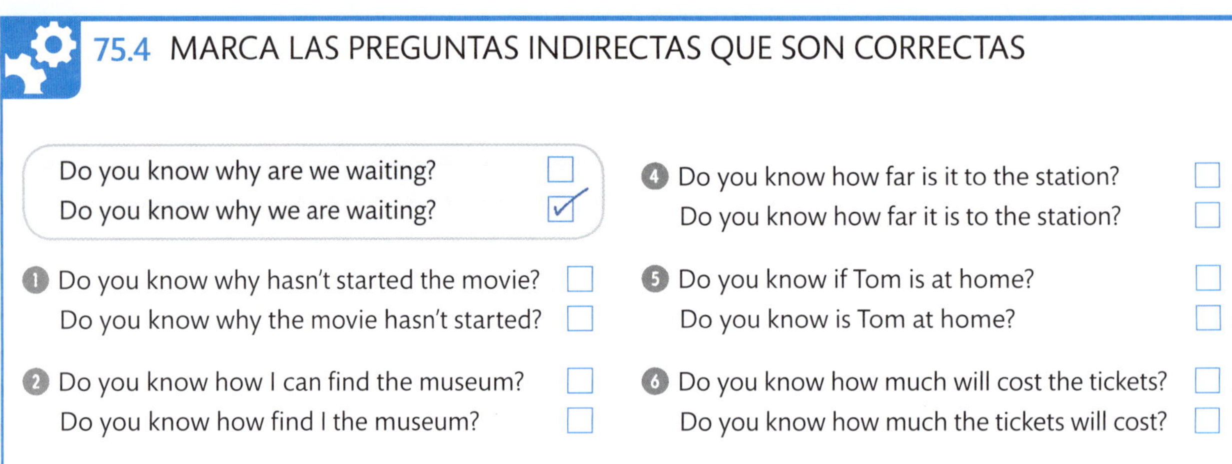

75.4 MARCA LAS PREGUNTAS INDIRECTAS QUE SON CORRECTAS

Do you know why are we waiting? ☐
Do you know why we are waiting? ☑

1. Do you know why hasn't started the movie? ☐
   Do you know why the movie hasn't started? ☐

2. Do you know how I can find the museum? ☐
   Do you know how find I the museum? ☐

3. Could you tell me if the taxi is here yet? ☐
   Could you tell me if is the taxi here yet? ☐

4. Do you know how far is it to the station? ☐
   Do you know how far it is to the station? ☐

5. Do you know if Tom is at home? ☐
   Do you know is Tom at home? ☐

6. Do you know how much will cost the tickets? ☐
   Do you know how much the tickets will cost? ☐

7. Do you know how much fruit we need? ☐
   Do you know how much fruit do we need? ☐

75.5 RELACIONA CADA AFIRMACIÓN CON SU PREGUNTA INDIRECTA

I'm looking for Matt. → Do you know where Matt is?

1. There's the movie theater.
2. The sky looks cloudy.
3. I want to drive into town.
4. Joe wants to buy something.
5. I'd like to sit down.
6. I don't have any cash.
7. I'd like to buy a magazine.
8. We need coffee.
9. I want to go surfing.
10. I want to learn French.
11. I'd like to go for a walk.

- Do you know whether it is raining?
- Do you know where the corner shop is?
- Could you tell me if this chair is occupied?
- Do you know where Matt is?
- Could you tell me where a nice café is?
- Do you know how far it is to the beach?
- Could you tell me when the movie starts?
- Do you know when the stores open?
- Do you know if there's a bank nearby?
- Do you know where my car keys are?
- Could you tell me where the park is?
- Do you know if this tutor is good?

75.6 VUELVE A ESCRIBIR LAS FRASES COMO PREGUNTAS INDIRECTAS

Is there a lot of traffic on the highway near the office?
Do you know if there is a lot of traffic on the highway near the office?

1. What would you like to do in the evening after the soccer game?
2. Where is the nearest restaurant to my sister's new house?
3. Are those traditional dresses made of silk or cotton?
4. Is the flight to Barcelona delayed or canceled?
5. Has the train from Denver arrived yet?

75.7 DI LAS FRASES EN VOZ ALTA COMO PREGUNTAS INDIRECTAS

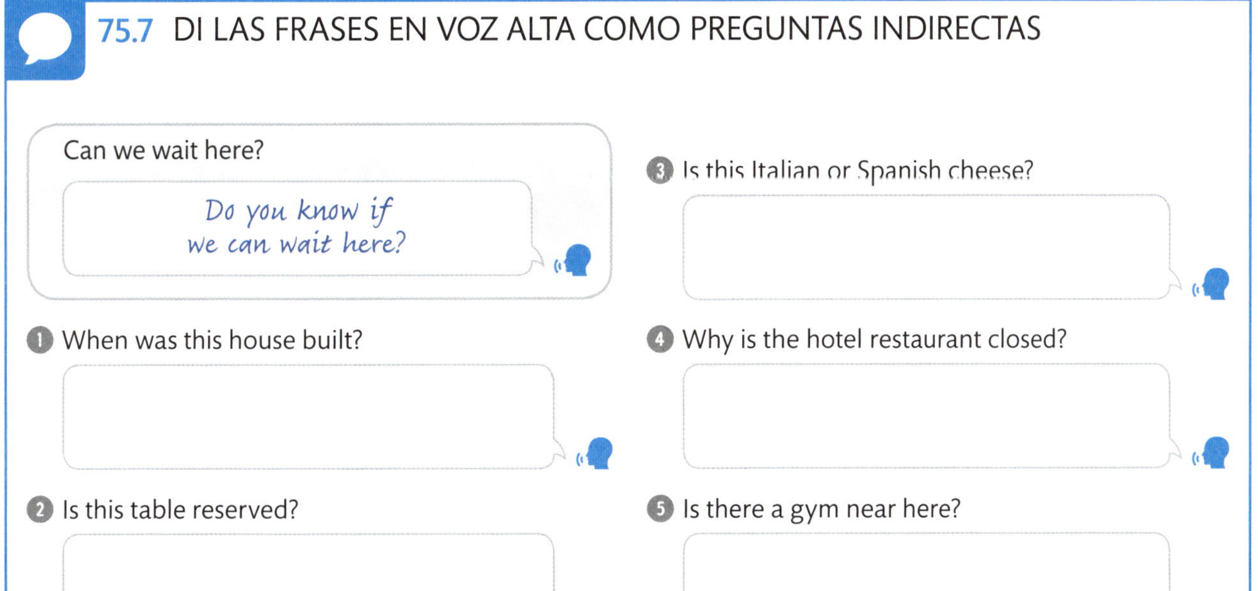

Can we wait here?
Do you know if we can wait here?

1. When was this house built?
2. Is this table reserved?
3. Is this Italian or Spanish cheese?
4. Why is the hotel restaurant closed?
5. Is there a gym near here?

76 Deseos y lamentaciones

En inglés, utilizamos el verbo "wish" (desear) para hablar de lamentos presentes y pasados. El tiempo del verbo que sigue a "wish" tiene efecto en el significado de la frase.

Lenguaje "Wish" para verbos en pasado
Aa Vocabulario Acontecimientos de la vida
Habilidad Hablar de cosas que lamentas

76.1 TACHA LAS PALABRAS INCORRECTAS DE CADA FRASE

I wish I **could** / ~~can~~ / ~~would~~ play the electric guitar.

1. I wish we **lived** / **live** / **will live** in a bigger house in a nice neighborhood.
2. I wish I **won't** / **don't** / **didn't** have to drive to work today.
3. I wish we **eat** / **ate** / **would eat** Japanese food more often.
4. I wish the dog **would** / **will** / **does** stop barking at the children.

76.2 RELACIONA LAS FRASES QUE SE CORRESPONDEN

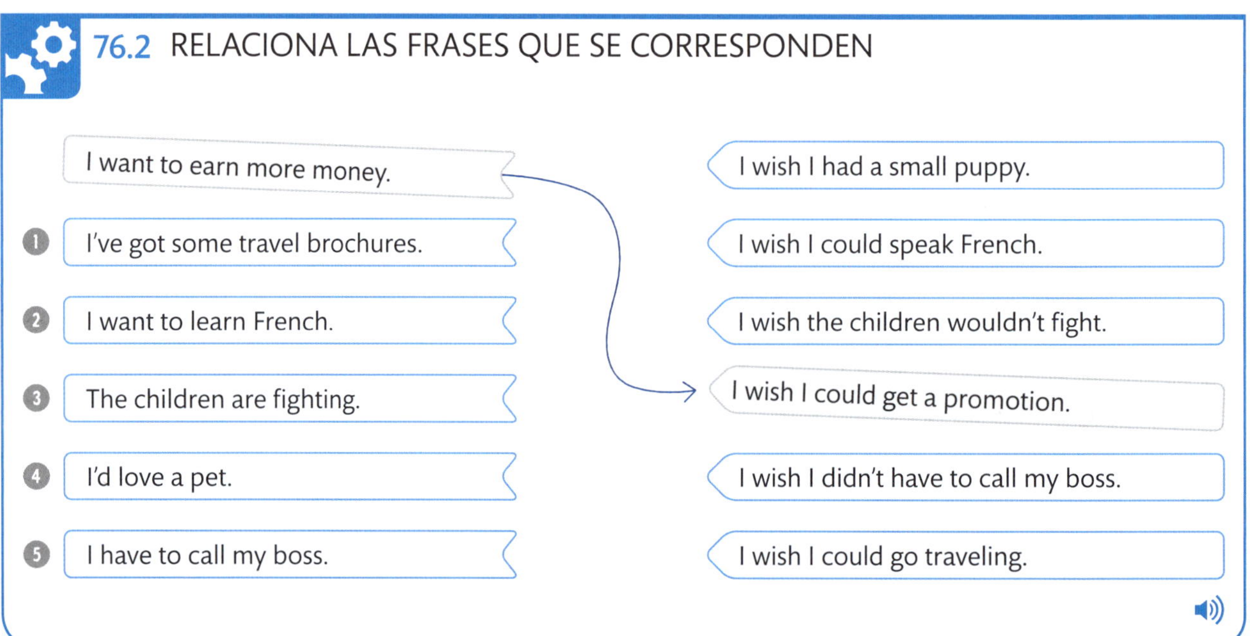

I want to earn more money. → I wish I could get a promotion.

1. I've got some travel brochures.
2. I want to learn French.
3. The children are fighting.
4. I'd love a pet.
5. I have to call my boss.

I wish I had a small puppy.
I wish I could speak French.
I wish the children wouldn't fight.
I wish I could get a promotion.
I wish I didn't have to call my boss.
I wish I could go traveling.

76.3 UTILIZA "I WISH" Y EL PAST SIMPLE PARA HABLAR EN VOZ ALTA DE LAS SITUACIONES QUE SE INDICAN

This computer game is expensive.

I wish this computer game wasn't expensive.

1. You can't afford a new car.
2. You don't have a winter coat.
3. Your house is too cold.
4. You'd like to live on the coast.
5. A child is screaming.
6. You'd like a trumpet.
7. You can't speak Italian.
8. You don't have a cat.
9. You have to work hard.
10. You'd like to go swimming.
11. You can't afford a vacation.
12. You don't have enough time.
13. You don't like your neighbors.
14. You can't cook Chinese food.
15. You don't have long hair.

76.4 COMPLETA LOS ESPACIOS PONIENDO LOS VERBOS EN PAST PERFECT

I've lost my car keys. I wish I ___had kept___ (keep) them in a safe place.

1. I'm late. I wish I ______________ (wake up) an hour earlier.
2. I've failed my driving test. I wish I ______________ (have) more lessons.
3. I feel sick. I wish I ______________ (not eat) so much dessert.
4. It's raining. I wish I ______________ (bring) my new umbrella.
5. I've missed my appointment. I wish I ______________ (take) a taxi and not the bus.
6. I don't like my bedroom. I wish I ______________ (not paint) it orange.
7. I don't like this movie. I wish I ______________ (stay) at home.
8. This food is terrible. I wish I ______________ (choose) a different restaurant.
9. I've lost my bag. I wish I ______________ (not bring) it with me.
10. I'm really tired. I wish I ______________ (go) to bed earlier last night.
11. I've broken this vase. I wish I ______________ (not drop) it on the floor.
12. I'm hungry. I wish I ______________ (eat) some breakfast.
13. I've got a flat tire. I wish I ______________ (not drive) to work this morning.

76.5 COMPLETA LOS ESPACIOS CON LAS EXPRESIONES DEL RECUADRO

I overslept again. I wish I *had an alarm clock*.

1. That concert was terrible. I wish ______________________.
2. The wind is howling outside. I wish ______________________.
3. We've missed the last bus home. I wish ______________________.
4. Joe didn't get the job. I wish ______________________.
5. I've never been to India. I wish ______________________.
6. It's cold and rainy outside. I wish ______________________.
7. That was rude. I wish ______________________.

the weather was better
we hadn't gone
he had prepared better
~~had an alarm clock~~
it would stop
I had gone last year
you hadn't said that
there was a taxi

76.6 ESCUCHA EL AUDIO Y RESPONDE A LAS PREGUNTAS

Anna y Craig hablan de sus planes para el futuro.

When did Craig hear from his family?
- **A few weeks ago** ☐
- **A few days ago** ☑
- **Never** ☐

1. What does he wish they would do?
   - **Call every week** ☐
   - **Visit more often** ☐
   - **Never call him** ☐

2. What does Craig wish he had done?
   - **More traveling** ☐
   - **More exercise** ☐
   - **Less walking** ☐

3. Which country does he wish he had visited?
   - **Austria** ☐
   - **Australia** ☐
   - **India** ☐

4. Where does Anna wish she had lived?
   - **Somewhere lively and busy** ☐
   - **Somewhere hot and sunny** ☐
   - **Somewhere cold** ☐

5. Which language does she wish she had learned?
   - **Spanish** ☐
   - **Italian** ☐
   - **Chinese** ☐

Transcripciones de los ejercicios de escucha

UNIDAD 1

1.5

Danny: This is a great party, isn't it, Helena?
Helena: Yes, Danny. It's so nice of Mr. Adams to organize something for the staff and their friends.
Danny: Come and meet the boss. Mr. Adams, may I introduce my friend Helena?
Jack Adams: Pleased to meet you.
Helena: Delighted to meet you, too, Mr. Adams.
Jack Adams: Call me Jack.
Helena: OK, Jack.
Danny: Come and meet my colleagues, Rachel and Chris. We work in the same office. Rachel, Chris, this is my friend Helena.
Rachel: Hi, I'm Rachel. It's great to meet you, Helena. I've heard a lot about you.
Helena: I hope it's good!
Danny: Of course it is! I'm a good friend, aren't I? Hey, the band's good, aren't they? Do you like them, Helena?
Helena: Yes, their music's good, but it's a bit loud, isn't it?
Rachel: Yes. It's better to dance than talk. Come and dance with us, Helena.
Danny: I'm hungry. I'm going to have some of the food first. Mmm. It's delicious, isn't it?
Jack Adams: It certainly is.

UNIDAD 3

3.3

Interviewer: Jerry is a British student at the university. How are you finding life in Seville?
Jerry: It's great. I love living in a busy, noisy city. I'm from a small island near the south coast of England called the Isle of Wight. I love living on the coast and I'm used to being by the ocean. So, I'm glad Seville is on the Guadalquivir river. I like being near water.
Interviewer: Where are you staying?
Jerry: I'm sharing an apartment in the city center, in Barrio Santa Cruz. It's great.
Interviewer: And have you made any friends?
Jerry: Yes. Next weekend, I'm taking a tour around the Doñana National Park with two friends.
Interviewer: Where's the Doñana National Park?
Jerry: It's in the mountains. I'm really looking forward to going there.
Interviewer: Have a great time, Jerry. Seville is a beautiful city.
Jerry: Thank you.

UNIDAD 4

4.3

Sports commentator: And here are today's highlights from the Athletics Championship. The stadium was 90 percent full today and the audience was delighted to see America's Oscar Davis win the men's high jump with a jump of 2.38m. Kenya's David Mwange beat the world 800m record by 2.9 seconds. Canada's Owen Joslin won the 200m hurdles by 7/8 of a second. Canada now holds a third of all the medals. British athlete Gary Edwards won the long jump gold medal by 17 and a half cm.

4.4

News reporter: China's Li Mei won the women's high jump today with a fantastic jump of 2.07m. Jamaica's Lilly Cooper won the women's 100m in 9.5 seconds. That's 2/3 of a second faster than her last race. Australia's Anna Thompson set a new personal record in the women's 200m with a winning time of 20.8 seconds. The US currently holds 45 percent of the medals, while Australia holds 19 percent of the medals.

UNIDAD 5

5.4 ej.:

M: How long have Tim and Alison been married?
F: Oh, for years. They got married on the 6th of August, 2009.

5.4.1

F: What time does your flight leave, Simon?
Simon: It leaves at ten to three. I have to be at the airport at 1:50.

5.4.2

M: Has Jamie finished his college course?
F: Yes, he graduated on the 30th of June.

5.4.3

Station announcer: Platform 3 for the 11:24 fast train to Edinburgh.

5.4.4

F: How old is your grandfather, Harry?
M: He's 80. It was his birthday on the 27th of November.

5.4.5

F: Have you been invited to Jane and Paul's wedding?
M: Yes. Have you?
F: Yes, I have. The ceremony is at 2:30. Do you want to go for lunch first? There's a good café near the church.

UNIDAD 6

6.1 ej.: S-H-A-N-G-H-A-I

6.1.1 S-Y-D-N-E-Y

6.1.2 W-I-N-N-I-P-E-G

6.1.3 J-O-H-A-N-N-E-S-B-U-R-G

6.1.4 C-H-I-A-N-G M-A-I

6.1.5 B-U-C-H-A-R-E-S-T

6.1.6 I-L-L-I-N-O-I-S

6.1.7 P-A-S-A-D-E-N-A

6.1.8 H-O-B-A-R-T

6.1.9 M-U-M-B-A-I

6.1.10 E-D-I-N-B-U-R-G-H

6.3 ej.: Oh three three eight eight eight seven oh one

6.3.1 Oh six eight nine nine six seven three two oh nine

6.3.2 Three three three four nine five two two zero one

.3.3 Oh oh four four one two three eight six six ve four

.3.4 Five three six three six seven seven even zero

.3.5 Zero one fifty-five eighty-six thirty-two five

.3.6 Oh two two two nine three five eight

.3.7 Oh one two nine six four oh nine nine nine

.3.8 Zero sixty-one seventy-eight forty-three venty-five

.3.9 Zero zero eleven forty-five twenty-nine eight

.3.10 Oh five eight four three three two seven

.3.11 Oh six five six forty-three twenty-one inety-three

JNIDAD 7

.5

nterviewer: And so, Emily... why do you want a osition as an unpaid intern with our company?
mily: Because I want a career in finance and this ill be great work experience for me.
nterviewer: I see. This position is for six months, ut it may lead to a full-time job with the ompany as a financial assistant.
mily: I'd like that very much. In the future, will ere be opportunities for promotion?
nterviewer: Yes, if you work hard and meet our targets. In three or four years, you have the hance of being in a good position, and earning high salary with generous vacation, and other enefits.
mily: Will I have to work weekends as an intern?
nterviewer: Sometimes you will have to work eekends, but you won't have to work shifts.
mily: Thank you. I'm really excited about orking here...

NIDAD 8

.6

I: So, how is your new job going, Lucy?
ucy: It's great. I love it. I'm happy to go to ork every day.
I: How are you finding the new systems nd procedures?
Lucy: I often ask my colleagues for help, as there is a lot I don't know.
M: What hours do you work?
Lucy: The hours are 9 to 6. I am never late. In fact, I'm often early.
M: And what are the perks, or the good sides of the job?
Lucy: I regularly travel abroad, which I love. Last month I went to Dubai. It was amazing.
M: Wow! That sounds exciting.
Lucy: And I get to entertain clients. I sometimes take them to restaurants. And it's all paid for by work.
M: It sounds like they are treating you well.
Lucy: They are. I like to do my bit, too. I very often take pastries into the office.
M: Well, it sounds like your new job is going great.
Lucy: It is!

UNIDAD 9

9.4

Jack: So, how was your weekend, Kate?
Kate: Great, thanks. I didn't do much. I met up with friends on Friday night. We went out for dinner and I stayed up late. Then, on Saturday, I had lunch with my sister in the Park Café. That was fun. What about you?
Jack: It was fine, thanks. I never wake up early on the weekend, but I always work out. I meet up with Karl at the gym every Saturday. Then we go running. On Sundays we sometimes play tennis.
Kate: Cool! But when do you chill out?
Jack: Sunday evenings. That's my favorite time. I'll have pizza for dinner, watch a movie, and then I'm ready for bed.
Kate: That sounds fun, Jack. OK, time for work. See you later.

UNIDAD 13

13.2

Commentator: And here is one of our favorite items in this season's evening collection by Miller Brown. Tonight, Elena is wearing a stunning black evening dress with gold and silk trim. This long, elegant dress has a row of tiny gold buttons down the back and silk trim around the neck. It really is beautiful.

Now for our casual collection... perfect for that special summer party or barbecue. Milly looks wonderful in a polka dot summer skirt. It's made of pale blue cotton. To finish off this stylish summer skirt, Milly is wearing a gorgeous silk cardigan and suede sandals by Rosa May.

UNIDAD 15

15.4

Fergus: Hey Ben, where are you? We're waiting for you. Are you coming to the game?
Ben: No, I'm not. Sorry I haven't called. My apartment is a total mess, and I forgot that my parents are visiting this weekend.
Fergus: That sounds bad. What are you doing?
Ben: I'm doing the laundry right now. My clothes were all over the floor! I'm going to sweep the floor later. The kitchen is a real mess. So I need to clear the table and load the dishwasher. I watered the plants last night, so that's good. And I've folded all the towels in the bathroom so that looks better. They were on the floor, too.
Fergus: Hmm. Do you want some help?
Ben: Thanks, Fergus, but I think I'll be OK. I haven't made the bed yet, but that won't take long. I'm going to do that later. I usually cook lunch for them when they visit, but I don't have time. I'll get a takeout.
Fergus: Good idea. OK. Good luck, Ben. I hope you get everything done in time. See you later.
Ben: OK, thanks, Fergus. I'll see you later.

UNIDAD 16

16.5

M: It's great to be here, Emma. How long have you been in your new place?
Emma: A few weeks, and I love it. There's so much to do here. My apartment is just around the corner from a fantastic art gallery that has different exhibitions every month. There's always something to see. There's a great shopping center nearby. I go there most weekends, but if I want something different, I can go to the theater on the edge of town, too.
M: Where do you work?
Emma: In the bank in the city center.
M: And what's your favorite tourist attraction?
Emma: Oh, that's easy. The park is the most interesting place. There are beautiful law courts next to it. They're nearly 300 years old. There's a palace near there, too, but I haven't been there yet. Maybe we could do a tour while you're here.
M: Yes, I'd like that. Let's go to the tourist information and book a tour.
Emma: Great idea.

UNIDAD 17

17.4.1 One of the trees is much bigger than the other.

17.4.2 One of the lakes is slightly wider than the other.

17.4.3 One of the trees is a bit taller than the other.

17.4.4 One of the lakes is a lot wider than the other.

17.4.5 One of the houses is much taller than the other.

17.4.6 One of the tables is much lower than the other.

17.4.7 One of the houses is much wider than the other.

UNIDAD 18

18.3

Anna: So, what are you doing this weekend, Ollie?
Ollie: Hi, Anna. We're going to the Three Towers Theme Park. I'm so excited. I went last year and it was amazing.
Anna: Really? I hate theme parks. I find them exhausting and annoying. And don't go on the roller coaster. I went last summer and it was way too frightening.
Ollie: Really? I heard it was amazing!
Anna: Well, it is, if you want to be frightened out of your mind. I thought Ghost Ride was better.
Ollie: No, I went on that last year and I was totally bored. I waited in line for a long time and that was annoying. And then I thought the ride was boring. I was totally depressed. I'm looking forward to going on the roller coaster. It's going to be amazing.
Anna: Well, don't blame me if you hate it.

UNIDAD 20

20.4

When I was little I had a favorite teddy bear called Bertie. I loved him very much. He sat in my crib with me when I went to sleep, and he sat in the high chair with me when I ate. When I was older, I took him everywhere with me. If we went to town, Bertie came, too. On my first day at school, my mom hid Bertie in my school bag. When I walked through the school gates and into class, I was miserable. I didn't like being at school and I started to cry. My teacher was kind to me but I was really upset. And then, I opened my school bag and I found Bertie! I was so happy. I stopped crying immediately because I knew everything would be OK.

UNIDAD 24

24.3

Steve: Hello, Karl. How was your trip?
Karl: Hi, Steve. It was fantastic, thanks. In fact, I got home last Friday.
Steve: Tell me all about it.
Karl: Well, I've been to Italy every year for three years now, so I wanted to do something different. I decided to visit Iceland.
Steve: Iceland?
Karl: Yes, it's such an amazing country. First, I cycled around the south of the country. It's very pretty and very green. I spent two weeks there. The people are the friendliest people I've ever met.
Steve: Really?
Karl: Yes. Then I traveled around the north. It's amazing. It looks like the moon. I've done all kinds of new things. I've learned how to kayak. It's so much fun! You'd love it. And two days before I left, I went whale watching.
Steve: Whale watching?
Karl: Yes, we went out in a boat. There were nine of us. We saw humpback whales and lots of dolphins, too. It was amazing.
Steve: Did you learn to speak Icelandic?
Karl: Well, not really. Most people speak English, so I only learned a few words. But I've bought a book and a CD so that I can continue to study, because I want to go back next year. It's a fabulous place.
Steve: Sounds fantastic!

UNIDAD 25

25.8 ej.: I haven't tried hang gliding yet. I'm too scared!

25.8.1 I still haven't been skydiving, but I want to try it soon.

25.8.2 I've already been snorkeling lots of times I really love it.

25.8.3 I haven't been on safari yet. Maybe I'll go on safari in Africa one day.

25.8.4 I still haven't tried windsurfing. It looks too difficult.

25.8.5 I've just been scuba diving in Spain. It was absolutely amazing.

UNIDAD 26

26.4 ej.: I've been painting the bedroom since last weekend.

26.4.1 He has been putting up shelves for three and a half hours.

26.4.2 I've been tiling the kitchen since yesterday.

26.4.3 They've been fitting the carpet since 9 o'clock.

26.4.4 John has been fixing the bathtub for two days.

26.4.5 Alice has been making curtains for five hours.

UNIDAD 28

28.1 ej.: They have been playing tennis.

28.1.1 Sue has cooked dinner and she and her family are going to eat now.

28.1.2 Simon has been watching a film all nigh He's going to bed now.

28.1.3 I have drunk all the milk. I was thirsty!

28.1.4 They've been running in the park. They'r both very tired.

UNIDAD 29

29.6

Matt: Hi, James. Ah, the train service in this country is terrible. I hate getting the train to work.

ames: Hi, Matt. What's so bad about the trains?
Matt: Well, they're always overcrowded, and this norning my train was 20 minutes late again!
ames: That's bad, I agree. But I think buses are vorse. The buses are always overcrowded and hey're so slow.
Matt: Yes, that's true. But if you drive, there are lways traffic jams on the freeway. People get so mpatient when they have to wait. And there's sually nowhere to park near work.
ames: Well it's impossible for you to cycle to vork, Matt. Your office is too far away.
Matt: I wish I could buy an apartment owntown. Then I could cycle to the office!

UNIDAD 30

0.7.1
lex: Look what Dan bought me for my irthday! It's a digital picture frame.
am: Oh wow, Alex! I'd like one of those. Then could show my photos to my friends.

0.7.2 Sam: Oh no, Alex! My battery has run ut on my digital camera.
lex: Don't worry. I'll take photos with mine nd email them to you later.

0.7.3 Alex: I want to make my mom a cake.
am: Do you want to borrow our food mixer, lex? It makes making cake really easy.
lex: Yes, please. I'll stop by for it tonight.

0.7.4 Alex: Hi, Sam. Can I borrow your ompass? I'm going hiking this weekend.
am: Sure, Alex. I'll bring it in tomorrow.

0.7.5 Alex: I love my new tablet. I can take hotos with it, email, and play games.
am: I don't have a tablet yet. I'm going to buy ne with the money I got for my birthday.

0.7.6 Sam: My MP3 player is broken, Alex.
lex: How long have you had it, Sam?
am: Only three months.
lex: You should take it back to the store ou bought it from.

0.7.7 Sam: I like your new cell phone, Sam.
lex: It's great, isn't it? I use it to take photos, ake videos, and go on the internet.
am: How much was it?
Alex: It was $150. It was on special offer, down from $200.

30.7.8 Sam: I overslept this morning and was late for work.
Alex: Didn't your alarm go off, Sam?
Sam: No, it's really old.
Alex: I have a loud alarm clock I don't need. It was an unwanted Christmas present.

UNIDAD 32

32.5
You will need eight ounces of butter and six ounces of sugar. Beat them together well. Add four eggs, one at a time, and beat well. Take four teaspoons of coffee and mix it with one tablespoon of hot water. Add this to the cake mixture and mix. Then add eight ounces of flour and stir well. Put the mixture into two baking pans and bake for 40 minutes at 350 degrees Fahrenheit. To make the cream filling: Add 1 teaspoon of instant coffee to a little cold water. Add the coffee to the cream and whisk. Spread the filling between the two cakes and decorate with four ounces of walnuts.

UNIDAD 33

33.6
Olivia: What's this, Sharon?
Sharon: Hi, Olivia. It's my smart-house remote control. It controls the heating in the house. And you can use it to turn on the stove when you're out, too. I can prepare my dish in the morning and put it in the oven when I go out, and then an hour before I come home I can use the remote control to turn the stove on. So my meal is ready when I come home. I use it nearly every day, but not on weekends because I'm home.
Olivia: That sounds amazing. What a great gadget! What do you think of this blender that I've just bought? I love it for making soups and smoothies, but it can also peel vegetables. And you can use it as a juicer. I love using it. I used it to make fresh tomato juice this morning.
Sharon: I'd love one of those. It looks stylish, too.

UNIDAD 35

35.6
Dominic Hi, I'm Dominic. I'm sports mad and I love being super-fit. I go running every morning before work, even when it's raining. I like running early in the morning before everyone is awake. So I usually get home by 6:30am and then I have a shower and breakfast. I enjoy swimming, too, and I sometimes go to the pool on weekends or after work. I love being fit, but I can't stand working out in the gym. It's so boring! I prefer doing action sports and I love doing winter sports like skiing. I'm really looking forward to my next skiing trip in December. I hope to go to Italy. I want to try snowboarding for the first time this year, too, so I think it's going to be a great trip.

UNIDAD 36

36.2
Claire: Hello Kai, how are you?
Kai: Great. Thanks, Claire.
Claire: Are you going to Ben's party next Saturday?
Kai: No, I can't. I'm going to a concert. I bought tickets last week. Are you going to his party?
Claire: Yes, I am. I'm going with my sister.
Kai: That sounds good. We should get together another time. Are you free on Friday?
Claire: No, I'm visiting my parents. We're going to a restaurant.
Kai: I'm going to the tennis competition tomorrow. Are you?
Claire: Yes, I am. I'm playing at 10.
Kai: Oh, I'm playing at 10:30. I'll see you there!

UNIDAD 39

39.4 ej.: I think the weather will probably be cold and windy tomorrow.

39.4.1 I think there will be a storm this weekend.

39.4.2 I'm definitely going to go snowboarding on vacation this year.

39.4.3 I think I'll call Ann tonight and tell her about my party.

UNIDAD 40

40.6

Alan: Doug, where are we? I don't recognize this path. I think we might be lost.
Doug: Yes, I think you're right, Alan. I think we might have taken the wrong turn about 20 minutes ago. Let's have a look on your compass. We'll soon know where we are.
Alan: Oh, no. Where is it? I can't find it. I think I might have dropped it. Oh, that's just great. Now what are we going to do?
Doug: Don't worry. We might be able to use the GPS on my phone. Hmm, that's no use. I can't get a signal.
Alan: Let's turn back. We might find a different way down the mountain.
Doug: OK. I think we'll need to hurry. Look at the sky. It might snow soon.
Alan: One thing's for sure. If we don't get home soon, we might be in big trouble.
Doug: Hey, look. I've got a signal! Fantastic!

UNIDAD 42

42.3

Doctor: I think you have a bad virus, Mr. Carlton, and this is giving you a fever and making you feel tired. You must take some time off work and go home and rest.
Mr. Carlton: But doctor, I have to go to London on business tomorrow.
Doctor: I'm sorry, Mr. Carlton, but you must not go to London. You have to stay at home and rest. You must not go outside and get cold or wet. You really must sleep as much as possible.
Mr. Carlton: Do I have to stay in bed?
Doctor: No, you don't have to stay in bed, but you must rest. So you could lie down on the sofa and sleep if you want to. You must drink lots of water and eat some good healthy food. Hot soups and fruit juices would be good.
Mr. Carlton: Do I have to take any medicine?
Doctor: No, you don't have to take any medicine. Antibiotics don't cure a virus. You just have to rest and keep warm.

UNIDAD 43

43.2.1

M: Doctor, I think I've broken my leg.
Doctor: Your leg could not be broken because you can walk.
M: It hurts a lot.
Doctor: You might have a sprained ankle.

43.2.2

M: Doctor, I can't stop coughing.
Doctor: You might have bronchitis. Let me listen to your breathing. Yes, I think you could have bronchitis.

43.2.3

M: Doctor, I think I've got food poisoning.
Doctor: Have you been vomiting?
M: No, I haven't.
Doctor: Then you can't have food poisoning.

43.2.4

F: Doctor, my son's wrist is sore and swollen.
Doctor: What did he do to it?
F: He fell on it when he was playing soccer.
Doctor It might be broken.

43.2.5

M: Doctor, I have a temperature and I ache all over.
Doctor: Have you got a cough and a sore throat?
M: Yes, I have.
Doctor: You might have the flu.

43.2.6

M: I've got a sore throat. I think I've got tonsillitis.
Doctor: Can you swallow?
M: Yes, I can.
Doctor: It can't be tonsillitis.

UNIDAD 45

45.2

I started my new job today. First of all, I met my new boss. He seems to be very popular and everyone looks up to him. My colleagues Alice and Tom are nice, too. I have a tiny desk in the corner of the office, but I can put up with it since I've only just started. Alice and Tom took me to lunch in the cafeteria and we got along really well. But our other colleague Sarah didn't want to sit with us. Apparently, she doesn't eat with people at work. After lunch, I had to come up with a presentation of the sales figures for my boss. I was printing out the figures when the printer ran out of paper! But it was OK. Alice took me to the stationery department and showed me what to do. And the presentation went well and my boss was pleased. There's going to be a sales conference at the end of the month. I'm looking forward to that. It should be interesting.

UNIDAD 46

46.7

Noah: Hey, Thomas. You're going out tonight, aren't you?
Thomas: Yes. I'm meeting Elsa and we're going to see the comedy show at the playhouse. You've seen it, haven't you, Noah?
Noah: No, I haven't. But Rosie has seen it. You liked it Rosie, didn't you?
Rosie: Yes, it was really funny. But it's very popular. You've booked tickets, haven't you? You won't get tickets at the door tonight.
Thomas: Oh, no! I didn't know I had to book tickets!
Rosie: What?
Thomas: I thought I'd buy them at the door, didn't I?
Rosie: Doh! What are you going to say to Elsa? She's going to be really angry, isn't she?
Thomas: Yes, she's going to be mad. Well it isn't my fault, is it? Look, I'll call her and explain. Maybe we can see a movie instead.
Noah: You'll have to do more than that! Good luck, Thomas. You'll need it!

UNIDAD 49

49.5

Professor: First, some stearic acid is put into a test tube. It's a solid and it looks like wax. Then a thermometer is put into the test tube. Next, the test tube is put into a beaker of water and the water is heated until it boils. It should boil gradually, not too fast. The temperature at which the acid melts is recorded. Then the mixture is allowed to cool. The temperature at which the acid starts to solidify is recorded. The results are recorded on a graph.

NIDAD 50

.8.1 If Mandy doesn't feel well, she'll stay home.

.8.2 If we practice every day, will we win e championship?

.8.3 Joe will get a promotion if he works hard.

.8.4 If I get the laptop, will you help me write s report?

.8.5 If they get there early, they'll get od seats.

.8.6 I'll make us some coffee if you fill e kettle.

.8.7 If Ben digs the hole, I'll plant the tree.

.8.8 We'll go to the beach if the weather good.

NIDAD 51

.8 ej.: If you want to redecorate your om, buy some paint.

.8.1 If you're thirsty, get a drink from the dge.

.8.2 If you have a headache, take me painkillers.

.8.3 If it's raining, don't forget your umbrella.

.8.4 If you're bored, go for a walk in the park.

NIDAD 52

.7

: What are you planning to do this week?

uilder: We've nearly finished the wiring. soon as that's done, we'll plaster the walls.

: OK.

uilder: And then we'll start painting the chen when the plaster dries.

: What about the plumbing?

uilder: As soon as the paint has dried, the umber will put in the washing machine d dishwasher.

: And the shelves?

Builder: When the plumber finishes work, we'll put up the shelves and fix all the units. Then your kitchen will be ready.

M: Fantastic! That sounds great.

UNIDAD 53

53.3

Andy: Ellen, I really hate my job. I want to start a business.

Ellen: Really? What do you want to do?

Andy: Well, if I had $5,000, I'd open a pet store.

Ellen: But you don't have $5,000!

Andy: No, but I could borrow it.

Ellen: Do you really need to open a store? Wouldn't it be easier to just sell things online?

Andy: No, that would be boring. If I sold things online, I wouldn't be able to talk to the customers.

Ellen: What would you sell in your store?

Andy: Well, everyone loves their pets, don't they? If you had a cat or a dog, you'd want to buy it a nice bed, good food, nice toys. If I had a pet store, I'd sell all of that. I'm sure it's a great idea.

Ellen: Look, Andy. Why do you hate your job?

Andy: I'm bored. I sit in an office all day. I don't earn enough money and I can't afford nice vacations.

Ellen: If you did more training, you could get a better job. And then you wouldn't be bored. If you earned more money, you'd have better vacations. I think that's a better idea than borrowing money to start a pet store.

Andy: Oh, well. I don't know. I'll think about it.

UNIDAD 55

55.4 ej.: If I were you, I wouldn't go running in the rain.

55.4.1 Do you think I should buy this coat?

55.4.2 If I were you, I'd ask her out.

55.4.3 If I were you, I wouldn't buy that car.

55.4.4 You've been skiing in the Alps, haven't you? Do you think I'd enjoy it?

55.4.5 If I were you, I'd apply for that job.

UNIDAD 56

56.4

Carol: The problem is that too many people create too much waste.

Alex: Yes, you're right, Carol. If everyone recycled more, we'd reduce a lot of waste. I mean, look at the amount of paper we waste in this office. It's crazy.

Carol: Exactly, Alex. And coffee cups, too.

Alex: Yes, right. If we recycled our paper and the paper cups, we'd save a lot of waste.

Carol: That's right. And don't forget plastic. Nobody recycles their plastic water bottles. Let's do something.

Alex: Well, I would take the plastic bottles to the recycling center if someone helped collect them.

Carol: I'll help. I'll make two collection boxes and people can put their paper and plastic in them. If we put them in the kitchen, people will see them. We'd save a lot of waste.

Alex: What about cans? I'll make a collection box for cans.

Carol: Fantastic. We're really going to make a difference.

UNIDAD 57

57.3.1 I'm looking for an interesting job that I'll enjoy.

57.3.2 I knew someone who had a similar job to yours.

57.3.3 It's important to have co-workers who you get along with.

57.3.4 She'd like to meet someone who is funny and self-confident.

57.3.5 Our firm needs someone who can make decisions.

57.3.6 The candidate must be a person who is reliable.

57.3.7 There are a lot of interesting places that you can visit.

57.3.8 He works in a city that is cosmopolitan and busy.

57.3.9 That's the position that I'd really like to have.

57.3.10 We met a person who works with you.

UNIDAD 58

58.5.1 The car, which was outside our house, was stolen yesterday.

58.5.2 Sam's party, which he had on the beach, finished at 2am.

58.5.3 Mrs. Thomas, who lives next door, found a gold watch in the street.

58.5.4 The old house, which has been empty for years, burned down last week.

58.5.5 My new tablet, which Mike bought for me, takes fantastic photos.

58.5.6 Nicola White, who teaches science, is the best teacher in the school.

UNIDAD 61

61.2

It was a dark and stormy evening and Mr. Coulter was driving home, late from work. It was snowing heavily and the road was black and icy. The wind was blowing fiercely and the trees along the side of the road were bending in the wind. Mr. Coulter looked at his watch. It was 6:45 and he was late. His wife Emily was waiting for him at home. He decided to stop the car and call her. As he was dialing her number, he heard a terrible noise. One of the tallest trees was crashing onto the road in front of him. It missed his car by only 20 feet. What a lucky escape!

UNIDAD 62

62.4 ej.: Karl sat down while he was waiting for the train.

62.4.1 Louisa bought some ice cream while she was walking on the beach.

62.4.2 Rex was skateboarding when he crashed into the wall.

62.4.3 Luke was skiing down the mountain when he saw a helicopter.

62.4.4 Misaki ate a cookie while she was reading.

62.4.5 Jake was talking to Emma when his cell phone rang.

UNIDAD 63

63.3 ej.: An industrial plastics factory polluted the river with chemicals.

63.3.1 Over 20 buildings were destroyed in a terrible fire.

63.3.2 The emergency services rescued three people from the lake.

63.3.3 Many houses were flooded during the storms over the weekend.

63.3.4 Large areas of rainforest were cut down last year.

UNIDAD 64

64.4.1 Mom was in the living room but Dad had already gone to bed.

64.4.2 When we got to the hotel, our friends had already arrived.

64.4.3 His room was a mess because he hadn't cleaned it up for weeks.

64.4.4 Simon met his friends in town after he had been to the gym.

64.4.5 My cat hadn't eaten its food when I got home.

64.4.6 Joe still hadn't bought anything when she called him.

UNIDAD 65

65.3

Mike: Have you ever been to India, Rachel?
Rachel: Yes, I went last year with two friends. It was the first time I had ever been. We went t the city of Jaipur in Rajasthan to see the elepha festival. It was incredible. I had never seen an elephant before and there were so many of them, all in colorful costumes. It was the most beautiful thing I had ever seen.
Mike: I've never been to India. I'd love to go there one day.
Rachel: But you've been to Thailand, haven't you, Mike? I've never been there.
Mike: Yes, Thailand is beautiful. When I went to Bangkok, it was the first time I had ever seen a Buddhist temple. I've never been to Vietnam, though. I've heard that's an interesting place, too.

UNIDAD 68

68.7

F: Hi, Blake. How did moving into your new house go?
Blake: It was really busy. I was signing the papers at the lawyer's on Friday when my phone started ringing.
F: Who was it?
Blake: It was my wife, saying the man who was buying our house had changed his mind on the move in date.
F: Oh, no. How terrible!
Blake: As soon as I heard that, I called the realtor to ask what was happening.
F: I bet you were really upset.
Blake: I was furious. But then they told me that the man's father had gone into the hospital and consequently they wanted to move next week instead of today.
F: And were you able to do that?
Blake: No, we had a movers booked. In fact they arrived at the very moment I got home from the lawyer's.
F: So did you move out last Friday?
Blake: Yes, we got into the new house. Shortly afterward some flowers came with a note from the buyer to wish us well in our new house. He also said he was sorry he had to change his plan
F: That was nice of him.
Blake: Yes, it was. He's moving into our old house tomorrow.

NIDAD 70

0.4

ete: Hi, Finn. How was your weekend?

nn: A disaster. My girlfriend Esme told me e'd meet me for lunch on Saturday, at 1 clock, but she turned up half an hour late. e said that she hadn't been able to find her r keys, but I didn't believe her. She's always te. So we had a huge argument.

ete: Oh, no. That doesn't sound good.

nn: No, it wasn't. She told me that she dn't want to see me again and I said I dn't care. She walked out of the café d told me not to call her.

ete: What are you going to do?

nn: I don't know. I miss her and I think overreacted. I think I should call her.

ete: Good idea. There are worse things an being late.

NIDAD 71

1.6

r. White: Good morning, Roger. Please down. I've been looking at the sales results r this quarter and they show that profits are by 5 percent.

oger: Yes, that's right, Mr. White.

r. White: I'm disappointed. This isn't as much I was hoping.

oger: Well, our profits have increased by percent for the previous three quarters, hich makes an annual increase of 20 percent. January we invested $50,000 in new achinery. This time next year, our production osts will be half what they are now, but we ll be selling more products.

r. White: Yes, the new investment will reduce r production costs. What is the forecast for nual profits for this time next year?

oger: With the reduced production costs, us an annual profit of 20 percent, the forecast oks good. I've plotted the figures on a chart. ere they are.

r. White: Thank you, Roger. This looks very omising. Well done. I'll look at these now d I suggest we discuss them this afternoon.

oger: Thank you.

UNIDAD 72

72.5

aj: Hi, Derek. What's the matter?

Derek: Oh, hi, Raj. I'm really fed up. I'm not happy at work.

Raj: Hey, that's a shame. Why don't you like it?

Derek: Well, the boss orders me to do all sorts of things, like go out and buy his lunch, or go shopping for him. It isn't part of my job, but it's hard to say no.

Raj: Yes, that is hard. You should remind him that you don't have time to do things like that.

Derek: You're right.

Raj: Or maybe you should look for a new job, Derek. One with a nicer boss! You could do really well in a job you enjoy.

Derek: Thanks, Raj. Maybe I will!

UNIDAD 73

73.4 ej.: He asked her where the supermarket was.

73.4.1 They asked her what she was cooking for dinner.

73.4.2 Are you going to Matt and Anna's party on Saturday?

73.4.3 What time does the train from Oxford arrive?

73.4.4 The director of sales asked me why I wanted this job.

UNIDAD 74

74.3

Nadia: Did your interview go well, David?

David: I'm not sure. It was really tough. They asked me a lot of difficult questions.

Nadia: Did you give a presentation?

David: Yes. I had to give a 10-minute presentation about our new online products. I talked about how we had developed the products in the last few months.

Nadia: Well, that sounds good. Were they pleased?

David: I think they were quite impressed but they didn't say much.

Nadia: Is the team manager Mr. Carter?

David: Yes, it is. He's a really good manager.

Nadia: Do you like him?

David: Yes, I do. He's very professional, and he's nice, too.

Nadia: Will you hear about the job today?

David: No, I won't hear until the end of the week.

Nadia: Good luck, David. I'm sure you'll get the job. They'd be crazy not to give it to you.

David: Thanks, Nadia. I'll let you know.

UNIDAD 75

75.2 ej.: Could you tell me where the hotel conference center is?

75.2.1 Excuse me. Do you know what time it is?

75.2.2 Do you know how much this coat is?

75.2.3 Is the taxi waiting outside?

75.2.4 Excuse me. Is that seat free?

75.2.5 Could you tell me the way to Angel Avenue?

UNIDAD 76

76.6

Anna: Have you heard from your family recently, Craig?

Craig: Yes, they called a few days ago. I wish they would visit more often, but I guess they're busy.

Anna: They've just been on vacation to Brazil, haven't they?

Craig: Yes, Jill and her husband went to the carnival in Rio. I wish I'd done more traveling when I had the chance. I wish I'd gone to Australia. I've always wanted to see the world.

Anna: Yes, me, too. I wish I'd lived abroad.

Respuestas

01

1.1

1. Mom isn't at work today, is she?
2. You're a flamenco dancer, aren't you?
3. I'm not sitting in your chair, am I?
4. This article is very interesting, isn't it?
5. They're from Beijing, aren't they?

1.2

1. You're hungry, aren't you?
2. She is Chris's boss, isn't she?
3. They're from Florida, aren't they?
4. It's warm today, isn't it?
5. You're not tired, are you?
6. We're from the same town, aren't we?
7. They're late, aren't they?
8. Saira's sister is here, isn't she?
9. You're from the US, aren't you?

1.3

1. The music is very loud, **isn't it**?
2. You're not from here, **are you**?
3. Tim is a great dancer, **isn't he**?
4. Fiona isn't here, **is she**?
5. The venue is lovely, **isn't it**?
6. I'm not late, **am I**?
7. They are dancing, **aren't they**?
8. The band is great, **isn't it**?
9. You're having a good time, **aren't you**?
10. It isn't warm today, **is it**?
11. I'm in your class, **aren't I**?
12. He isn't 30, **is he**?
13. You aren't waiting, **are you**?
14. This film is boring, **isn't it**?
15. They're playing tennis, **aren't they**?
16. We aren't early, **are we**?
17. She's beautiful, **isn't she**?
18. You aren't from Boston, **are you**?
19. He isn't outside, **is he**?
20. They're watching TV, **aren't they**?
21. You aren't hurt, **are you**?

1.4

1. You're Sarah, **aren't you**?
2. You're Sally's friend, **aren't you**?
3. Fatima is funny, **isn't she**?
4. The food is delicious, **isn't it**?
5. Dev and Jai are twins, **aren't they**?
6. You're not leaving now, **are you**?
7. I'm not boring you, **am I**?
8. The boss isn't here, **is he/she**?
9. I'm late, **aren't I**?
10. You've just woken up, **haven't you**?
11. You can't see it, **can you**?
12. He's getting old, **isn't he**?
13. They're not studying, **are they**?

1.5

1. True 2. False 3. False 4. False
5. True 6. True 7. True

1.6

1. I'm very **well, thank you**.
2. This **is Tim**.
3. **Good morning**, Mrs. Reid. How are you?
4. Hi, Sally. How **are you doing**?
5. I'm **delighted to meet** you, Ms. Chopra.
6. May **I introduce** Frank Hill?
7. I'm very pleased **to meet you**, Diana.
8. **Great to** meet you, Holly.

1.7

1. **Hi**, Maria.
2. I'm very well, **thank you**.
3. **Great** to meet you.
4. **Fine**, thanks.
5. Paul! **Great** to see you, too.

02

2.1

1. United States of America 2. Australia
3. United Kingdom 4. Germany
5. Turkey 6. Spain 7. Pakistan
8. Argentina 9. China 10. Peru
11. South Korea 12. Kenya
13. Czech Republic 14. Brazil 15. France
16. Portugal 17. Japan 18. Vietnam
19. Mongolia 20. Bolivia 21. Greece
22. Canada 23. Mexico 24. Poland

03

3.1

1. There is a tree **to the left of** the tall building in town.
2. We stayed in a small hotel just **by** the seaside.
3. The town library is **right next to** the movie theater.
4. Tom is planning on going for a walk **in** the country today.
5. Norway and Australia are on **opposite** sides of the world.
6. The Snow Slopes Ski Resort is **in** the mountains.

3.2

1. I live in the mountains.
2. I live in the city.
3. I live on the coast.
4. I live on the river.
5. I live off the coast.
6. He lives in the mountains.
7. He lives in the city.
8. He lives on the coast.
9. He lives on the river.
10. He lives off the coast.

3.3

1. False 2. True 3. True 4. Not given
5. Not given 6. True 7. True

3.4

1. The castle is **right next to** the beach.
2. The island is just **off** the coast.
3. Visitors can take boat trips **around** the island.
4. They can eat at the restaurant **on** the island.
5. The statue is **between** the café and the church.
6. The restaurant is **directly** opposite the café.
7. The lighthouse is diagonally **opposite** the church.

3.5

1. The lighthouse is just off the coast.
2. The park is diagonally opposite the lake.
3. We stayed in a chalet in the mountains.
4. There's a café right next to the theater.
5. Henry has a house by the sea.
6. It's halfway between the airport and the hotel.

3.6

1. Pacific 2. Right next to 3. 2010
4. 100km 5. North 6. On the bay

04

4.1

1. zero point seven five
2. forty-two percent
3. one sixth
4. twelve point three
5. three quarters

4.2

1. eight point three
2. seventy-nine percent
3. two and a quarter
4. zero point four
5. fifteen percent
6. one and a third

4.3

1. Davis jumped 2.38 meters.
2. Mwange beat the record by 2.9 seconds.
3. Joslin won by seven eighths of a second.
4. Canada holds a third of all medals.
5. Edwards won by 17½ centimeters.

4.4

1 100 2 9.5 3 2/3 4 200 5 20.8
6 45% 7 19%

4.5

1 **twen**ty 2 six**teen** 3 seven**teen**
4 **eigh**ty 5 **fif**ty 6 nine**teen**
7 **six**ty 8 four**teen** 9 **sev**enty
10 eigh**teen** 11 **thir**ty

4.6

1. The Jamaican sprinter lost by **four fifths** of a second.
2. Tracey Livingstone won the race by **three twelfths** of a second.
3. The Russian contestant won by an **eighth** of an inch.
4. There were a total of **forty** runners in the marathon this year.
5. The American won the 100 meters back stroke by **five sixths** of a second.
6. Maxwell Peterson came in **ninth** place out of 48 contestants.

05

5.1

1. It's ten thirty. / It's half past ten.
2. It's eleven forty-five. / It's quarter to twelve.
3. It's twelve o'clock.
4. It's two fifty. / It's fourteen fifty. / It's ten to three.
5. It's three twenty-four. / It's fifteen twenty-four. / It's twenty-four minutes past three.
6. It's five fourteen. / It's seventeen fourteen. It's fourteen minutes past five.
7. It's seven thirty-seven. / It's nineteen thirty-seven. / It's twenty-three minutes to eight.
8. It's nine forty-eight. / It's twenty-one forty-eight. / It's twelve minutes to ten.

5.2

1. The eleventh of February, two thousand and ten
2. March fourth, two thousand and twelve
3. September twenty-third, two thousand and six
4. The thirty-first of December, two thousand and fourteen
5. February fifteenth, two thousand and eight

5.3

1. My flight leaves at ten to seven in the morning.
2. The train arrived at twenty-five past nine.
3. I called you at quarter to two yesterday afternoon.
4. The bus was late. It arrived at six thirty.
5. My English class finishes at five to five.
6. I have a doctor's appointment at twenty-five past eight.
7. The show starts at half past seven.

5.4

1 14:50 2 June 30 3 11:24
4 November 27 5 2:30pm

06

6.1

1 Sydney 2 Winnipeg 3 Johannesburg
4 Chiang Mai 5 Bucharest 6 Illinois
7 Pasadena 8 Hobart 9 Mumbai
10 Edinburgh

6.2

1. C-A-L-I-F-O-R-N-I-A
2. P-A-D-D-I-N-G-T-O-N
3. B-L-O-O-M-F-I-E-L-D
4. B-I-R-M-I-N-G-H-A-M
5. H-O-N-G K-O-N-G
6. C-A-M-B-R-I-D-G-E
7. S-Y-D-N-E-Y
8. N-E-W D-E-L-H-I

6.3

1 06899673209 2 3334952201
3 00 44 123 86654 4 536 367770
5 0155 86325 6 02229358
7 0129640999 8 061784325
9 001145298 10 05843327
11 0656 432193

6.4

1 Queen's Walk 2 Melbourne
3 NSW 2024 4 Alice dot Watson at sunshine dot A-U 5 Zero zero six one five five zero eight eight eight four

6.5

1. Her surname is Brodie.
2. She's a sales manager.
3. She works at Trademark Printers Ltd.
4. Her phone number is 0785 9044678.
5. Her email address is rachel.brodie@trademark.com.

6.6

1 Street 2 House number 3 Title
4 Phone number 5 Zip code 6 Town
7 Email 8 First name 9 Country

07

7.1

1 plumber 2 journalist 3 architect
4 butcher 5 vet 6 firefighter
7 surgeon

7.2

1 flight attendant 2 surgeon
3 electrician 4 architect 5 travel agent
6 firefighter 7 writer 8 pilot
9 fashion designer 10 butcher

7.3

1 False 2 False 3 False 4 True
5 True 6 True 7 False

7.4

1 Annabelle starts **work** at 8:30am.
2 Joe is looking for a new **job**.
3 I've had to **work** all weekend.
4 What time do you finish **work**?
5 Sam's cousin helped him get his first **job**.
6 Laura has a well-paid **job** in finance.
7 I **work** as a freelance consultant.

7.5

1 Finance 2 Six months
3 Full-time 4 Promotion
5 High 6 Sometimes 7 Never

7.6

1 They got a pay **rise** of five percent.
2 Doctors can earn a great **salary**.
3 I'll be late home tonight. I have to work **overtime**.
4 Peter was **unemployed** for six months before he got a job.
5 This position may lead to a **full-time** job.
6 Eva might **resign** because she hates her job.
7 Henry works for himself. He is a **freelance** reporter.
8 This job has four weeks' **vacation**.

08

8.1

1 often 2 regularly 3 sometimes
4 usually 5 never 6 always 7 rarely

8.2

1 I go to the movies once a week.
2 He is never late for work.
3 They frequently eat after 7pm.
4 I nearly always cook dinner.
5 She occasionally works overseas.

8.3

1 She sometimes gets home late.
2 He almost never goes to the gym.
3 They are very often at home.
4 He hardly ever takes a bath.
5 He is always on time.
6 He rarely goes for a walk.
7 You frequently stay out late.
8 I nearly always walk to work.
9 We occasionally go out for lunch.
10 She regularly plays tennis.
11 They never go on vacation.
12 He very rarely goes to the doctor.
13 You are hardly ever late.
14 We regularly visit our uncle.
15 She often goes to the park.

8.4

1 never 2 rarely 3 occasionally
4 usually 5 regularly

8.5

1 I almost never go to the theater.
2 He nearly always gets to work early.
3 I occasionally watch a movie in the evening.
4 She is rarely late for work.
5 They sometimes have a party in December.
6 She very often has a sandwich for lunch.
7 They rarely work on the weekend.
8 You are often tired when you get to work.
9 I frequently ask my boss for help.
10 She occassionally takes the train to work.
11 I almost never have time to cook in the evening.

8.6

1 True 2 False 3 True 4 True
5 True 6 False 7 True

8.7

1 I hardly ever go to the dentist.
2 He occasionally plays hockey with Ken.
3 They usually have breakfast at 7am.
4 I almost never make the dinner.
5 She is very often at work in the evening.

8.8

1 Bobby was always tired.
2 He saw an advert for nurses in Australia.
3 He has been in Australia for six years.
4 He sometimes has to work evenings or weekends.
5 He usually finishes work at 8pm.
6 He regularly emails or video calls family and friends.
7 His family visits him once a year.

09

9.1

1 She **usually wakes up** at 6:30am.
2 Max doesn't **get up** early every day.
3 I **sometimes meet up** with my co-workers.
4 Do you **often chill out** with your friends?
5 We don't **work out** on Thursdays.
6 Mr. Wallis **checked into the hotel** on Saturday.
7 Does Laura normally **turn up** on time?

9.2

1 My brother **turns up** late for everything.
2 I **work out** at the gym twice a week.
3 Katy never **wakes up** early on Saturday mornings.
4 They sometimes **meet up** with friends on Friday.

9.3

1 We'll meet up after work.
2 He's chilling out in his room.
3 Her name never comes up.
4 They work out quite often.
5 I stay in on Friday nights.
6 The bus turned up late.
7 We ate out with our friends.
8 Jo checked into the hotel today.
9 Sam grew up in Oxford.

9.4

1 Not given 2 True 3 False
4 Not given 5 False 6 False 7 True

9.5

1 I'm **meeting up** with some of my friends from college later.
2 He likes to **chill out** in front of the TV on Friday evenings.
3 Rosa and her sister Anezka **got up** late yesterday morning.
4 I'm tired. I think I **will stay in** tonight and read my book.
5 We aren't going to **eat out** on Friday or Saturday.
6 Mr. and Mrs. Williams haven't **checked into** the hotel yet.

9.6

1 Tom **came up** in the chat.
2 Our manager **turned up** late for work.
3 Shall we **eat out** tonight?
4 Malik **grew up** in Vancouver.
5 Rob **met up** with friends yesterday.

10

10.1
1 bald 2 lips 3 wavy hair 4 red hair 5 long hair 6 black hair 7 beard 8 eyebrow 9 nose 10 eyelashes 11 ear 12 mouth 13 blond hair 14 pony tail 15 brown hair 16 teeth 17 eye 18 short hair 19 tooth

11

11.1
OPINIÓN: **attractive**, **beautiful**
TAMAÑO: **tall**, **thin**
FORMA: **curly**, **straight**
EDAD: **old**, **young**
COLOR: **green**, **brown**

11.2
1 He has a thin brown mustache.
2 Susan has gorgeous, long, thick blond hair.
3 James is a tall, thin young man.
4 She has attractive, shoulder-length, curly black hair.

11.3
1 True 2 Not given 3 True 4 False

11.4
1 She has shoulder-length, **straight** red hair.
2 He has **short** brown hair.
3 He has short **black** hair and a **beard**.
4 She has attractive, **curly** red hair.

12

12.1
1 jacket 2 shorts 3 dress 4 suede boots 5 buttons 6 silk scarf 7 leather bag 8 high-heels 9 tie 10 collar 11 belt 12 jeans 13 cardigan 14 checked 15 suit 16 striped 17 sandals 18 socks 19 t-shirt

13

13.1
1 Martin is **choosing** some new boots.
2 I'm **mending** my favorite wool cardigan.
3 Alison is **shopping** for some new jeans.
4 My little brother is **trying** on some pajamas.

13.2
1 An evening dress 2 Gold 3 A skirt 4 Pale blue 5 Silk

13.3
1 I'm putting on a pair of new boots.
2 Brian is living in a house in London.
3 She's buying a pair of casual shoes.
4 Tanya is shopping for a new dress.
5 I've lost a button from my cardigan.
6 He doesn't have a lot of expensive clothes.
7 They're taking a lot of photos of the city.

13.4
1 She's wearing a pair of **boots**.
2 He's wearing a **suit**.
3 She's wearing a pair of **sandals**.
4 He's wearing a **shirt**.
5 She's wearing a leather **belt**.

13.5
1 True 2 True 3 False 4 True 5 False 6 False 7 False 8 True 9 False

14

14.1
1 washing machine 2 bedside table 3 frying pan 4 crockery 5 rug 6 mirror 7 cupboard 8 plants 9 bathroom 10 dishwasher 11 living room 12 light 13 bedroom 14 shower 15 towel 16 kitchen 17 bed 18 lawn 19 saucepan

15

15.1
1 Tony waters the plants every evening.
2 Tom walks the dog after breakfast.
3 Katy sweeps the floor every day.
4 Mia loads the dishwasher every day.
5 Jamie mows the lawn every week.

15.2
Hi Harry, Emma, and Paul,
While I'm visiting your grandma this weekend, please can you do the following chores? Harry, can you **do** the laundry on Saturday and **walk** the dog twice a day? Paul, can you **do** the cooking on Saturday? Then can you **clear** the table and **load** the dishwasher? Emma, can you **make** the beds, and **fold** the towels in the bathroom, please? And don't forget to **water** the plants in the house. Thanks!

15.3
1 I normally **walk** the dog in the evening, but this evening **I'm relaxing** at home.
2 **We're doing** the laundry together today, but I usually **do** it myself.
3 Frank sometimes **goes** to the gym after work, but today **he's working** late.
4 Ben **is doing** the ironing today, but his dad usually **does** it.
5 **He's listening** to music now, but he often **watches** TV in the evening.
6 **I'm mowing** the lawn today, but I normally **mow** it on Saturdays.

15.4
1 The laundry 2 Kitchen 3 Clear the table 4 Last night 5 Yes 6 On the floor 7 No 8 Make the bed 9 Yes, usually

15.5
1 Laura is doing the cooking tonight, but she usually does the dishes.
2 I always sweep the floor before I go to bed.
3 James is walking the dog this evening, but he usually walks him every morning.
4 Salman usually waters the plants at home.
5 Joan is doing the laundry now, but she often gardens in the afternoon.
6 Jessica and Dan will clear the table after lunch.
7 Donald usually mows the lawn on Sunday morning.

15.6
1 False 2 True 3 False 4 True 5 False

16

16.1

1. Tony has to fill a form in for work.
2. I'm checking the train timetable out.
3. Anna will pick the shopping up.
4. They gave some leaflets out about the fair.
5. We're putting a dog show on this summer.
6. That little boy didn't pick his litter up.
7. They're going to close that store down.
8. John wants to show his cell phone off.
9. Rita is putting her coat on.

16.2

1. Can you **check** out the menu?
2. Why don't you **look** up the word online?
3. They were **giving** out free samples.
4. Did you **try** out the new cell phone?
5. I'll **pick** up the children from school.
6. They **sold** off the town parking lot.
7. He didn't **cut** down the pine tree.
8. The school is **putting** on a play.
9. Are you **taking** up hockey in college?
10. They **tore** down the old town hall.
11. What did you **find** out at the meeting?

16.3

1. I took it back.
2. They're closing it down.
3. Jess looked them up.
4. We picked it up.
5. Bob brightened it up.
6. I will look it up.
7. She tried it out yesterday.

16.4

1. She's looking it up.
2. They closed it down.
3. They're renting it out.
4. They sold it off.
5. He cleaned it up.
6. I'm checking them out.
7. They brightened it up.
8. He took it up.
9. She found them out.

16.5

1 B 2 G 3 E 4 A 5 D 6 H 7 C 8 F

16.6

1. Which paintings are in the **art gallery**?
2. Most people here are kind and **friendly**.
3. The river is **polluted** with oil.
4. It's the tallest **high-rise** building in the city.
5. The Royal Family live in the **palace**.
6. You can buy medicine at the **pharmacy**.
7. The **bustling** streets are crowded with shoppers.
8. This place isn't safe. It's **dangerous** at night.
9. The lawyer is meeting us at the **law court**.
10. His office isn't out of town. It's in the **city center**.
11. The country park is **unspoiled** and beautiful.
12. The streets are **dirty** and full of litter.
13. All the stores are in the **shopping mall**.

16.7

1. True 2. Not given 3. False
4. True 5. False

16.8

POSITIVAS: **friendly**, **bustling**, **unspoiled**, **lively**
NEGATIVAS: **dirty**, **crowded**, **dangerous**, **polluted**

17

17.1

1. The hospital is **a lot** taller than the church.
2. The airport is **slightly** bigger than the station.
3. The cafe is **much** smaller than the factory.
4. The tower is **slightly** taller than the tree
5. The hotel is **a lot** smaller than the castle.

17.2

1. The school is slightly **bigger** than the church.
2. The hill is much **taller** than the tree.
3. The house is much **smaller** than the palace.
4. The car is much **faster** than the bike.
5. The door is much **wider** than the window.

17.3

1. The office is easily the tallest building in the city.
2. The Pacific is by far the biggest ocean.
3. Sudan is one of the hottest countries of all.
4. Antarctica is one of the coldest places on Earth.

17.4

1 B 2 C 3 E 4 A 5 F 6 G 7 D

17.5

1. The clock tower is much **older** than the palace.
2. This is by far the **best** book I've ever read.
3. Your house is much **bigger** than mine.
4. The tower is a bit **taller** than the lighthouse.
5. The factory is slightly **larger** than the castle.

17.6

1. The Arabian Desert is the second largest desert in the world.
2. The wettest place on Earth is in India.
3. Mawsynram is slightly wetter than Cherrapunji.
4. The Nile is by far the longest river in Africa.
5. The Nile is about 145 miles longer/slightly longer than the Amazon.
6. Mount Everest in the Himalayas is the highest place in the world.
7. The highest mountain in the world is 29,035 feet high.
8. Lake Baikal is easily the deepest lake in the world.
9. Lake Baikal is one of the largest lakes in the world.
10. Baikal is over 1,968 feet deeper than the Caspian Sea.
11. The Caspian Sea is the second deepest lake in the world.

18

18.1

1. Lily is **bored** with her piano lessons.
2. I'm **amazed** that you want to try scuba diving.
3. The class on whales and dolphins was very **interesting**.
4. Mr. Watkins was **annoyed** by all the traffic on the road.

18.2

1. Were you **surprised** when you opened your present?
2. I found this recipe for paella really **confusing**.
3. Martha wasn't **annoyed** that I was late for her party.

4 The news about the airplane accident was **shocking**.
5 Ethan is **depressed** because he failed his accounting exams.
6 I was **amazed** when I heard about your new job.

18.3

1 False 2 True 3 True 4 False
5 False 6 True 7 False

18.4

1 On a boat 2 A picnic 3 Barbecuing
4 Amazed 5 Living on a boat 6 Yes

18.5

1 Yesterday's biology class was very interesting.
2 The news of Andy and Kay's wedding wasn't surprising.
3 Are you excited about your vacation in Australia?
4 *Day of Terror* was a really frightening horror movie.
5 Losing the game was disappointing for everyone.
6 Kevin was amazed by the firework display.
7 Are they tired after their long walk in the country?
8 Chad and Dora were very relaxed after their holiday in Mauritius.
9 I think your new girlfriend is very pretty and charming.
10 Sandra was shocked when she won the lottery.
11 The article about quantum physics was a bit confusing.

18.6

1 We **quite** enjoy sailing.
2 Jane **really** loves cooking Italian food.
3 Tom **absolutely** hates wearing shorts.
4 They **really** don't like driving in traffic.
5 I **quite** like running.
6 I **really** enjoy walking my dog.
7 You **absolutely** love cycling.
8 They **really** don't like singing.
9 Alice **absolutely** hates flying.
10 We **really** love going to the cinema.
11 She **quite** likes walking in the park.

19

19.1

1 grandfather 2 father 3 uncle
4 sister 5 son 6 daughter
7 grandson 8 granddaughter

20

20.1

1 She did write a story for class.
2 John did buy her a present.
3 They did learn to read at school.
4 I did feed the cat this evening.
5 We did wait for you.

20.2 Nota: La palabra en negrita es la debe subrayarse.

1 He **did** call the babysitter.
2 Janet **did** sterilize the bottle.
3 I **did** enjoy school.
4 She **did** behave well in class.
5 He **did** bring the teacher a present.
6 They **did** work hard at school.
7 I **did** buy the baby's food.

20.3

1 baby carriage 2 stroller 3 bottle
4 diaper 5 crib 6 changing mat

20.4

1 C 2 E 3 A 4 D 5 B

20.5

1 The toy duck sank in the bath.
2 Talin drew on the wall of his bedroom.
3 He fed the baby an hour ago.
4 The children hid under the table.
5 His older sister led the way.

20.6

1 Not given 2 True 3 False 4 False
5 Not given 6 True

20.7

1 Jenny **bought** a new changing mat for her baby girl.
2 The little boy **hid** behind a tree near the playground.
3 The baby **slept** for two hours before waking up.
4 She **drew** a picture of a bird in a tree.
5 The doll **sank** in the bath rather than floating.
6 They **went** to the baby store together.
7 The baby **sat** in his high chair and played quietly.

21

21.1

1 exercise book 2 geography 3 pencil
4 ruler 5 library 6 grade 7 pencil sharpener 8 student 9 psychology
10 classroom 11 pass 12 degree 13 English
14 lecture 15 teacher 16 fail 17 science
18 text book 19 exam

22

22.1

1 I'm late and it's **unlikely** that I'll get my train in time to get home.
2 They found it too difficult to **resolve** the dispute about the best route.
3 She's so **restless** she just can't relax at all.
4 His sore back was very **painful**. It hurt every time he took a step.
5 Do you have to **rewrite** your essay? That's a shame.
6 Be **careful** when you use this product. It's toxic and can make you sick.
7 His desk is so **untidy** he can't find what he is looking for.
8 These earrings aren't gold. They're **worthless**, I'm afraid.
9 Was the little girl crying because she was **unhappy**?

22.2

1 They were hopeful for a positive result.
2 She's unlikely to play today if she's injured.
3 It is pointless to argue with your manager.
4 George wasn't able to rework his essay.
5 Her new hairstyle was really unattractive.
6 Their vacation was restful and relaxing.
7 It's careless to drive too fast.

22.3

1 Your bedroom is untidy.
2 It is painless.
3 I'm going to reapply for that job.

4 She's unlikely to be on time.
5 They are careless drivers.
6 I was hopeful for the future.
7 She resolved the argument.
8 He's unlikely to come to work.
9 The task was pointless.
10 His mustache was unattractive.
11 He felt powerless to argue.

23

23.1

1 coach 2 bus stop 3 drive a car
4 airport 5 pack your bags 6 port
7 get on a bus 8 hotel 9 bicycle
10 cruise 11 arrive at the airport
12 helicopter 13 train station 14 runway
15 taxi rank 16 reception 17 train ride
18 tram 19 luggage

24

24.1

Nota: Todas las respuestas pueden utilizar la forma contraída del present perfect.

1 Stella **has written** an email to her grandparents in Boston.
2 We **have had** this car for years. It's really old!
3 You **have known** Alice since you were at school together.
4 Mike **has bought** some new skis. They were really expensive.

24.2

1 I **have visited** France many times in my life. I love it.
2 Arabella **went** swimming at 12:30pm.
3 We **have lived** here for five years. It's our home.
4 Elsa **has been** out of the country for two months. We miss her.
5 Ravi **traveled** to India in March.
6 He **has spoken** three languages since he was a child.

24.3

1 Present perfect 2 Past simple
3 Present perfect 4 Past simple
5 Present perfect

24.4

1 I've **painted** a picture for you.
2 Robert **has** cycled around the park.
3 Janice has **cooked** paella lots of times.
4 I have **flown** in a helicopter.
5 **They've** / **They have** ridden a camel in Egypt.
6 I **have** swum in the Great Barrier Reef.
7 We have **brought** you a present.
8 I've **studied** geography and science.
9 The students have **left** the building.

24.5

Nota: Todas las respuestas pueden utilizar la forma contraída del present perfect.

1 I **have learned** to speak a second language.
2 We **have bought** a new house.
3 Paula and Maria **have run** a marathon.
4 You **have seen** an elephant.
5 David **has lived** here for six months.
6 Elsa **has lost** her passport again.
7 They **have landed** at the airport.

24.6

1 **They arrived** at the hotel.
2 John and Diane **ate** breakfast.
3 He **went** on vacation to Fiji.
4 **They saw** the Statue of Liberty.
5 Our parents **flew** to the US.
6 **I studied** history in college.
7 **They bought** some new clothes.
8 She **went** to Tokyo twice.
9 **You finished** that book.

25

25.1

1 I still haven't been to China.
2 She has just arrived in Egypt.
3 They haven't contacted us yet.
4 He has already packed his bags.
5 We have just got our passports.

25.2

1 She still hasn't tried windsurfing.
2 The plane has just landed.
3 I've already unpacked my bags.
4 They haven't bought their tickets yet.
5 He still hasn't swum in the ocean.

25.3

1 I've **just** seen the mountains for the first time.
2 Nick hasn't booked his flight to Nepal **yet**.
3 They've **just** bought two new backpacks for their trip to South America.
4 We've **already** learned some German on our last trip to Berlin.
5 Andrew has **just** missed his flight to Stockholm.
6 We **still** haven't tried scuba diving or snorkeling in the Indian Ocean.
7 Maria hasn't ordered a taxi to take her to the airport **yet**.
8 Joe and Paolo have **already** tried bungee jumping off a bridge.

25.4

1 We've just booked the hotel and now we can book our flights.
2 She has already been to Peru but she'd love to go again.
3 He still hasn't taken any photos and he's coming home tomorrow.
4 The plane has just landed and they're waiting to get off.
5 We haven't seen a shark yet but we've seen a dolphin.
6 I've already called a taxi and it will be here in 10 minutes.
7 She still hasn't reached the airport and now she might miss her flight.
8 I've just been to the bank and now I can buy some souvenirs.

25.5

1 False 2 False 3 True 4 Not given
5 False 6 True 7 True

25.6

1 skydiving
2 snorkeling
3 hang gliding
4 scuba diving
5 windsurfing

25.7

1 We have **just** come back from the beach.
2 They haven't tried hang gliding **yet**.
3 I **still** haven't been on safari.
4 Alexia has **already** been snorkeling before.
5 I haven't tried windsurfing **yet**.
6 We have **just** arrived at the hotel 10 minutes ago.
7 He's **already** been skydiving before.
8 Tom has **just** called us a minute ago.
9 They haven't done much **yet**.
10 I **still** haven't finished my work.
11 Kai has **already** booked the tour.

25.8

1 No 2 Sí 3 No 4 No 5 Sí

26

26.1 Nota: En todas las respuestas puedes escribir también la forma contraída.
1 Nathan **has been reading** a book in the back yard.
2 I **have been cooking** breakfast in the kitchen.
3 Mike **has been playing** tennis with his friends.
4 Ted and John **have been watching** TV all evening.
5 Mrs. Roberts **has been painting** the house this weekend.

26.2
1 He has been fishing **since** 3:30pm.
2 We've been learning Spanish **for** six weeks.
3 Ruth has been cooking **for** a long time.
4 You've been decorating **since** March 8.
5 I've been driving **since** 11:45am.
6 He's been teaching science **since** 2012.
7 She's been watching TV **for** two hours.
8 I've been learning to dance **for** two weeks.
9 Alan has been tiling the floor **since** Monday.
10 It has been snowing **for** 10 days.
11 I've been working at home **since** last April.

26.3
1 B 2 D 3 F 4 C 5 E 6 A

26.4
1 for three and a half hours
2 since yesterday
3 since 9 o'clock
4 for two days
5 for five hours

26.5
1. You've been waiting for 10 minutes.
2. You've been reading for 10 minutes.
3. You've been cooking for 10 minutes.
4. She's been waiting for 10 minutes.
5. She's been reading for 10 minutes.
6. She's been cooking for 10 minutes.
7. You've been waiting since 2 o'clock.
8. You've been reading since 2 o'clock.
9. You've been cooking since 2 o'clock.
10. She's been waiting since 2 o'clock.
11. She's been reading since 2 o'clock.
12. She's been cooking since 2 o'clock.

26.6
1 We've been **putting** up shelves all day.
2 Jane has been painting the bedroom **since** 10:30am.
3 **They've** been fixing the bathtub for six hours.
4 I've **been** tiling the kitchen since last Monday.
5 He's been fitting the carpet **since** yesterday morning.

26.7
1 shelf 2 carpet 3 bed 4 bathtub
5 tiles 6 curtains

26.8
1 for 2 helping 3 He's been 4 he's been
5 I've been 6 since 7 has been making
8 I've been cooking 9 since I got home

27

27.1
1 Has Tina been cooking lunch?
2 Have they been visiting friends?
3 Have you been studying the piano?
4 Has Dad been gardening?
5 Have they been training for a race?

27.2
1 How long have you been living there?
2 How long have you been working at the bank?
3 How long has Nina been teaching English?
4 How long have you been playing hockey?

27.3
1 Japanese 2 Since last summer 3 In high school 4 His grandma 5 Since she was five

27.4
1 How long **have you** been studying Chinese?
2 How long has he been **cooking** Indian food?
3 How long have they **been** living in Sydney?
4 How long **has** she been mountain biking?
5 How long have you **been** writing a novel?
6 How long **have you** been playing the piano?
7 How long **has** he been salsa dancing?
8 How long have they **been** working together?
9 How long has she been **painting** with oils?

27.5
1 How long **has** she been **driving** that car?
2 How long **have** you been **playing** the guitar?
3 How long **has** he been **singing** in the choir?
4 How long **has** he been **cooking** dinner?
5 How long **have** you been **reading** that magazine?
6 How long **has** she been **studying** French?
7 How long **have** they been **working** in that office?
8 How long **have** you been **learning** to drive?

27.6
1 Since 2012. 2 For two years.
3 Since August. 4 Since last summer.
5 For three days. 6 For six weeks.

28

28.1
1 B 2 A 3 B 4 A

28.2
1 I've read my magazine. Now I'm going to read a book.
2 Rosa has lost her house keys. She can't get into her house.
3 He has broken the window. There's glass everywhere.
4 Monica has been cleaning the kitchen. Now she's cleaning the bathroom.
5 That little boy has been crying. His eyes are red.
6 Roger has eaten all the pretzels. The package is empty.
7 Alice and Jane have been playing tennis. They're both tired.

28.3
1 Rebecca **has been swimming**.
2 Victor and Joe **have been playing** soccer.
3 Alexia **has been sweeping** the floor.
4 Thomas **has been repairing** the car.
5 Davina **has been watching** TV.

28.4

1. I **have liked** all of his plays.
2. Dan **has been watching** TV all afternoon.
3. The movie **has started**.
4. I **have been reading** my book. I haven't finished it yet.

28.5

1. True 2. False 3. Not given
4. True 5. Not given

28.6 **Nota: En todas las respuestas puedes escribir también la forma contraída.**

1. We **have been listening** to music for hours.
2. John **has not heard** his alarm. Wake him up.
3. The waiter **has taken** our order at last.
4. It **has been raining** all day and they are bored!
5. Gillian **has had** a baby girl.

29

29.1

1. Amanda is always losing her keys. She is so **disorganized**.
2. The music is so loud it's **impossible** to hear anything.
3. It is **illegal** to smoke in many public places.
4. He **misunderstood** the traffic sign and drove the wrong way.

29.2

1. Arriving late for work is unacceptable.
2. Andy disagrees with your decision.
3. He's an irresponsible young man.
4. Maria is always impatient with people.
5. It's impossible to park in the city.

29.3

1. That was an irrational answer.
2. My son is very immature.
3. I disagree with that idea.
4. He's getting very impatient.
5. This exam question is impossible.

29.4

1. Layla has an **irrational** fear of the dark.
2. My son's friends can be quite **immature**.
3. It's **disrespectful** to laugh during a lecture.
4. Your doctor's handwriting is **impossible** to read.
5. The art exhibition was **unusual**, but interesting.
6. She **misunderstands** everything I say.
7. I **disagree** with your suggestions.
8. Jack can be **irresponsible** sometimes.
9. My boss is often **impatient** with me.
10. Our hotel room was **unacceptable**.
11. He left his room in total **disorder**.
12. It was an **unimportant** decision.
13. The chocolate cookies were **irresistible**.

29.5

1. misunderstand 2. irresponsible
3. untidy 4. impatient
5. disrespectful 6. immature

29.6

1. overcrowded 2. delayed 3. worse
4. impatient 5. cycle

29.7

1. There has also been an **accident** on freeway 25.
2. There will be long **delays** of 40–45 minutes because of the accident.
3. There are **overcrowded** trains on the eastern line because of the congestion on the roads.
4. Several trains on the western line have also been **canceled**.
5. The situation has made travel to the suburbs **impossible**.

29.8

1. It's unacceptable that the trains are so overcrowded.
2. You were very irresponsible to walk home alone after midnight.
3. There's a traffic jam and it will be impossible to get home in time.
4. The luxury chocolate cake in the shop window looked irresistible.
5. The train passengers were unimpressed with the long delays.
6. He wasn't concentrating so he misunderstood what I said.
7. It's illegal to park your vehicle in this parking lot on weekends.
8. They're always late because they're so disorganized all the time.

29.9

1. True 2. Not given 3. True
4. Not given 5. False

30

30.1

1. **The supermarket** is open on Sundays.
2. I don't like studying for **exams**.
3. **The last movie** I saw was really good.
4. It always rains during **vacations**.
5. I go to **work** by train.
6. He likes reading **the newspaper**.
7. Adam works in **the local hospital**.
8. I hate shopping for **food**.
9. **Fries** aren't good for you.
10. I like **the photo** on your desk.
11. **The boss** is happy with my work.
12. Karen has lots of **shoes**.
13. I like going to **the movie theater**.
14. **The suit** is expensive.
15. I'm going to **the bank** to get a loan.
16. Dan hates **fruit**.
17. I will spend **the money** I got from my aunt.
18. **The car** isn't working.
19. I love **dancing**.

30.2

1. Where are the keys for the shed?
2. We love playing sports.
3. The dishwasher isn't working.
4. Here's the book I borrowed.
5. The last movie I saw was terrible.
6. That woman has lots of cats.
7. When do you go back to work?
8. The person outside is my uncle.
9. Look at the tablet I bought yesterday.
10. Dentists earn a lot of money.
11. I'm going to the post office.

30.3

Hi Richard,
I've gone to **the post office** to send back **the parcel** that came **last week**. I don't want **the shoes** because they're too big for me. When I've done that, I'll go to **the supermarket** and buy **potatoes** so we can make fries for dinner. Can you check if **the cat** has eaten **the food** I left her? She wasn't feeling very well yesterday.
Thanks!
Carla

30.4

1. The campsite is in the south of France.
2. She has to clean the tents.
3. She hates doing the cleaning.
4. They play games and go to the beach.
5. She buys wine from the local vineyard.

6 She will go back to college in the middle of September.

30.5

1 Tom **has** a dog.
2 Anna and Sally **have got** a nice apartment.
3 I **have** my own bedroom.
4 She **has got**/She**'s got** a difficult job.
5 They **have** a new car.
6 I **have got**/I**'ve got** good friends.

30.6

1. Do you have your car?
2. Do you have a car?
3. Have you got your car?
4. Have you got a car?
5. Does he have your car?
6. Does he have a car?
7. Has he got your car?
8. Has he got a car?
9. Do you have your computer?
10. Do you have a computer?
11. Have you got your computer?
12. Have you got a computer?
13. Does he have your computer?
14. Does he have a computer?
15. Has he got your computer?
16. Has he got a computer?

30.7

1 D 2 C 3 F 4 A 5 H 6 G 7 E 8 B

30.8

1 True 2 True 3 True 4 False
5 True 6 False 7 False

31

31.1

1 onion 2 pasta 3 chicken
4 raspberries 5 ice cream 6 avocado
7 eggs 8 lettuce 9 potatoes 10 peach
11 lemonade 12 milk 13 chocolate
14 mango 15 beef 16 garlic 17 burger
18 cheese 19 tea

32

32.1

1 We've bought **ourselves** a small apartment in the town.
2 The children are amusing **themselves** in the park.
3 Your little sister has fallen over and hurt **herself**.
4 You should both take photos of **yourselves** for Granny.
5 Dad burned **himself** while he was making dinner.

32.2

1 Help **yourself** to some more coffee, Joe.
2 Did the kids enjoy **themselves** at the park?
3 The teacher told **us** to be quiet.
4 Has the computer turned **itself** off yet?
5 I'm helping **them** to cook lunch.
6 Take time off, or you'll make **yourself** sick.
7 Can you give **me** that book, please?
8 Mom cut **herself** with the bread knife.
9 Luckily, I didn't hurt **myself** when I fell.
10 I've known **him** since I was in college.
11 Everyone, please help **yourselves** to food.

32.3

1 themselves 2 ourselves
3 himself 4 itself 5 her
6 you 7 it 8 me

32.4

Eight ounces of butter.
Six ounces of sugar.
Four eggs.
Eight ounces of flour.
Five teaspoons of instant coffee in one tablespoon of hot water.
Half a pint of cream.
Zero point three ounces of walnuts.

32.5

1 No 2 Yes 3 Yes 4 Yes 5 No

32.6

1 Six ounces 2 Four 3 Four teaspoons
4 One tablespoon 5 Eight ounces
6 Four ounces

32.7

1 These strawberries are delicious! So sweet and juicy.
2 That soup looks tasty. Can I try some?
3 The best thing to drink on a hot day is some nice chilled orange juice.
4 Oranges can be very bitter if they're not very ripe.
5 Those nuts were very salty. They made me really thirsty.
6 I like my chilli nice and spicy, so it makes your mouth tingle.

33

33.1

1 Elsie uses that knife for **chopping** food.
2 I use the remote control to **turn on** the TV.
3 My sister uses her blender for **making** soup.
4 He uses this fan to **keep** cool.
5 We use this machine for **washing** clothes.
6 She uses her laptop to **write** emails.
7 They use the sound system to **listen** to music.
8 He uses a camera for **taking** photos.
9 She uses this cloth to **wash** the dishes.

33.2

1 I use my phone for texting my friends.
2 They use this for washing clothes.
3 She uses that knife for chopping.
4 Larry uses his laptop to send emails.
5 We use the refrigerator for keeping fruit.
6 I use the DVD player for watching movies.
7 She uses the sound system to play music.

33.3

1 You use it to open cans.
2 You use it to dry your hair.
3 You use it to wash the dishes.
4 You use it to take photos.
5 You use it to cut vegetables.
6 You use it to keep cool.
7 You use it to send emails.
8 You use it to turn on the TV.

33.4

1 He chose that knife to cut up the carrots.
2 We used the camera to take photos of the puppy.
3 She picked up her phone to text a friend.
4 I used the laptop to send you an email.
5 Dan went to the refrigerator to get some milk.
6 I turned on the DVD player to watch the movie.
7 Emma used the sound system to play music.
8 He turned on the microwave to heat up a pizza.
9 I used the washing machine to wash my jeans.

10. He turned on the sound system to listen to music.
11. He used the remote control to rewind the movie.
12. Jenny used the can opener to open a can of fruit.

33.5

1. He looked for the can opener to open the can of tomatoes.
2. She picked up the cloth to clean the table.
3. They opened the washing machine to put in the laundry.
4. He took the knife to cut up the fruit.
5. I looked for the remote control to turn on the TV.
6. She put the food in the refrigerator to keep it fresh.
7. He used his laptop to write a report.

33.6

1 False 2 True 3 True 4 False 5 True
6 True 7 True 8 True 9 False

33.7

1. My phone battery is very low. Can I plug it **in** somewhere?
2. There's an important email for you. Shall I print it **out**?
3. The TV is too loud. Can you turn it **down**, please?
4. There's a good movie on TV now. Let's turn it **on**.
5. We can't hear the radio. I'm going to turn it **up**.
6. I've typed the report for you, but I won't print it **out** yet.
7. Let's watch TV. Where's the remote control? I'll turn it **on**.
8. I've finished working on my laptop. I'll turn it **off** now.

33.8

1 18 inches 2 Remote control
3 Red 4 Super-cool 5 Rotate

34

34.1

1 running track 2 fishing 3 boxing
4 diving 5 basketball 6 swimming pool
7 archery 8 running a marathon
9 skis 10 motor racing 11 judo
12 high jump 13 golf club 14 rugby
15 ice hockey 16 tennis racket
17 table tennis 18 baseball 19 cycling

35

35.1

1. She can't stand **playing** tennis.
2. Do you feel like **watching** a movie?
3. We missed **seeing** you at the party.
4. Andrew didn't agree **to work** on Saturday.
5. Joe can't stand **studying** in the evening.
6. Nina enjoys **swimming** in the sea.
7. We hoped **to pass** the exam easily.
8. They decided **to go** out for dinner.
9. I don't enjoy **scuba diving**.
10. Did she promise **to help** you later?
11. She doesn't feel like **going** shopping.

35.2

1. She arranged **to send** the parcel today.
2. I can't stand **listening** to jazz.
3. Todd promised **to do** his homework.
4. We missed **seeing** the grandchildren.
5. You don't like **riding** a bike.
6. Eva didn't expect **to win** a prize.
7. I wanted **to go** to bed early.

35.3

1. She promised **to teach** us to swim.
2. Edward can't stand **traveling** by bus because it's boring.
3. Alice wanted **to ski** all day with her friends.
4. Do you enjoy **working out** in the gym?
5. We don't like **watching** TV during the day.
6. I often feel like **meeting** my friends after work.
7. Did you decide **to go** shopping after work?
8. Duncan can't cope with **sitting** at a desk all day.
9. She's waiting **to run** in her first marathon.

35.4

1. I want to run a marathon.
2. We want to run a marathon.
3. She enjoys playing basketball.
4. She enjoys playing tennis.
5. She can't stand playing basketball.
6. She can't stand playing tennis.
7. I can't stand playing basketball.
8. I can't stand playing tennis.
9. We can't stand playing basketball.
10. We can't stand playing tennis.

35.5

1. I didn't enjoy **sitting** in the stadium for hours.
2. He agreed **to play** on the team with his friends.
3. They don't mind **training** three times a week.
4. Will you promise **to go** to the gym with me tomorrow?
5. You really love **doing** gymnastics, don't you?
6. Their team really didn't expect **to win** the game.
7. I miss **running** in the park every day now that we've moved.
8. Ian can't stand **watching** other people play sports.
9. We're waiting **to use** the squash court, but my friend is late.

35.6

1 B 2 C 3 F 4 D 5 A 6 E

36

36.1

Nota: En todas las respuestas be puedes utilizar también la forma larga del present continuous.

1. We**'re catching** the bus at 10:30am and going to the stadium to watch the game.
2. Sarah**'s meeting** me next Sunday to go to the new exhibition at the art gallery.
3. They**'re traveling** to Italy by train. It's a long way, but it will be fun.
4. I**'m trying** a new dance class this evening. It's at the sports center at 7pm.
5. He**'s going** to a concert this evening, so he'll be home late.
6. We**'re buying** the tickets online because it's cheaper.
7. Clare and Hannah **are visiting** their aunt in the hospital this afternoon.
8. I**'m getting** up early tomorrow as I have to be at the station at 6am.
9. He**'s giving** a presentation to the whole company this afternoon.
10. We**'re flying** to Washington to meet our cousins this Christmas.
11. Daniel**'s taking** Rachel to the movie theater tonight to see a comedy.

36.2

1. Going to Ben's party
2. Visiting her parents
3. Playing tennis

36.3

1. She is going to France next year.
2. They are singing in a concert tonight.
3. I am catching a train at 2:20pm.
4. They are playing tennis with us this evening.
5. They are going for a run together tomorrow.

36.4

1. You should take time out for lunch or you'll get really stressed.
2. We're taking a trip to the mountains this weekend.
3. When you finish your performance, remember to take a bow.
4. If you have a pet, it's important to take good care of it.
5. Should we go to the shopping center and take a look at the new store?
6. We're taking some time off in May to do some work on the house.
7. Let's take a picture of this beautiful view.

36.5

1. She's taking a **trip** to the country next month.
2. Everyone came into the meeting and took their **seats**.
3. My sister has a dog, and she really takes **care** of it.
4. I'm going to take some time **off** and go on a trip.
5. You should take a **bow** when you finish singing.
6. Let's take a **look** at the photography exhibition.

36.6

1. Josh likes **taking photos** of old buildings.
2. Jack and Daisy always **take care** of their pet rabbit.
3. Lee finished his performance and **took a bow**.
4. Matt and Ben are **taking a look** at the paintings in the art gallery.
5. Please, **take a seat**.
6. My dad is **taking time off** work and having a vacation.

36.7

1. I need to **take time off** work next month.
2. Can you help me **take care of** the children this weekend?
3. Let's **take a look** at the new book store.
4. I'm going to **take a trip** to China. I'm really excited.
5. Let's go back onstage and **take a bow**.

37

37.1

1. Peter's going to learn to swim this year.
2. Lauren's going to train hard for the match.
3. Kate and Amy are going to run in the morning.
4. Cho is going to start a dance class.
5. Ali's going to cycle to work tomorrow.

37.2

Nota: En todas las respuestas puedes escribir también la forma contraída.

1. Joe **is going to walk** his dog in the park every evening after work.
2. Matt **is going to swim** for half an hour a day.
3. Liz **is going to run** four miles every day.
4. Millie and Josh **are going to ride** their bikes in the countryside more often.
5. Debbie and Shinko **are going to do** yoga every week.

37.3

1. False 2. True 3. False
4. True 5. False

37.4

1. I'm going to have a better diet because I want to be healthier.
2. Matt is going to jog to work because it's good exercise, and it's free.
3. Annie is going to start yoga because she wants to be more relaxed.
4. Lily is going to swim every day, as she wants to get really fit.
5. Si and Tom are going to join a gym because they need to lose weight.
6. I'm going to make a salad for lunch because it's low in fat and nutritious.
7. Shahid is going to stop eating burgers because they aren't healthy.
8. I'm going to join a pilates class because I want to learn something new.

37.5

Nota: En todas las respuestas puedes escribir también la forma contraída.

1. We **are going to go** to the theater. I've already bought the tickets.
2. I **am going to join** a local basketball team.
3. Dan **is going to train** very hard because he has a tennis competition next week.
4. Helen **is going to be** in great shape because she cycles to work every day.
5. We **are going to leave** at 11:30pm to catch the train.
6. Tomorrow evening, they **are going to train** for the game.
7. It's very hot, so it **is going to be** difficult to run today.
8. You **are going to feel** a lot healthier because you're eating better food.
9. I **am going to go** for a long run with Charlotte in the morning.
10. The other team looks very fit. It **is going to be** a difficult match.
11. Wear a coat. It **is going to snow** this afternoon.
12. Sam **is going to lose** weight because he's stopped eating burgers.
13. Jake **is going to get** fitter because he's exercising every day.

37.6

1. I'm definitely going to start tennis lessons.
2. Sally hopes she's going to lose weight.
3. Ali's certainly going to do more exercise.
4. Beth's probably going to start training for the marathon.
5. My sister thinks she's going to start dance lessons.
6. Jack doubts he's going to join a gym.
7. I'm definitely going to eat healthier foods.
8. We're probably going to cycle to work every day.

37.7

1. Pete's probably going to run a marathon.
2. Pete's probably going to eat healthier food.
3. Pete's probably going to learn to skate.
4. Pete's probably going to join a gym.
5. Pete's definitely going to run a marathon.
6. Pete's definitely going to eat healthier food.
7. Pete's definitely going to learn to skate.
8. Pete's definitely going to join a gym.
9. Pete thinks he's going to run a marathon.
10. Pete thinks he's going to eat healthier food.
11. Pete thinks he's going to learn to skate.
12. Pete thinks he's going to join a gym.
13. Pete hopes he's going to run a marathon.

14. Pete hopes he's going to eat healthier food.
15. Pete hopes he's going to learn to skate.
16. Pete hopes he's going to join a gym.

38

38.1

1 rainbow 2 tornado
3 lightning 4 clear sky
5 blustery 6 hailstone
7 flood 8 puddle
9 smog 10 raindrop
11 snowflake 12 blue sky
13 drought 14 temperature
15 chilly 16 freezing
17 mild 18 hot 19 boiling

39

39.1

1 Eric and John are **going to** go to the movies on Saturday.
2 I **will** help you do the dishes, Dad. Go and sit down.
3 We are **going to** go skiing for our next winter vacation.
4 He thinks it **will** rain all day today and tomorrow.
5 I am **going to** go swimming with two friends this afternoon.
6 Jack is **going to** take the dog for a long walk after dinner.
7 You look hungry. I **will** make you a chicken sandwich.
8 Jenny is **going to** study music in college when she leaves school.
9 I think Argentina **will** win the next World Cup.
10 Maxine is **going to** have her first baby at the end of August.
11 Tomorrow there **will** be heavy rain and risk of flooding.
12 In the year 2020, people **will** be healthier than they are now.
13 She is **going to** stay with her cousins in Florida next week.
14 Don't worry. We **will** get there in plenty of time.
15 They are **going to** get married on a Caribbean island in October.
16 Don't forget to put on some sun cream or you **will** get sunburned.
17 I promise we **will** be outside the theater before 8:30pm.

39.2

1 Decisión 2 Oferta
3 Decisión 4 Predicción
5 Promesa 6 Predicción

39.3

1 The weather will be rainy.
2 The weather will be windy.
3 The weather will be cold.
4 The weather will be foggy.
5 The weather will be snowy.

39.4

1 Elena thinks there will be a storm this weekend.
2 Elena is going to go snowboarding on vacation this year.
3 Elena thinks she'll call Ann tonight and tell her about her party.

39.5

1 I know he will win the competition.
2 I will definitely wear a warm coat if it's cold.
3 The new office will certainly be an improvement.
4 I doubt she will lose the tennis match.

40

40.1

1 I might take some photos later this afternoon.
2 She might have gone out. She isn't in her room.
3 I think it might rain soon. Look at those black clouds.
4 If the traffic doesn't clear soon, we might be late.

40.2

1 I can't find my house keys. I might have left them at work.
2 Samantha has a sore throat. She might have caught a cold.
3 Look at the sky! It's black. There might be a storm soon.
4 Where's Dan? He isn't at his desk. He might not have come to work today.
5 These aren't my glasses. I think they might be yours.

40.3

1 The clouds are clearing. It **might not** snow after all.
2 There was a robbery last night. Someone **might have seen** something.
3 I don't want to cook tonight. I **might get** a takeout.
4 Who is in that limousine? It **might be** someone famous.
5 Did you hear that? I think I **might have dropped** some money.

40.4

1 True 2 False 3 Not given
4 True 5 True

40.5

1 Ben might've booked a table for us.
2 I might not've loaded the dishwasher.
3 They might've already seen that movie.
4 She might not've been here before.
5 He might've caught a cold.
6 I might not've locked the door.
7 She might've left the theater.

40.6

1 C 2 E 3 G 4 B 5 D 6 F 7 A

41

41.1

1 rest
2 test results
3 to vomit
4 thermometer
5 x-ray
6 backache
7 recovery
8 tonsillitis
9 cough
10 runny nose
11 medicine / medication
12 food poisoning
13 exercise
14 drink water
15 stitches
16 stomach ache
17 headache
18 pills / tablets
19 broken bone

42

42.1

1. You need to eat healthy food.
2. He can stop taking medicine.
3. It's essential she sees the doctor.
4. She must not get up.

42.2

1. You **don't have to** make an appointment at the clinic. I'll do it for you.
2. She **must** drink a lot of water. It will help her sore throat.
3. I **don't have to** take any painkillers. I don't need them because I feel better.
4. We all **must** look after ourselves and take care of our health.
5. You **must not** walk on your broken ankle. It needs time to heal.
6. It's the first day of Tanya's vacation today. She **doesn't have to** go to work.
7. Jill **has to** go to hospital for an operation, but it isn't serious.
8. I really **must** diet and do more exercise. I want to lose weight.

42.3

1. True 2. True 3. False 4. True
5. True 6. False

42.4

1. No, she doesn't have to stay in bed, but she must rest.
2. No, she must not drive for four weeks.
3. She has to take painkillers.
4. She must drink at least 1.5 liters.
5. She must call the hospital immediately.

43

43.1

1. Sam **might** go to the movie theater with Jim after work this evening.
2. Tina has red spots all over her body. She **could** have chicken pox.
3. Frank hasn't replied to my email yet. He might not **be** at work yet.
4. Harriet had a sore throat and a fever yesterday. She **might** be off sick today.
5. Dawn could **be** at the dentist's. She said she had a toothache.
6. Tom should see someone about the pain in his stomach. It might **be** appendicitis.
7. The doctor doesn't think you have broken your arm, but it **could be** a sprain.
8. That rash might not **be** serious, but you should get it checked out.
9. I don't feel very well. I've got a headache and a temperature. I **could have** the flu.
10. John isn't at work yet, which is unusual. He might **be** stuck in traffic.

43.2

1 B 2 F 3 A 4 E 5 C 6 D

43.3

1. Paula has a high temperature. She could have an infection.
2. Ryu has a stomach ache. It could be appendicitis.
3. Jo has a sore throat, but she can swallow. It might not be tonsillitis.
4. John can't stop coughing. He could have bronchitis.
5. Belinda can't lose weight. She might be eating the wrong sort of food.
6. Sam is covered in red, itchy spots. He could have chicken pox.
7. Tina has a sore wrist. It might be sprained.
8. Alan can't stop sneezing. He thinks it could be hay fever.

43.4

1. The pain in your arm could be caused by an infection.
2. My sister might not be well enough to go to work today.
3. Karim could not get out of bed because he was so ill.
4. You can't have flu because you don't have a fever.
5. It cannot be hay fever because I'm not allergic.

43.5

1. Don't worry, you **might** not be allergic to cats. It could be something else.
2. I'm afraid Jonathan's ankle is very swollen. It **could** be broken.
3. Priyanka **can't** have the flu. I saw her last night and she was fine.
4. I'm feeling a bit better today, so the doctor **might** say I can go home tomorrow.
5. My leg is so much better now that I **can** walk about on my own.
6. If someone cancels an appointment, the doctor **might** have time to see you.

43.6

1. It could be broken.
2. It couldn't be broken.
3. It might not be broken.
4. It can't be broken.
5. He could walk yesterday.
6. He couldn't walk yesterday.
7. He could get out of bed today.
8. He couldn't get out of bed today.
9. He might not get out of bed today.
10. He can get out of bed today.
11. He can't get out of bed today.
12. Her leg could be broken.
13. Her leg couldn't be broken.
14. Her leg might not be broken.
15. Her leg can't be broken.

43.7

1. True 2. False 3. Not given 4. True

44

44.1

1. Excuse me, could I ask you a question?
2. May I have a glass of water?
3. Hi Monica, can I borrow your pen?
4. Excuse me, could we sit at this table please?
5. Excuse me, may I reserve a table for tonight?
6. Could we rearrange our meeting for tomorrow?
7. May I offer you a cup of coffee?
8. Excuse me, could you move your chair?

44.2

1. No, you can't. That piece is for Avi.
2. Yes, of course.
3. I'm afraid I'm busy on Tuesday.
4. Yes, sure!
5. I'm afraid all the tickets have been sold.

44.3

1. **Sure**. Here you go.
2. No, **thank you**.
3. No, **you can't**.
4. **I'm afraid** we're fully booked.
5. Yes, **please**. Thank you.

45

45.1

1. Elaine gets along **with** her dad.
2. We're **looking** forward to seeing the movie.
3. I came **up** with a solution to the problem.
4. The players look up **to** their coach.
5. Kathy puts up **with** her husband's cooking.
6. Ollie **looks** down on most people.
7. I've run out **of** time. I'm going to be late.

45.2

1 B 2 C 3 E 4 F 5 D 6 A 7 G

45.3

1 False 2 False 3 Not given
4 True 5 False

45.4

1. We ran out of time.
2. Elena looks up to Jo.
3. Tom puts up with his job.
4. I get along with you.
5. Mark came up with an answer.
6. Sue gets along well with Ian.
7. He looks down on people.

46

46.1

1. You haven't made any coffee, have you?
2. Peter visited his parents, didn't he?
3. Jane won't wait for us, will she?
4. They've moved to Boston, haven't they?
5. He's really handsome, isn't he?
6. He hasn't met your sister, has he?
7. That wasn't your dog, was it?
8. Oh, no. We're late again, aren't we?
9. Max lived in New York, didn't he?
10. It's beautiful here, isn't it?

46.2

1. They didn't buy anything, **did** they?
2. You've seen this film, **haven't** you?
3. **We're** very happy about this, aren't we?
4. Trish hasn't been here long, **has** she?
5. Your friends know Mary, **don't** they?
6. They'll buy something, **won't** they?
7. This is a busy street, **isn't it**?
8. You haven't **found** my purse, have you?
9. They didn't look happy, **did** they?

46.3

1. They left an hour ago, **didn't they**?
2. Keith hasn't arrived yet, **has he**?
3. Sally will do the shopping, **won't she**?
4. Mark doesn't like cooking, **does he**?
5. It isn't raining today, **is it**?
6. Fred has finished painting, **hasn't he**?
7. Rebecca is in London, **isn't she**?
8. You weren't listening, **were you**?
9. We didn't see him, **did we**?

46.4

1 False 2 False 3 Not given
4 True 5 False 6 True

46.5

1. You shouldn't do that, should you?
2. Daniel would love to go, wouldn't he?
3. I could meet you later, couldn't I?
4. Sue and Aki wouldn't enjoy this, would they?
5. Callum should be here now, shouldn't he?
6. Rachel couldn't finish the exam, could she?
7. She could take the train, couldn't she?
8. They would love this film, wouldn't they?

46.6

1. We couldn't go to the party, **could we?**
2. Ivan would love to meet you, **wouldn't he?**
3. She wouldn't say anything, **would she**?
4. I could get a taxi, **couldn't I**?
5. He shouldn't be angry, **should he**?
6. You wouldn't do that, **would you**?
7. Katy couldn't make a cake, **could she**?
8. You should be happy, **shouldn't you**?
9. We could shop there, **couldn't we**?
10. Rita shouldn't worry, **should she**?
11. We would help, **wouldn't we**?

46.7

1 False 2 True 3 Not given
4 True 5 Not given 6 True
7 False 8 Not given 9 False

46.8

1. You shouldn't call now, **should you**?
2. Alice didn't call, **did she**?
3. Jake isn't tired, **is he**?
4. I could help you, **couldn't I**?
5. He wouldn't enjoy it, **would he**?
6. Sarah told you to come, **didn't she**?
7. Nick won't tell anyone, **will he**?
8. You couldn't hold this, **could you**?
9. We haven't met, **have we**?
10. It's noisy here, **isn't it**?
11. Ann would like this, **wouldn't she**?

47

47.1

1 magnet 2 to pour 3 microscope
4 safety goggles 5 electric shock
6 to float 7 thermometer 8 to repel
9 reaction 10 to freeze 11 battery
12 to sink 13 to boil 14 to mix 15 crystals
16 to melt 17 to attract 18 static electricity
19 gas

48

48.1

1. If you heat water enough, it boils.
2. When you drop an apple, it falls.
3. If you light a match, it burns.
4. When you drop a rock in water, it sinks.
5. If you put oil in water, it floats.
6. If you cool water enough, it becomes ice.
7. If you squeeze a balloon, it bursts.

48.2

1. When you **heat** chocolate, it melts.
2. When you **freeze** water, it becomes ice.
3. When you add salt to water, it **dissolves**.
4. If you **drop** an orange, it falls.
5. When you drop a glass, it **breaks**.

48.3

1. If you **put** a cork in water, it **floats**.
2. When you **heat** metal, it **expands**.
3. When you **drop** a rock, it **falls**.
4. When you **light** paper, it **burns**.

48.4

1. You make ice if you freeze water.
2. Plants don't grow if there is no sunlight.
3. You get green if you mix yellow and blue paint.
4. The grass gets wet when it rains.
5. You get smoke when you burn wood.

48.5

1. If you **light** wood, it burns.
2. When you don't water plants, they **die**.
3. If you boil water, it **makes** steam.

4 If you **rub** a balloon, it makes static electricity.
5 When you heat ice cream, it **melts**.
6 If you **cool** metal, it contracts.
7 If you drop a basketball, it **falls**.

48.6

1 False 2 True 3 Not given 4 False
5 Not given 6 True

49

49.1

1 The water is heated until it boils.
2 The thermometer is hung above the water.
3 The results are recorded on the chart.
4 After two minutes, the temperature is taken.
5 The water is frozen to make ice.
6 The mixture is allowed to cool.
7 Gases are released by the reaction.

49.2

1 The temperature is taken after 10 minutes.
2 The oil is heated until it boils.
3 The results are recorded on the chart.
4 The liquid is boiled for 20 seconds.
5 The solids are compressed.
6 The thermometer is hung above the liquid.
7 The chemicals are poured into a measuring cup.
8 The gas is measured three times.
9 A thermometer is put into the jar.

49.3

1 The results **are recorded** on the chart.
2 The water **is poured** into the tube.
3 The gas **is collected** in a flask.
4 The temperature **is taken** after 30 minutes.
5 The water **is heated** for 10 minutes until it boils.
6 The jars **are washed** in the laboratory.
7 The liquid **is boiled** in a flask for 20 minutes.
8 Electricity **is produced** during the experiment.
9 Many different calculations **are made** each day.
10 The solids **are compressed** for 10 minutes.
11 After the experiment, the data **is examined** carefully.
12 The thermometer **is hung** above the jar for 15 minutes.
13 The cells **are observed** using the latest microscope.

49.4

1 The water is heated until it boils.
2 The gas is collected in a gas flask.
3 The results are recorded every 10 minutes.
4 The temperature is taken with a thermometer.
5 The data is examined on the computer.
6 The jars are washed and dried.
7 The liquid is stirred until the salt dissolves.
8 The solids are melted in a jar.
9 The chemicals are poured into a measuring cup.

49.5

1 G 2 F 3 D 4 C
5 B 6 H 7 A 8 E

49.6

1 False 2 True 3 False 4 True 5 True

49.7

1 The results **are** recorded on the chart.
2 The chemicals are **poured** into a measuring cup.
3 The water is **heated** until it boils.
4 The gases **are** released.
5 The liquid is **collected** in a jar.
6 The solids **are compressed** for 5 minutes.
7 The data is **examined** on the computer.
8 The thermometer **is put** into the liquid.
9 The temperature **is** taken after 10 minutes.

50

50.1 **Nota: También puedes utilizar la forma contraída del futuro con "will."**

1 If I **go** on vacation, I **will bring** you back a present.
2 If I **find** your keys, I **will call** you.
3 If they **visit** Paris, they **will travel** on the metro.
4 If it **doesn't rain**, we **will have** a picnic.

50.2

1 If I find my screwdriver, I'll fix the cupboard.
2 If they don't hurry, they'll be late for work.
3 If we save enough money, we'll buy a new car.
4 If you don't listen to the question, you won't understand the answer.
5 If they work hard, they won't fail their exam.

50.3

1 If I have time, I'll read the paper.
2 If you don't eat healthily, you'll be ill.
3 Will you come with me if I walk the dog?
4 If it rains, we'll stay at home.
5 If we go to the beach, we'll sunbathe.
6 If I see Martha in town, I'll say hello.
7 If my son falls over, he won't cry.
8 If she loses weight, she'll buy new clothes.
9 If I sweep the floor, will you do the dishes?

50.4

1 She'll move to Vancouver if she gets that job.
2 I'll tell you if your wife calls.
3 You'll lose weight if you stop eating bread.
4 He'll have no money if he buys a new car.
5 She'll lose her job if she's late for work again.
6 I will make a cake if you buy some eggs.
7 I won't be angry if you tell me the truth.
8 I'll understand if he explains.
9 I'll be so happy if they fix the oven.

50.5

1 You won't get promoted unless you work harder.
2 Unless it rains, I'll go for a walk tomorrow.
3 Unless the traffic improves, we'll miss our flight.
4 They won't help you unless you ask them.
5 You'll get wet unless you bring an umbrella.
6 I won't go to the party unless you come, too.
7 You'll be hungry later unless you eat breakfast.
8 Unless he slows down, he'll crash the car.
9 I'll see you tomorrow unless I have to work late.

50.6

1 They won't go sailing **unless** there's enough wind.
2 **If** Mike goes to New York, he'll see the Statue of Liberty.
3 Tara won't get home on time **unless** the traffic gets better.
4 **If** I go shopping after work, I'll cook us lasagne.

❺ **If** it snows next week, we'll go skiing.
❻ Vicky won't be able to make the bed **unless** the sheets are clean.

50.7

❶ If **he works hard**, he'll pass his exam.
❷ If it's sunny, **I'll wear sunglasses**.
❸ If she's hungry, **she'll eat an apple**.
❹ Unless **it's cold**, he won't wear a coat.
❺ If you're sick, **I'll call the doctor**.
❻ If **he's tired,** he won't stay up late.
❼ If the kitchen is dirty, **he'll clean it**.
❽ If **we're bored**, we'll watch TV.
❾ If I'm thirsty, **I'll drink some water**.
❿ If the cat isn't frightened, **it won't run away**.
⓫ If you listen carefully, **I'll explain.**

50.8

1 Ⓑ 2 Ⓒ 3 Ⓔ 4 Ⓓ
5 Ⓐ 6 Ⓗ 7 Ⓖ 8 Ⓕ

51

51.1

❶ If you feel sick, don't go to work today.
❷ Go to bed if you feel tired.
❸ If you want to relax, watch a movie on TV.
❹ Remember to buy some milk if you go shopping.
❺ If you're hungry, have a slice of pizza.
❻ Don't forget your sneakers if you go to the gym.

51.2

❶ If you want a new car, **buy** one.
❷ Don't stay up late if **you're** tired.
❸ If you **see** James, tell him to call me.
❹ Don't eat junk food if you want **to** lose weight.
❺ Remember to shut the door when you **leave**.
❻ If you like that jacket, **buy** it.
❼ If you're hungry, **make** a sandwich.

51.3

❶ If you never have any money, don't **overspend**.
❷ If you don't like your job, **look** for a new one.
❸ Learn to relax more if you want to feel **calmer**.
❹ **Turn off** your phone if you can't sleep at night.

51.4

❶ False ❷ True ❸ False
❹ Not given ❺ True

51.5

❶ If you don't like your job, **find** a new one.
❷ If you like those jeans, **buy** them.
❸ If your tooth hurts, **see** the dentist.
❹ If you have too many possessions, **sell** them.
❺ If you work too hard, **take** some time off.

51.6

❶ If you want to get in better shape, do some exercise.
❷ If you want to speak Spanish, start a class.
❸ If you need some food, go shopping.
❹ If you feel tired, take a vacation.

51.7

❶ If you're tired in the morning, go to bed earlier.
❷ If you want those leather boots, buy them.
❸ If you feel hungry, make yourself a cheese sandwich.
❹ If you never have any money, don't overspend.
❺ If you want to learn to swim, take some lessons.

51.8

❶ Solución ❷ Problema ❸ Problema
❹ Solución

52

52.1

Nota: También puedes utilizar la forma contraída del futuro con "will."

❶ When they **arrive** at the station, I **will get** them.
❷ As soon as I **get** your message, I **will call** you.
❸ When the bus **stops,** we **will get** off.
❹ When the movie **ends**, I **will make** us some coffee.
❺ As soon as the paint **dries**, I **will put** the curtains up.

52.2

❶ When I finish breakfast, I'll go running.
❷ As soon as he gets home, he'll have lunch.
❸ When we get to the theater, I'll buy tickets.
❹ When I find a table, I'll order food.
❺ As soon as I have the money, I'll buy a car.

52.3

❶ True ❷ True ❸ False
❹ False ❺ True

52.4

❶ She'll want to live here when she sees this house.
❷ I'll call you as soon as your cousins arrive.
❸ When you see this movie, you'll laugh a lot.
❹ We'll get up and dance when the music starts.
❺ As soon as Tom buys the cheese, I'll make a pizza.
❻ I'll order a taxi as soon as you're ready.
❼ When the news finishes, I'll turn off the TV.
❽ As soon as the train arrives, we'll go home.
❾ He'll light the fire when it gets really cold.

52.5

1. When she arrives, we'll have dinner.
2. When she arrives, I'll call you.
3. As soon as she arrives, we'll have dinner.
4. As soon as she arrives, I'll call you.
5. When I finish work, we'll have dinner.
6. When I finish work, I'll call you.
7. As soon as I finish work, we'll have dinner.
8. As soon as I finish work, I'll call you.

52.6

❶ When they've called our flight number, we'll board the plane.
❷ As soon as they've finished tiling the kitchen, I'll put up some shelves.
❸ When the baby has gone to sleep, we'll cook a nice meal.
❹ As soon as we've booked our vacation, I'll buy some new clothes.

52.7

1 Ⓓ 2 Ⓑ 3 Ⓔ 4 Ⓐ 5 Ⓒ

52.8

❶ As soon as we get home, I'll call your mom.
❷ When she's finished work, she'll do some shopping.
❸ When I've done the dishes, we'll watch that movie.
❹ As soon as she sees the beach, she'll go swimming.
❺ As soon as you've sent that email, we'll go home.

52.9

1 I'll make soup as soon as I find the blender.
2 As soon as we're ready, we'll order our meal.
3 When he's moved to New York, he'll buy an apartment.
4 You'll love James when you meet him.
5 When you turn on the fan, we'll all feel cooler.

53

53.1

1 If he **was** richer, he **would buy** an expensive car.
2 She **would leave** her job if she **won** the lottery.
3 If he **did** more training, he **would get** a better job.
4 If we **sold** our apartment, we **would buy** a house in Athens.
5 They **would help** you if you **asked** them.
6 We **would increase** our sales figures if we **advertised**.
7 If her job **was** easier, she **would be** happier.
8 If I **went** travelling, I **would go** to Thailand.
9 If we **had** the money, we **would start** a business.
10 He **would be** very bored if he **sat** at a desk all day.
11 If they **offered** him a raise, he **would take** it.

53.2

1 If he had time, he'd find another job.
2 She'd call him if she knew his number.
3 If I could go anywhere, I'd go to Japan.
4 If we knew their address, we'd visit them.

53.3

1 True 2 False 3 Not given 4 True
5 True 6 True 7 Not given

53.4

1 If I won this prize, I'd be very happy.
2 If you got promoted, you'd get a raise.
3 He'd miss his job if he changed companies.
4 They'd call us if they had time.
5 If she studied harder, she'd pass her exams.
6 If I spoke Chinese, I'd get that job.
7 You'd leave your job if you won the lottery.

53.5

1 Did you **do** the paperwork this morning?
2 They're **making** too many mistakes.
3 Please don't **make** any more suggestions.
4 I think we should **do** business together.
5 Have you **done** the accounts yet?
6 She's just **making** a call to the manager now.
7 We've **made** an exception in your case.
8 He was able to **make** an appointment for 3pm today.

54

54.1

1 lucky 2 surprised 3 furious
4 tired 5 distracted 6 nervous
7 jealous 8 bored 9 intrigued
10 embarrassed 11 disappointed
12 calm 13 terrified 14 relaxed
15 confused 16 stressed 17 lonely
18 irritated 19 pleased

55

55.1

1 If I were you, I'd go trekking.
2 If I were you, I would take that job.
3 I wouldn't go to that café if I were you.
4 I would go on vacation if I were you.
5 I'd invest my money if I were you.

55.2

1 If I were you, I'd look for a better job.
2 I wouldn't buy that suit if I were you.
3 If I were you, I'd start my own business in the city.
4 I'd go traveling around the world if I were you.

55.3

1 If I were you, I'd **go shopping.**
2 If I were you, I'd **take an umbrella.**
3 If I were you, I'd **look for another job.**
4 If I were you, I'd **cut my hair myself.**
5 If I were you, I'd **buy him a present.**
6 If I were you, I'd **go to the doctor.**
7 If I were you, I'd **buy a new one.**

55.4

1 Pide 2 Da 3 Da
4 Pide 5 Da

55.5

1 What about **buying a new laptop and printer for our son's birthday?**
2 Have you tried **learning how to cook healthy Indian food?**
3 What about **taking a vacation on the Italian Riviera this summer?**
4 How about **discussing the sales figures with the team after the meeting?**
5 Have you thought of **getting a new desk and chair for the office?**
6 Have you tried **applying for a new job in sales and marketing?**
7 What about **trying the new Italian restaurant for dinner tonight?**

55.6

1 What about **going** home early?
2 How about **buying** a new car?
3 What about **visiting** us later?
4 Have you tried **talking** about it?
5 How about **organizing** a meeting?
6 Have you thought of **investing** your money?
7 Have you tried **drinking** less coffee?

55.7

1 My car is 10 years old.
Have you thought of buying a new one?
2 I want to leave my job.
If I were you, I'd look for a new one.
3 It's cold and wet outside.
If I were you, I'd take an umbrella.
4 My home looks old-fashioned.
If I were you, I'd redecorate it.
5 It's my boss's birthday.
How about buying her a card?
6 I'm meeting an important client.
If I were you, I'd dress up.
7 I never have enough money.
If I were you, I wouldn't overspend.
8 My boyfriend and I had an argument.
Have you tried calling him?
9 This fish tastes bad.
If I were you, I wouldn't eat it.

55.8

1 I wouldn't worry 2 If I were you
3 Have you thought of practicing
4 I'd think 5 If I were you 6 I'd buy
7 How about asking

56

56.1

1 If I get more qualifications, I'll get a better job.
2 Anna will take me to the airport if I ask her.
3 They would be angry if we were late for the meeting.
4 If I win the lottery, I'll buy my parents a house.
5 If Grant had enough money, he'd buy himself a new car.
6 If my boss gave me a raise, I'd have a party for my friends.

56.2

1 I **wouldn't like** it if I became a famous celebrity.
2 If **we catch** the next train, we'll get there in time.
3 You would remember her if **you met** her again.
4 Henry **would be** so happy if he got that promotion.
5 If we arrive there first, **we'll save** you a seat.

56.3

1 It would be amazing if I could play the guitar.
2 If I had my phone with me, I'd take a photo of that.
3 If you wear a coat today, you won't feel cold.
4 If you vacuum the living room, I'll do the dishes.
5 I'd build more hospitals if I were the President.
6 If we had more time, we could have lunch together.
7 If the baby stops crying, I'll watch some TV.
8 If you say anything, she won't listen.
9 I'll text you if you give me your number.
10 If that company won an award, I'd be surprised.
11 Chris will make dinner if you buy the food.
12 If you ask the sales assistant, she'll help you.
13 If she saw a snake, she wouldn't be afraid.

56.4

1 True 2 False 3 Not given
4 True 5 Not given

56.5

1 They need to give priority to online sales.
2 Jackson is going to give it some thought.
3 The sales team will hold weekly meetings.
4 They will set new goals and review figures.
5 He will hold talks with his senior staff.
6 He wants his team to set a precedent for the rest of the company.

56.6

1 She **sets** a limit on the time we can take off.
2 Can you **hold** off on sending that report until I've checked it?
3 Melanie has just **given** some great advice to her staff.
4 Do we need to **hold** a meeting after lunch today?
5 Would you **give** me some help with this report?
6 They decided to **set** an easier target this month.
7 I haven't **given** much thought to that proposal yet.
8 The company has **set** limits on staff expenses.
9 Do you know when they're going to **hold** talks?
10 Our company has **set** a precedent for excellence.
11 Rohit always **sets** weekly goals to motivate his team.
12 My boss is happy to **give** help to anyone who asks him.
13 The company **held** discussions to decide plans for the year.
14 Not enough companies **give** priority to training.

56.7

1. We held talks last week.
2. She held talks last week.
3. We set targets last week.
4. She set targets last week.
5. We set targets for the year 2020.
6. She set targets for the year 2020.
7. We gave some help to the junior staff.
8. She gave some help to the junior staff.

57

57.1

1 That's the woman who got a good promotion.
2 Is that the store that sells computer software?
3 Jamie has met a woman who is cheerful and kind.
4 He's the teacher who teaches Spanish.
5 A butcher is someone who sells meat.
6 You should go on a diet that is healthy.
7 That's the apple tree that we planted last year.
8 I'd like a job that is exciting and well paid.
9 We want to buy a house that is near the coast.

57.2

1 I like the woman **who works** at reception.
2 We bought some furniture **that was too** expensive.
3 They went to a restaurant **that I recommended**.
4 Jenny is going out with a man **who knows** you.
5 Mr. Jason has a son **who has been** a lawyer since 2009.
6 Lance is my friend **who lived in Tokyo** for six months.
7 It's important to have a diet **that is healthy**.
8 I'd like to meet someone **who can speak** Italian.
9 Is that the sports channel **that shows** baseball?

57.3

1 C 2 F 3 H 4 B 5 J 6 D
7 G 8 A 9 I 10 E

57.4

1 conscientious 2 reliable 3 calm
4 fun-loving 5 self-confident

57.5

1 humble 2 lazy 3 polite
4 shy 5 boring 6 mean

57.6

1 I know an interesting man who plays the saxophone.
2 Eva bought a new dress that cost a fortune!
3 We have a Chinese manager who comes from Shanghai.

4 I have a new boss who is good-humored and cheerful.
5 Melanie didn't like the shoes that were on sale.
6 Joe is a student who is studying for his accountancy exams.
7 She often goes to a café that is near the river.
8 He's a famous author who has sold millions of books.
9 He wants a new job that is well paid and interesting.
10 I'm working on a project that is really exciting.

58

58.1

1 My colleagues, **who are good friends**, are very funny.
2 My sister's dog, **which is small and black**, doesn't have a tail.
3 His cousin Bastian, **who sings**, is a great performer.
4 Her Italian teacher, **who comes from Naples**, is really outgoing.
5 My friend Ed, **who's a chef**, has a new job in a restaurant.
6 Their summer house, **which is on the coast**, is really expensive.
7 The weather today, **which is terrible**, should improve later.
8 The office chair, **which is new**, is really uncomfortable.

58.2

1 My house keys, which I lost somewhere, have been found by the police.
2 Alexia's grandmother, who is 84 this year, plays tennis twice a week.
3 The new art gallery, which will open next year, is such a beautiful building.
4 A friend of Dad's, who told me about this job, is the CEO.
5 Our neighbor Giles, who you met once, is coming for dinner on Friday.

58.3

1 The evening classes, **which** I'm starting next week, are now completely full.
2 Sunita, **who** works in marketing, is very good at her job.
3 My car, **which** is ten years old, is always breaking down.
4 The mail, **which** is usually here by 8:30am, was late this morning.
5 The blizzards in Canada, **which** started three days ago, are now over.

58.4

1 My friend Peter, **who** lives in Norway, is coming to stay.
2 The new sales assistant, **who** starts next week, is called Ivan.
3 Is the beautiful house, **which** is across from the park, for sale?
4 Linda's colleague Eva, **who** moved to Brazil, has sent us an email.
5 Alex, **who** always plays the lottery, has won it at last!
6 The gallery, **which** we visited last year, has a wonderful collection of paintings.
7 Calum, **who** went to school with me, is my oldest friend.
8 The Black Friday sales, **which** I can't stand, are starting next week.
9 Georgina, **who** works at the bank, is getting married to Tom.

58.5

1 C 2 E 3 A 4 F 5 B 6 D

58.6

1 Not given 2 False
3 Not given 4 True
5 True 6 False
7 True 8 False

58.7

1. The café, which we really like, isn't expensive.
2. The café, which we really like, is near the park.
3. My friend, who we really like, has moved to Boston.
4. My friend, who works for the bank, has moved to Boston.

59

59.1

1 Elliot **was having** lunch with his friends from college.
2 This time last week we **were singing** in the local choir.
3 Olivia **was doing** her homework when I called at her house.
4 They **were playing** in the front yard yesterday morning.

59.2

1 You shouldn't take advantage of people.
2 It takes time to learn something new.
3 They were having a discussion outside.
4 I didn't take a view one way or another.
5 Scientists make new discoveries every day.
6 I've never had the chance to travel.
7 Will you have a discussion about it?
8 She had the chance of a lifetime.
9 I tried to make sense of the argument.

59.3

1 Your father **was driving** to work.
2 We **were picking** apples in the back yard.
3 Daniela **was talking** to her friends.
4 You **were waiting** at the train station.
5 The bus **was stopping** outside the post office.
6 Terry and Ian **were working** late on Tuesday.
7 She **was walking** across the street.
8 It **was raining** yesterday afternoon.
9 They **were washing** the dishes in the kitchen.

59.4

1 make an effort, make sense, make a discovery
2 take time, take advantage, take a view
3 have a discussion, have a chance, have a plan

59.5

1 True 2 False 3 True 4 False
5 True 6 True 7 False

59.6

1 You have to **make an effort** if you want to succeed.
2 It **took time** to learn the truth.
3 Did the police **make a discovery** at the house?
4 They **had a discussion** about the problem.
5 She often **takes advantage** of people.
6 Did you **have a chance** to see the movie?
7 He **took the view** that it was a bad decision.

60

60.1

1 Sun
2 Moon
3 planet
4 star
5 tiger
6 leaf
7 elephant
8 bear
9 parrot
10 whale
11 mosquito
12 lizard
13 rhino
14 grass
15 monkey
16 turtle
17 spider
18 tree
19 owl

61

61.1

1 The birds **were singing** in the trees in the beautiful, open countryside.
2 Children **were playing** soccer in the park.
3 The young man **was sitting** on the beach under a starry sky.
4 It was a stormy night and the wind **was blowing** through the trees.
5 Bees **were buzzing** around the garden on this hot summer afternoon.

61.2

1 A 2 C 3 E
4 B 5 F 6 D

61.3

1 They were running along the sidewalk.
2 The sun was shining brightly.
3 The air smelled of wild flowers.
4 She was sitting on a bench across from the supermarket.
5 She was waiting for her mother.
6 A large black bear was walking toward her.
7 He was driving into town.

61.4

1 rural 2 peaceful
3 colorful 4 magnificent

62

62.1

1 When we **were driving** to the hotel, our car **got** a flat tire.
2 Eva **was having** lunch when Henry **called** her.
3 She **lost** her purse while she **was shopping**.
4 I **met** my cousin while I **was having** coffee in town.
5 We **stayed** in a hotel while we **were visiting** Amsterdam.
6 Terry **knocked** over the can when he **was painting** his room.
7 She **was writing** an email when her boss **asked** to see her.
8 When Sarah **got** home, Luke **was loading** the dishwasher.
9 You **were running** in the park when I **cycled** past you.
10 Rita **was walking** to work when she **saw** a robbery.
11 I **called** a taxi while I **was waiting** for a friend.

62.2

1 Oscar **was watching** TV when we **arrived** from the airport.
2 Rose **was drying** the dishes when she **dropped** a plate.
3 I **fell** off my chair when I **was fixing** the light in the kitchen.
4 Lloyd **hurt** his ankle while he **was skiing** down the mountain.
5 They **were listening** to the radio as they **drove** home.
6 Shelley **was playing** the piano when the phone **rang**.
7 Lucy **fell** and hurt her arm when they **were hiking** near the hills.
8 The cat **was chasing** a mouse when it **ran** across the road.
9 Alex **met** Sam when he **was walking** down the street.

62.3

1 Ben saw Rachel in the post office when he was mailing a package.
2 They were reading the menu when the waiter came to their table.
3 We saw a turtle when we were swimming in the ocean.
4 I was leaving the party when everyone started to dance.
5 Brad was eating a hot dog when he spilled ketchup on his shirt.
6 They were playing outside when it started to rain.
7 Maria was cooking dinner when she burned her hand.
8 I saw the Eiffel Tower when I was walking around Paris.

62.4

1 True 2 False 3 False 4 True 5 False

62.5

1 While we **were shopping**, we **met** Janey at the mall.
2 I **was writing** an email when you **texted** me.
3 Francis **tiled** the bathroom while he **was staying** with us.
4 Tom **was looking** for his phone when he **found** his wallet.
5 The train **arrived** while you **were buying** a newspaper.
6 Rita **was walking** in the park when she **saw** a squirrel.
7 We **learned** Spanish while we **were living** in Madrid.
8 They **waited** under a tree while it **was raining**.
9 They **were sweeping** the floor when he **knocked** on the door.

62.6

1 True 2 False 3 True 4 False 5 False
6 False 7 True 8 False 9 False

63

63.1

Nota: En lugar de la forma negativa contraída de la voz pasiva del past simple puedes utilizar también la forma larga.

1 Many people **were injured** in the train accident last night.

2 A man and two children **were rescued** after the boat capsized in the lake.
3 Too many trees **were cut down** last year.
4 Thankfully, people's homes **weren't flooded** during the storms last week.
5 The country's most beautiful river **was polluted** by industrial chemicals.
6 The old office building **wasn't demolished**. It was restored instead.
7 The beaches **were covered** in oil when the oil tanker sank off the coast.
8 The animals **weren't hurt** when there was a fire at the zoo.
9 The hotel **was destroyed** by a hurricane last summer.
10 Toxic chemicals **were spilled** onto the road when a truck crashed into the barrier.
11 Three men **were questioned** by the police after the incident.

63.2

1 Chemicals were **released** into the air.
2 The factory was **destroyed** yesterday.
3 The lake wasn't **polluted** with oil.
4 The drinking water **was contaminated**.
5 Some of the animals were **killed**.
6 The trees **were** all cut down.
7 The animals and birds **were** rescued.
8 Many fish **were found** dead.
9 All the passengers were **rescued**.
10 The train line wasn't **damaged**.
11 Some people **were injured**.
12 The café wasn't **destroyed** in a fire.
13 All the fields were **flooded**.
14 Our train was **delayed** for an hour.
15 Many dolphins were **saved**.

63.3

1 Pasiva 2 Activa 3 Pasiva 4 Pasiva

63.4

1 The train line was damaged.
2 The trees were cut down.
3 The office building was demolished.
4 The forest was burned down.
5 The animals were rescued.

63.5

1 The beaches were covered in oil yesterday.
2 All the trains were delayed on the weekend.
3 The buildings weren't flooded during the storm.
4 Some people were injured in the fire.
5 The train line was damaged during the storm.

63.6

1 The **oil spill** happened when the oil tanker sank.
2 The explosion was caused by a **gas leak** in the factory.
3 **Smog** is caused when polluted air mixes with fog.
4 Droughts in some parts of the world may lead to **famine**.
5 Soil erosion is sometimes caused by **deforestation**.
6 Twelve people were rescued from the sea after the **shipwreck**.
7 The **flood** happened when the river burst its banks.

63.7

1 Eighteen crew were rescued.
2 They were taken to the hospital.
3 Thousands of gallons of oil were spilled into the ocean.
4 The sea birds were covered in oil.
5 Thousands of dead fish were found on the beach.

64

64.1

1 The movie **had started** by the time we **arrived** at the movie theater.
2 It **was** the most impressive sculpture I **had seen** for a long time.
3 They **closed** the road because there **had been** an accident.
4 Mary **had done** the shopping before I **could** offer to help.
5 Gregory **had traveled** around Asia before he **went** to college.
6 She **hadn't seen** him for years, but it **was** just like old times.

64.2

1 The gallery **called** for my painting before I **had finished** it.
2 She **knew** she had met Peter and Sarah somewhere before.
3 When I **got** home, I realized I **had forgotten** my car key at my friend's house.
4 Some people **had** already left when we arrived at my friend's birthday party.

64.3

1 The thieves broke into the house because he had forgotten to lock the door.
2 He hadn't seen the hole in the road so he drove into it.
3 She put on a warm coat because it had started to snow.
4 He didn't cook dinner until he had taken the dog for a walk.
5 They really enjoyed the meal we had cooked for them.
6 You didn't ask me how my interview had gone.
7 I couldn't remember where they had been on vacation.

64.4

1 E 2 F 3 B 4 A 5 C 6 D

64.5

1 I called the office, but everyone **had already left**.
2 Finn **watched the movie** again even though he had already seen it.
3 Helen was sorry that she **hadn't been** kinder.
4 Paul **went to** bed after he had loaded the dishwasher.
5 He **finished his meal** before anyone else had finished theirs.
6 Liz called Jill but she **had turned off** her phone.
7 I couldn't remember where we **had met** before.
8 I'm sorry you **didn't know** that we had already gone out.
9 He **bought some jeans** after he had tried on three pairs.
10 The waiter left after he **had taken** our orders.

64.6

1 She **wasn't** hungry because she **had** already **eaten**.
2 Grant **had** already **made** dinner when Rosa **got** home.
3 Anna **felt** tired because she **had been** shopping all day.
4 He **passed** his driving test because he **had had** a lot of lessons.
5 Eric **sent** the report to his boss after he **had checked** it.

64.7

1. If they had had cowpox, they didn't catch smallpox.
2. Jenner infected a small cut on the little boy's arm.
3. The little boy recovered.
4. Jenner infected the little boy after he had recovered from cowpox.
5. The little boy didn't get smallpox.
6. He didn't get smallpox because the cowpox had protected him.

65

65.1

1. It was the first time we had **ever** eaten sushi. We loved it.
2. We stayed in Seville. I had **never** seen flamenco dancing before.
3. It was the first time he had **ever** ridden a horse. He fell off twice!
4. She had **never** been scuba diving before. She saw a beautiful turtle.
5. It was the first time she had **ever** visited Paris. She saw the Eiffel Tower.
6. He was so happy. He had **never** had so many birthday presents.
7. We had **never** run a marathon before. It was totally exhausting.
8. It was the first time I had **ever** seen the Great Pyramids. They were amazing.
9. He didn't know what to do. He had **never** had a flat tire before.
10. They weren't happy. They had **never** had such bad service before.
11. It was awesome! It was the first time I had **ever** flown in a helicopter.

65.2

1. Eva is very excited. She has never seen a play at the theater before.
2. He loved it. It was the first time he had ever driven a sports car.
3. Robin has broken his leg. It is the first time he has ever been to a hospital.
4. They had never visited Rio de Janeiro before. It was amazing.

65.3

1. Jaipur 2. the elephant festival
3. No, he hasn't. 4. Thailand
5. A Buddhist temple

65.4

Hi Phil,
This is the first time we have **ever been** to Spain. We've just spent the morning in the Barrio Santa Cruz in Seville. It has been **popular** with tourists for years and the streets are lined with **charming** old flats. It's a long way from the modern **high-rise** apartment buildings. Then, we walked to the Alcázar, an **ancient** palace. We **had never** seen anything so beautiful.
See you soon!
Lily

65.5

1. I had never tried water sports before I learned to sail and windsurf.
2. It's the first time I have ever ridden a camel in the desert.
3. It was the first time they had ever been on a safari in Africa.
4. It's the first time we have ever visited the Metropolitan Museum in New York.

66.1

1. feel under the weather
2. pull someone's leg
3. be a pain in the neck
4. face the music
5. sit on the fence
6. be head over heels
7. keep an eye on
8. hear something on the grapevine
9. lend a hand
10. be against the clock
11. get cold feet
12. let your hair down
13. have a heart of gold

67.1

1. We **were driving** home when a rabbit **ran** across the road.
2. She **went** to Japan last year because she **had wanted** to go for years.
3. He **bought** a house in the Caribbean after he **had won** the lottery.
4. Marianne **was living** in Lisbon when she **met** her husband.
5. I **was sunbathing** by the pool when a huge insect **landed** on my arm.
6. We **were walking** home one night when we **saw** a strange light in the sky.
7. I **was** nervous because I **had never been** skiing before.
8. I **offered** them some lunch, but they **had already eaten**.
9. When we **returned**, someone **had stolen** all our luggage.
10. They **were climbing** in the Rockies when they **heard** an avalanche.
11. The party **had already begun** by the time we **arrived**.

67.2

1. The old lady had just arrived home when the doorbell rang loudly.
2. Elliot had had enough of her bad behavior and he decided to leave.
3. Milly was waiting for her interview when her father sent her a text.
4. I had just gone to bed when I realized I had forgotten to lock the door.
5. You couldn't read the message because you hadn't put on your glasses.

67.3

1. A small crowd of people **had gathered** around him to listen.
2. He stopped playing and the people **clapped** politely and started to walk away.
3. The man quickly put down his guitar and **opened** his violin case.
4. He looked down at his small gray dog that **was sleeping** at his feet.
5. As soon as the young man **started** to play, the little dog **woke up**.
6. It began to bark and jump around enthusiastically. The crowd **returned** to watch the spectacle.

67.4

1. The little girl was crying because she had lost her teddy bear.
2. I had just opened my front door when I saw a large package in the hall.
3. Luke was walking across the street when he found a wallet on the ground.
4. She had just fallen asleep when a noise outside woke her up.
5. They were watching the storm when they saw the lightning strike.

6 Ellie hadn't expected to marry Tim until he proposed to her on the beach.
7 Mary was eating an apple when she broke one of her teeth.
8 It was a cold, dark night and the wind was howling in the trees.

67.5

1 They were scuba diving in the Indian Ocean when they **saw** a pod of dolphins.
2 When Sue arrived at the party she realized that she **had forgotten** Jo's present.
3 It was the first time she **had ever been** on vacation alone.
4 Ronnie **was waiting** for his bus when he saw a young man steal a car.
5 They **had just started** eating their meal when the waiter fainted.
6 As he **watched** the car drive away he knew he would never see her again.
7 A small group of people **were standing** on the platform when they heard a scream.
8 She **was running** for the train when she tripped and her bag burst open.
9 Harry was looking through his telescope when he thought he **saw** a UFO.

67.6

1 Mr. Foster sat on the fence.
2 The sales team is always on the ball.
3 Linda had to face the music.
4 Robert's reply hit the nail on the head.
5 Your little brother can be a pain in the neck.

67.7

1 Dev's reaction to the news was over the top.
2 Oliver is feeling under the weather so he's staying in bed.
3 Mrs. Salter is keeping an eye on the twins this afternoon.
4 Jane and Calum are head over heels in love.
5 Anna is very kind. She's got a heart of gold.
6 Maxine heard about Jill's wedding on the grapevine.

68

68.1

1 She was always late for work, and **consequently** lost her job.
2 We got to the station at 8:50pm and left **shortly afterward**.
3 Call me **as soon as** you get home tonight.
4 **Not long before** we got to the bar, it started to snow.
5 Sue was leaving the store **at the very moment** that we got there.

68.2

1 **Not long before** I called him, he sent me an email.
2 He worked hard, and **consequently** was promoted.
3 **Just as** he was leaving, a parcel arrived.
4 Jack called **just as** I got home from work.
5 I got on the Number 8 bus and saw the Number 10 bus **shortly afterward**.
6 **As soon as** I heard the news, I told Phil.
7 She ate too much, and **consequently** felt sick.
8 **Just as** I was finishing my lunch, Dan walked in.

68.3

1 He drove too fast, and **consequently** was fined by the police.
2 I got to the party at 8pm, and Anne arrived **shortly afterward**.
3 We decided to go inside **as soon as** it started raining.
4 They had had a baby **not long before** they moved.

68.4

1 She bought an expensive car shortly **after** getting an exciting new job.
2 I called my parents as soon **as** I got the results of my exams.
3 The woman slipped on the ice and **subsequently** fell into the water.
4 Pippa had dropped her phone in a puddle not **long before** it stopped working.

68.5

1 Joe couldn't come hiking because someone had crashed into his car not long before.
2 As soon as they heard the news, Henry's friends said he shouldn't go.
3 Shortly after setting off, Henry realized he had lost his compass.
4 Not long after he set off, it started to get cloudy and rain.
5 By the time Henry had walked for two hours, he could hardly see in front of him.

68.6

1 Not long before she got home, her phone rang.
2 He was late getting to the station. Consequently, he missed the train.
3 Just as she blew out the candles, everyone started clapping.
4 Just as Tom was leaving, I realized he'd left his phone on the table.
5 She got home late, and fell asleep shortly afterward.

68.7

1 True 2 False 3 True 4 False

69

69.1

Nota: En todas las respuestas puedes también omitir "that."

1 He said that he was a police officer, and he wore a uniform to work every day.
2 She said that she went swimming every Tuesday evening at the sports center.
3 She said that she worked in a travel agency in the southern part of a busy town.
4 You said that Sarah and her sister liked listening to jazz music and playing the piano.
5 She said that they wanted to go to Mexico on vacation with their friends.
6 They said that they usually ate sandwiches for lunch and had a hot meal in the evening.
7 She said that Tom ran really fast and took part in lots of competitions.
8 He said that he didn't like getting up in the morning, and he was always tired at work.
9 She said that he didn't watch TV in the evenings because he was too busy at work.

69.2

1 He said that he liked the color blue.
2 They said that they went camping every year.

3 She said that she had bought a car.
4 I said that I liked visiting Vancouver.
5 He said that he didn't eat red meat.

69.3

1 Amy and Jo are going to the bus stop. They said they were going to town.
2 Rosa exercises every day. She said she liked to be healthy.
3 Tom usually cooks on Tuesdays. He said he liked new recipes.
4 Mary has been studying all morning. She said she was really tired.
5 Tom and Lisa didn't go swimming. They said the pool was closed.

69.4

Nota: En todas las respuestas puedes también omitir "that."

1 She said that she worked in a bookshop in a small village located near the lake.
2 They said that they usually ate salad at lunchtimes during the week.
3 He said that he didn't like cycling downtown as it was very crowded.
4 They said that they would probably visit their aunt in Italy to celebrate her birthday.
5 She said that they were going to the theater on Tuesday.
6 He said that Jane was working abroad as a teacher.
7 She said that he was learning to play the guitar.
8 She said that they had lived in that house for a year.
9 He said that she was studying Japanese at the local college.

69.5

Nota: En todas las respuestas puedes también incluir "that."

1 He said it was a really amazing country.
2 He said he had spent three weeks in Queenstown.
3 He said he was working as a waiter in a busy restaurant.
4 He said the pay was good.
5 He said he had to help out in the kitchen.
6 He said he had been able to save some money.
7 He said people came to Queenstown to do adventure sports.
8 He said he was going to stay there for a few more weeks.
9 He said he would see his cousins in Australia.

70

70.1

1 We **told** him that we could help.
2 He **told** me that he had a sister.
3 Tina **said** that she lived in the suburbs.
4 You **said** that you would do the dishes.
5 I **told** him that I had to work late.
6 Rob **said** that he loved his job.
7 You **told** us it was your birthday.

70.2

1 Henry told us that he had a new car.
2 We told him that the film was boring.
3 I told Jim to call you in the evening.
4 Maria said that it was her bike.
5 They told us it would start in 10 minutes.
6 We told them the food was bad.
7 I said that I wanted to leave early.
8 Gina told me it was her anniversary.
9 Leo said that he enjoyed dancing.

70.3

Nota: En todas las respuestas puedes también omitir "that."

1 She told him **that she wanted to buy a car**.
2 I told them **that I was going to Buenos Aires on vacation**.
3 We said **that we had really enjoyed the party**.
4 He told her **that he was going to redecorate the house**.
5 She said **that she bought / had bought a new skirt that morning**.
6 He told them **that the weather was looking bad**.
7 We told you **that we would look after your cat**.
8 I said **that it was your turn to make dinner**.
9 She told us **that we needed to buy a present for Mom**.
10 We said **that we were going to do some gardening**.
11 They told me **that they would wait for me outside**.
12 She said **that we could make ourselves some coffee**.

70.4

1 True 2 False 3 True
4 Not given 5 False

70.5

1 She told Mark she **was** still in the office.
2 She said she **was going to be** late getting home.
3 She said her boss **had just given** her a report to write.
4 She said she **didn't know** why he hadn't given it earlier.
5 She told Mark she **had made** pizza the day before.
6 She said they **would have** the pizza when she got home.
7 She said she **would have** to work early the next day.

70.6

1 I can't **tell** the difference between the twin brothers. They look the same!
2 When I saw them at the market I **said** hello and had a chat.
3 He said he wanted to **say** something to me about my sister.
4 I knew John wasn't **telling** the truth. He's such a liar!
5 You should **tell** someone if you're stressed at work.
6 Pete **told** me he had a fantastic vacation in Bali this summer.

70.7

1. I said we were going out.
2. We said we were going out.
3. I said you wanted a new car.
4. We said you wanted a new car.
5. I told them we were going out.
6. We told them we were going out.
7. I told them you wanted a new car.
8. We told them you wanted a new car.

70.8

1 People won't believe you if you always **tell** lies.
2 I **told** a "white lie" because I didn't want to hurt his feelings.
3 We were told that we should always **tell** the truth.
4 You should **say** no if they ask you for help again. You're too busy.
5 The witness wouldn't **say** anything about the court case.
6 Let me **tell** you a story about my childhood.
7 Don't believe that he's being honest just because he **says** so.
8 I asked my girlfriend to marry me, and she **said** yes.

9 Can you **tell** the difference between African and Asian elephants?
10 He spoke so quietly we didn't hear him **say** hello to us.
11 It's so dark today that I can't **tell** the difference between day and night.
12 Grandpa **told** us stories all the time when we were little.
13 My mother **told** me to always be polite to adults, no matter what.
14 She **said** she preferred apples to oranges any day.

71

71.1

1 agree 2 admit 3 claim 4 argue
5 explain 6 add

71.2

1 He agreed that climate change was a serious problem.
2 You claimed that this diet would work.
3 Her brother admitted that he couldn't swim.

71.3

1 He admitted that she **was** right.
2 I **explained that** I had lost my passport.
3 We **argued** that the office was too hot.
4 Katy agreed that his car **was** fantastic.
5 He **claimed that** he knew Alan David.
6 I added that we **could** all have coffee.
7 He **admitted that** the apartment was too small.
8 She **claimed that** she never ate chocolate.
9 I argued **that we** needed more vacations.
10 They explained that there **was** a sale.
11 Liz **added** that it was also cheaper.
12 She admitted that she **didn't** know.

71.4

1 The director admitted that the profits were down.
2 Alex claimed that he had won the lottery.
3 He argued that dogs were nicer than cats.
4 Peter admitted that he hated rock music.
5 She explained that the movie had already started.
6 The assistant added that the shoes were in the sale.

71.5

1 He **admitted that they didn't have** enough money to buy two flight tickets.
2 He **argued that the house was** too small for a birthday party.
3 She **argued that they didn't have** time to wait for a bus.
4 She **agreed that this was** the best Chinese restaurant in the city.
5 You **claimed that you invested / claimed that you had invested** in gold and you were rich when you were 20.
6 They **added that the service was / added that the service had been** absolutely amazing.
7 They **admitted that the profits were** down by 10 percent.
8 He **explained that he had** a terrible headache and he had to leave early.
9 She **claimed that she made / claimed that she had made** her first million dollars before she had left college.

71.6

1 True 2 True 3 False 4 Not given
5 True 6 False 7 False 8 False

71.7

1 Edward admitted that he had forgotten the tickets.
2 I said that I would meet them at the café.
3 They agreed that they didn't like the hotel.
4 Elsa added that she also knew how to cook.
5 You suggested that we go out for dinner.
6 He argued that it wasn't his turn to do the dishes.
7 We explained that we had already eaten dinner.

72

72.1

1 She reminded me to buy some pizzas.
2 I asked him to help me with my project.
3 They encouraged me to buy tickets.
4 I ordered him to drive more slowly.
5 She asked me to walk the dog.

72.2

1 He encouraged us to try the new restaurant.
2 They asked me to give an important presentation.
3 The police ordered him to stop driving.
4 I reminded her to meet me at 8:30pm.

72.3

1 I reminded my daughter to **do** her homework.
2 Lucy asked me to **book** the tickets online.
3 Mary **encouraged me** to take some time off.
4 My boss **ordered** me to complete the report.
5 Joe **asked** me to do the dishes.
6 Annie reminded me **to** buy some bread and milk.
7 I encouraged everyone **to** try their best.

72.4

1 B 2 A 3 F 4 E 5 C 6 D

72.5

1 Orders him to buy his lunch
2 It's not part of his job
3 Remind his boss that he doesn't have time
4 Derek should look for a new job
5 It's a good idea

72.6

1 Jack warned me not to be late for my interview.
2 Chris persuaded her to fly, even though she was nervous.
3 My lawyer advised me to think carefully about the contract.
4 I didn't want to buy a pet dog, but the children persuaded me.
5 It was a very windy day, so the police warned people not to travel.
6 I warned them to cycle carefully, because it was very dark outside.
7 My boss advised me not to be late for the meeting.

72.7

1 She **ordered** them **to get out** of her office.
2 They **asked** her **to give** a presentation.
3 My teacher **encouraged** me **to try** my best all the time.
4 Her boss **advised** her **not to forget** about the meeting.
5 I **warned** them **not to cycle** downtown.
6 She **reminded** them **to take** time out for lunch.
7 I **asked** her **not to be** late for dinner.
8 She **asked** him **to clean** the kitchen.
9 My friends **advised** me **to look** for a new job.
10 I **encouraged** Anna **to wear** her new jacket for the interview.

⓫ They **ordered** everyone **to be** quiet.
⓬ He **warned** us **to be** careful downtown at night.
⓭ I **reminded** Lucy **to get** new passport photos.
⓮ He **asked** me **not to use** the computer because he needed it.
⓯ They **persuaded** me **to invest** in the company.

72.8

1. They warned me not to go in the water.
2. They warned me not to buy a new house.
3. They warned me not to buy a new car.
4. He warned me not to go in the water.
5. He warned me not to buy a new house.
6. He warned me not to buy a new car.
7. They persuaded me not to go in the water.
8. They persuaded me not to buy a new house.
9. They persuaded me not to buy a new car.
10. He persuaded me not to go in the water.
11. He persuaded me not to buy a new house.
12. He persuaded me not to buy a new car.

73

73.1

❶ She asked me what I was doing.
❷ He asked her what he could do to help.
❸ We asked her what time it was.
❹ They asked him where he was going.
❺ I asked her who was at the meeting.
❻ She asked me when I would work.
❼ He asked him where he could sit.
❽ I asked you what you were doing.
❾ She asked me where she should park.
❿ They asked him when he would arrive.
⓫ We asked them why they were leaving.

73.2

❶ She asked me **where they would have lunch**.
❷ I asked them **what time the conference was**.
❸ She asked him **why he couldn't come to the office**.
❹ We asked them **why they were leaving early**.
❺ I asked you **when we would start the meeting**.

73.3

❶ I asked you why you were late.
❷ She asked him where they would live.
❸ We asked you what we were going to discuss.
❹ I asked her who was chairing the meeting.
❺ They asked me what they could do to help.

73.4

❶ Reported ❷ Directa
❸ Directa ❹ Reported

73.5

❶ I asked him who he knew.
❷ She asked me where I lived.
❸ They asked us what we did.
❹ We asked her what she wanted.
❺ He asked me who I liked.
❻ I asked him where he worked.
❼ She asked us when we arrived.

73.6

❶ Ed asked Elsa / He asked her when the speakers would give their speeches.
❷ Ed asked Elsa / He asked her what kind of topics the speeches would be about.
❸ Ed asked Elsa / He asked her when tickets went on sale.
❹ Ed asked Elsa / He asked her where people could get tickets.

73.7

❶ He asked me **where I went on vacation every year**.
❷ She asked me **what time we were having lunch with Jamie the next day**.
❸ She asked me **why we couldn't get a taxi to work instead of waiting for the bus**.
❹ He asked me **what kind of music I usually liked to listen to**.
❺ She asked me **when the rock concert by the famous Swedish rock band finished**.
❻ He asked me **what company I worked for in southern Buenos Aires**.

73.8

❶ At the meeting, Mr. Thomas raised **the question** of funding.
❷ We need to raise **awareness** about the dangers of climate change.
❸ When asked to vote, nearly everyone raised their **hands**.
❹ The cheering was so loud, it nearly raised **the roof**.
❺ Falling interest rates are raising **fears** among investors.

74

74.1

Nota: En todas las respuestas puedes escribir "whether" en lugar de "if."

❶ He asked me **if we were going to be on time.**
❷ He asked her **if that woman was her boss.**
❸ She asked me **if I had the sales figures.**
❹ We asked him **if he had brought the files.**
❺ I asked her **if she would like some coffee.**
❻ I asked them **if they had met the sales team.**
❼ She asked me **if the train was on time.**
❽ He asked her **if Helen was working late.**
❾ You asked me **if I had written the report.**

74.2

1. I asked them if they wanted to meet for coffee.
2. I asked them if they would be at the meeting.
3. I asked them if you wanted to meet for coffee.
4. I asked them if you would be at the meeting.
5. I asked you if they wanted to meet for coffee.
6. I asked you if they would be at the meeting.
7. I asked you if you wanted to meet for coffee.
8. I asked you if you would be at the meeting.
9. She asked them if they wanted to meet for coffee.
10. She asked them if they would be at the meeting.
11. She asked them if you wanted to meet for coffee.
12. She asked them if you would be at the meeting.
13. She asked you if they wanted to meet for coffee.
14. She asked you if they would be at the meeting.
15. She asked you if you wanted to meet for coffee.
16. She asked you if you would be at the meeting.

74.3

❶ True ❷ True ❸ False ❹ True ❺ False

74.4

❶ She asked him if he had **seen** the new sales figures.

2 I asked **her** if she wanted another glass of water.
3 Mr. Salter asked them **whether** they had met their targets.
4 We asked the secretary if she **would** order us a taxi.
5 He asked us if we **had been** waiting for a long time.
6 Janet asked **them** if they knew when the meeting would start.

74.5

1 She asked him if he played soccer or golf.
2 He asked me if I spoke Italian or French.
3 She asked me if I wanted water or fruit juice.
4 He asked whether they should go by bus or taxi.
5 I asked her whether she preferred music or art.

74.6

1 She asked him if **he liked Eva or Liz.**
2 I asked them whether **they played tennis or chess.**
3 They asked me if **I spoke Arabic or Chinese.**
4 We asked her if **she would like tea or coffee.**
5 You asked us if **we wanted milk or cream.**
6 She asked her if **she preferred books or magazines.**
7 He asked me if **he should call or text her.**
8 They asked us if **we would like cookies or cake.**
9 She asked me whether **I preferred TV or movies.**
10 We asked them whether **they would prefer to be famous or rich.**
11 He asked him if **he liked dogs or cats.**

74.7

1 I can always **count on** my family to support me in difficult times.
2 Sheila works very hard because she wants to **provide for** her children.
3 I work in a bank, but I **dream of** becoming a famous soccer star.
4 The flood was terrible! Water **poured into** all the houses on the street.
5 The driver was **accused of** causing the accident by driving too quickly.
6 The campaigners promised to **fight against** the government's decision.

74.8

1 I knew what time the meeting was
2 they could present this month's figures
3 he wanted to give a presentation
4 she could organize refreshments
5 she would like to attend

75

75.1

1 Could you tell me what time it is in the United Arab Emirates?
2 Do you know where I can buy interesting illustrated books for my children?
3 Do you know where the new science museum for children is?
4 Could you tell me how far the station is from my new neighborhood?
5 Could you tell me when the next train for London leaves?
6 Do you know why Tom and Andrea were late for the meeting yesterday?
7 Do you know how long it will take to travel from Los Angeles to Washington?
8 Do you know when the sales presentation for the new product starts?
9 Could you tell me when the meeting for the new members in the team starts?
10 Could you tell me how much the flight to Edinburgh will cost?

75.2

1 Indirecta 2 Indirecta 3 Directa
4 Directa 5 Indirecta

75.3

Nota: También puedes sustituir "Do you know" por "Could you tell me" en todas las respuestas.

1 Do you know where the museum is?
2 Do you know how much a pizza and salad is?
3 Do you know how I get to Newmarket?
4 Do you know what time we should leave?
5 Do you know why the train is delayed?
6 Do you know how much those shoes are?
7 Do you know how far it is to the hotel?

75.4

1 Do you know why the movie hasn't started?
2 Do you know how I can find the museum?
3 Could you tell me if the taxi is here yet?
4 Do you know how far it is to the station?
5 Do you know if Tom is at home?
6 Do you know how much the tickets will cost?
7 Do you know how much fruit we need?

75.5

1 There's the movie theater. Could you tell me when the movie starts?
2 The sky looks cloudy. Do you know whether it is raining?
3 I want to drive into town. Do you know where my car keys are?
4 Joe wants to buy something. Do you know when the stores open?
5 I'd like to sit down. Could you tell me if this chair is occupied?
6 I don't have any cash. Do you know if there's a bank nearby?
7 I'd like to buy a magazine. Do you know where the corner shop is?
8 We need coffee. Could you tell me where a nice café is?
9 I want to go surfing. Do you know how far it is to the beach?
10 I want to learn French. Do you know if this tutor is good?
11 I'd like to go for a walk. Could you tell me where the park is?

75.6

Nota: También puedes sustituir "Do you know" por "Could you tell me" en todas las respuestas; así como "if" por "whether."

1 Do you know what you would like to do in the evening after the soccer game?
2 Do you know where the nearest restaurant to my sister's new house is?
3 Do you know if those traditional dresses are made of silk or cotton?
4 Do you know if the flight to Barcelona is delayed or canceled?
5 Do you know if the train from Denver has arrived yet?

75.7

Nota: También puedes sustituir "Do you know" por "Could you tell me" en todas las respuestas; así como "if" por "whether."

1 Do you know when this house was built?
2 Do you know if this table is reserved?
3 Do you know if this is Italian or Spanish cheese?
4 Do you know why the hotel restaurant is closed?
5 Do you know if there's a gym near here?

76

76.1

1. I wish we **lived** in a bigger house in a nice neighborhood.
2. I wish I **didn't** have to drive to work today.
3. I wish we **ate** Japanese food more often.
4. I wish the dog **would** stop barking at the children.

76.2

1. I've got some travel brochures. I wish I could go traveling.
2. I want to learn French. I wish I could speak French.
3. The children are fighting. I wish the children wouldn't fight.
4. I'd love a pet. I wish I had a small puppy.
5. I have to call my boss. I wish I didn't have to call my boss.

76.3

1. I wish I could afford a new car.
2. I wish I had a winter coat.
3. I wish my house wasn't so cold.
4. I wish I lived on the coast.
5. I wish that child wasn't screaming.
6. I wish I had a trumpet.
7. I wish I could speak Italian.
8. I wish I had a cat.
9. I wish I didn't have to work so hard.
10. I wish I could go swimming.
11. I wish I could afford a vacation.
12. I wish I had enough time.
13. I wish I liked my neighbors.
14. I wish I could cook Chinese food.
15. I wish I had long hair.

76.4

Nota: En todas las respuestas puedes utilizar tanto la forma contraída como la forma larga del past perfect.

1. I'm late. I wish I **had woken up** an hour earlier.
2. I've failed my driving test. I wish I **had had** more lessons.
3. I feel sick. I wish I **hadn't eaten** so much dessert.
4. It's raining. I wish I **had brought** my new umbrella.
5. I've missed my appointment. I wish I **had taken** a taxi and not the bus.
6. I don't like my bedroom. I wish I **hadn't painted** it orange.
7. I don't like this movie. I wish I **had stayed** at home.
8. This food is terrible. I wish I **had chosen** a different restaurant.
9. I've lost my bag. I wish I **hadn't brought** it with me.
10. I'm really tired. I wish I **had gone** to bed earlier last night.
11. I've broken this vase. I wish I **hadn't dropped** it on the floor.
12. I'm hungry. I wish I **had eaten** some breakfast.
13. I've got a flat tire. I wish I **hadn't driven** to work this morning.

76.5

1. That concert was terrible. I wish **we hadn't gone**.
2. The wind is howling outside. I wish **it would stop**.
3. We've missed the last bus home. I wish **there was a taxi**.
4. Joe didn't get the job. I wish **he had prepared better**.
5. I've never been to India. I wish **I had gone last year**.
6. It's cold and rainy outside. I wish **the weather was better**.
7. That was rude. I wish **you hadn't said that**.

76.6

1. Visit more often
2. More traveling
3. Australia
4. Somewhere hot and sunny
5. Spanish

Agradecimientos

Los editores expresan su agradecimiento a: Jo Kent, Trish Burrow y Emma Watkins por la redacción de textos adicionales; Thomas Booth, Helen Fanthorpe, Helen Leech, Carrie Lewis y Vicky Richards por su asistencia editorial; Stephen Bere, Sarah Hilder, Amy Child, Fiona Macdonald y Simon Murrell por sus tareas de diseño; Simon Mumford por los mapas y banderas nacionales; Peter Chrisp por la comprobación de datos; Penny Hands, Amanda Learmonth y Carrie Lewis por la corrección de pruebas; Elizabeth Wise por el índice; Tatiana Boyko, Rory Farrell, Clare Joyce y Viola Wang por sus ilustraciones adicionales; Liz Hammond por la edición de los guiones de audio y la gestión de las grabaciones; Hannah Bowen y Scarlett O'Hara por compilar los guiones de audio; Jordan Killiard por la mezcla u el master de las grabaciones de audio; Heather Hughes, Tommy Callan, Tom Morse, Gillian Reid y Sonia Charbonnier por su apoyo técnico creativo; Priyanka Kharbanda, Suefa Lee, Shramana Purkayastha, Isha Sharma y Sheryl Sadana por su apoyo editorial; Yashashvi Choudhary, Jaileen Kaur, Bhavika Mathur, Richa Verma, Anita Yadav y Apurva Agarwal por su apoyo en diseño; Deepak Negi y Nishwan Rasool por la documentación iconográfica; y Rohan Sinha por sus tareas de gestión y su apoyo moral.